알고 보면 재미있는
경제지식

알고 보면 재미있는

경제지식

조성종 지음

박영철 · 좌승희 · 정기영 추천

중앙경제평론사

　네트워크가 발전한 시대에 접어들면서 사람들은 더욱 경제와 금융에 관심을 갖게 되고, 관련 정보에 더욱 눈을 돌리게 된다. 설령 경제와 직접적인 관련이 없는 정치 · 사회적 이슈라 할지라도, 이러한 이슈가 국가경제 및 개별산업에 어떠한 영향을 미칠 것인지에 대한 분석과 전망도 많고, 이를 생산해 내는 전문가도 많다.

　이렇듯 경제와 금융에 관련된 수많은 정보가 온 · 오프라인을 가리지 않고 만연해 있지만, 자세히 들어보면 잘못된 정보나 이론에 근거해서 하는 소리도 많은 것이 작금의 현실이다. 또한 경제에 대해서 전문가라고 할 수 없는 일반인들은 이러한 분석을 곧이곧대로 믿고 잘못된 결정을 내리기도 한다. 이러한 잘못된 결정에 대한 피해는 고스란히 잘못된 분석을 '순진하게' 믿은 일반인들이 받는다는 점에서, 전문가가 아닐지라도 얼마간의 경제학적 소양을 갖추는 것이 필요하다고 할 수 있다.

저자인 조성종 교수는 다년간 중앙은행에서 복무한 경험을 바탕으로 과거로부터 누적된 경제학적 성과뿐만 아니라 최신의 경제학적 지식까지 일반 독자들에게 필요한 부분을 잘 아울러 책을 구성하였다. 또한 저자는 퇴직 이후 십 수 년간 일반인 및 대학생을 상대로 한 강의 경험을 바탕으로 복잡할 수도 있는 경제학적 지식을 이해하기 쉽게 잘 풀어서 설명하고 있다.

이러한 점에서 이 책은 저자가 서문에 밝힌 바와 같이 '경제학적 기초의 공부'라는 측면에 매우 충실한 저서로 사료된다. 특히 경제 신문이나 칼럼에 자주 등장하지만 무슨 뜻인지 알기 어려운 용어들을 부록으로 정리하여 놓은 것은 향후 본 책의 독자들이 경제 관련 문헌을 이해하는 데 매우 큰 도움이 될 것이다.

박영철(고려대학교 국제학부 Distinguished Professor, 전 한국금융연구원장)

경제가 우리 생활에 얼마나 중요한지는 새삼 말할 필요가 없습니다. 조성종 교수는 한국은행 근무 경력의 대부분을 조사부와 국제부에서 한국경제와 국제금융 관련 업무에 종사했을 뿐만 아니라 대학에서도 후학들에게 한국경제를 가르치는 데 열심이었습니다.

이러한 조 교수야 말로 이와 같은 책을 쓰기에 딱 맞는 분이라고 생각합니다.

경제를 알고자 하는 국민이라면 누구에게나 권할 수 있는 책!
경제공부는 이 책으로 시작하시라고 권합니다.

좌승희(영남대학교 석좌교수, KDI 국제정책대학원 초빙교수,
전 한국경제연구원장, 전 경기개발연구원장)

금리·환율·물가 등 경제에 관해 누구나 궁금해 할 질문들을 던지고, 쉽고 명쾌하게 답하고 있다. 특히 '우문현답으로 배우는 경제' 파트가 백미다.

초판에서 미처 다루지 못했던 유럽 재정위기, 저유가 등 최근 세계경제의 핫이슈까지 놓치지 않았다.

경제를 보다 잘 볼 수 있는 시각을 길러주는 입문서로 경제에 관심을 갖는 모든 이에게 추천하고 싶다.

정기영(삼성경제연구소 대표이사 사장)

이 책은 2006년에 나온《경제 아는 만큼 보인다》의 개정판이다. 초판이 나온 이래 지난 9년간 세계와 국내 경제는 많은 변화를 겪었으며, 이러한 변화를 통해 우리의 경제 지식도 한층 업그레이드되었다. 2007~2008년 미국에서 시작된 국제금융위기는 부동산 거품과 파생금융상품의 무서움을 알려주었고, 연이어 터진 유럽재정위기는 정부 재정의 건전성에 관한 경각심을 일깨워 주었다. 그리고 두 세계적 위기의 여파는 지금까지도 세계 경제를 짓누르고 있으며, 한국 경제 역시 예외가 아니다. 그러나 이러한 상황에도 정치인들은 국민 경제보다는 정파적 이해를 더 중시하는 듯하다.

현재 정부가 복지를 누구에게 얼마나 어떻게 제공할지, 세금을 어떻게 거두어야 할지, 부동산 경기를 어떻게 살릴지, 공무원 연금은 어떻게 개혁해야 할지 등 어느 것 하나 속 시원하게 해결된 것이 없다. 정치인들은 저마다 국민을 위한다고 하지만 과연 저들이 주장하는 정책들이 국민을 위하는 것인지는 꼼꼼히 따져 봐야 한다.

그러려면 우선 국민이 경제를 어느 정도는 알아야 한다. 알아야 관심이 생기고 나라 경제의 주인 노릇도 할 수 있는 것이다. 지금은 우리 경제의 동향과 경제 정책에 대한 국민의 관심이 절실히 필요한 시점이다. 이러한 시점에 이 책이 우리 국민들의 경제 지식 계발에 도움이 되어 나라 경제 살리는 데에도 기여한다면 그보다 더 큰 보람은 없을 것이다.

이 책에서는 부록으로 경제 용어 사전을 수록하였으며, 여기에는 국제금융위기 이후 새로이 우리의 관심을 끌고 있는 여러 경제 문제와 용어들을 추가하였다. 그리고 본문의 각종 통계 자료도 업데이트하였다. 또한 재테크 관련 중요 금융상품 해설을 별도의 장으로 추가하였으며, 용어 해설은 상당 부분을 본문의 각주로 처리하였다.

마지막으로 이 개정판을 낼 수 있게 도와주신 중앙경제평론사 김용주 사장님과 노민정 대리를 비롯한 편집진 여러분에게 감사의 말씀을 전하며, 독자 여러분과 함께 한국 경제의 또 한 번의 비상을 빌어 본다.

조성종

　요즘은 저마다 경제에 관심이 많다. 누구든지 경제에 대해 한마디쯤은 할 수 있는 세상이 되었다. 그러나 논리에 맞게 경제를 이야기하기엔 경제 현실이 너무나 복잡하고 어렵다. 경제가 쉽다면 우리나라가 IMF 체제하에서 그렇게 고생했겠는가. 또 오늘의 경제 상황을 두고도 회복세다, 아직 멀었다 하는 논쟁이 필요하겠는가.

　인터넷 시대가 되니 너도 나도 경제, 정치, 예술, 교육, 통일 등 무엇이든지 너무 쉽게 얘기한다. 모두들 아는 것이 너무 많다. 그러나 자세히 들어보면 잘 모르고 하는 소리도 있으며, 또 그럴수록 목소리가 더 크다. 일반인들은 이해하기 힘든 논리에 현혹되기도 한다. 그래서 차분히 기초를 좀 공부하자는 생각에서 이 책을 쓰게 되었다. 누구나 알 수 있는 경제논리를 정리해 보고자 한 것이다.

　이 책은 모두 4장으로 구성되었는데, 1장에서는 '경기와 금리는 무슨 관계가 있는가', '환율은 물가와 어떤 관계가 있는가' 등 우리가 흔히 부딪치는 경제지표 간에 존재하는 인과관계를 설명하였다. 신문 경제면을 제대로 읽어내려면 이 정도는 이해해야 할 것이다. 2장에서는 사람들로부터 흔히 받는 경제 관련 질문들을 간추려서 그 대답을 상세하게 설명하였으며, 3장에서는 요즘 관심이 많은 재테크 관련 지표들을 분석해 보았다. 그리고 4장에서는 너무 쉽거나 전문적인 용어는 빼고 이 정도는 알아야 되겠다 싶은 경제용어들을 모아 풀이하였다.

이 책은 경제 기초를 다지고 경제 기사를 잘 이해하고자 하는 사람이나 직장인, 학생들에게 적당한 내용들을 담고 있다. 평소 경제에 관심이 있는 사람이라면 누구나 이해하는 데 무리가 없을 것이다. 아무쪼록 이 책이 독자 여러분의 경제에 대한 안목을 높이고 나아가 경제 생활을 풍성하고 윤택하게 하는 데 도움이 되기를 바란다. 더불어 우리 경제가 선진경제로 도약하는 데도 일조하기를 기대해 본다.

끝으로 이 책을 쓰는 데 여러 가지로 도움을 주신 한국은행 국제국, 조사국, 경제통계국 여러 직원들에게 감사의 말을 전한다.

이 책을 쓰게 하신 나의 하나님께 이 책을 바친다.

조성종

차례

1장 | 쉽게 이해하는 경제논리

차례

2장 | 우문현답으로 배우는 경제

3장 | 재테크를 위한 시장경제 이해

4장 | 재테크를 위한 금융상품 이해

부록 | 알아두면 유익한 경제용어

차례

차례

1장

쉽게
이해하는
경제논리

1장 | 쉽게 이해하는 경제논리

금리의 변동은 자본이동을 통하여 환율에 영향을 준다. 다시 말해서 자본은 저금리국에서 고금리국으로 이동하게 되므로 고금리국에는 외화의 공급이 많아져 상대적으로 자국 통화의 가치가 상승하게 되는 것이다.

금리는 소비에 어떤 영향을 미치나

　개인의 소비는 일차적으로 소득의 크기에 따라 변화하지만, 금리에도 어느 정도 영향을 받는다. 금리가 오르면 ① 경기 진정에 의한 소득 감소로, ② 저축 성향의 상승으로, ③ 내구소비재의 신용 구입에 따른 금리 부담 증대로 소비 지출이 둔화된다.

　민간 소비는 우리나라 명목 국내총생산(GDP)의 약 50%를 차지하는 최대 수요항목으로 경기 동향을 좌우하며, 가처분소득의 동향에 큰 영향을 받는다.

　일반적으로 경기가 과열되어 인플레이션에 대한 우려가 생기게 되면 중앙은행은 물가 안정을 위해 기준금리[1]를 인상하는 등 금융 긴축정책을 시행하게 된다. 이렇게 되면 시장금리가 상승하게 되고 기업은 경기 감속과 수익 감소에 대비하여 임금인상률을 낮추려 할 것이며, 각종 서비스 산업에 종사하는 사람들의 소득도 줄어드는 효과가 나타날 것이다.

　이와 같이 금리의 상승은 소비 지출의 기초가 되는 소득을 낮추거나 증가를 억제함으로써 결과적으로 소비를 둔화시키는 효과를 가진다. 또한 금리가 상승하게 되면 사람들의 관심이 소비보다는 이자가 높아진 저축에 쏠려 소득 중에서 차지하는 저축의 비중, 즉 저축성향이 높아지고 소비성향이 낮아져서 소비 지출이 감소하는 효과도 있다. 그러나 다른 한편 금리 상승으로 금융 소득이 늘어나는 사람에게는 소비를 늘리는 효과를 가져다 줄 것이다.

마지막으로 금리의 상승은 자동차나 가전제품 등 내구소비재와 의복 등 반내구소비재의 구입을 지연시키는 효과가 있다. 왜냐하면 이들 중 비싼 물건들은 차입자금으로 구입하든가 아니면 할부로 구입하는 경우가 흔한데, 금리가 상승하면 대금 상환 부담이 커지므로 이들 제품의 구입을 연기하려는 경향이 생길 것이기 때문이다.

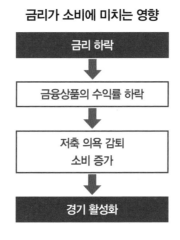

금리는 투자에 어떤 영향을 미치나

금리가 오르면 투자의 채산을 악화시켜 투자를 억제하며, 금리가 떨어지면 투자의 채산을 개선시켜 투자를 자극하게 된다.

　기업은 채산이 맞아야 투자를 행한다. 기업의 투자에 따르는 채산성은 투자의 기대수익률과 자금조달 비용을 비교하여 판단할 수 있는데, 이를 위해서는 수요 및 수익 예측, 보유하고 있는 여유자금, 금리 동향 및 전망 등 여러 가지 요소가 종합되어 투자 의사 결정자에게 제시되어야 한다.

　한 나라의 설비투자도 이러한 개별 기업의 투자가 합쳐진 것이므로 결정 과정은 동일하다고 할 수 있다. 그러면 수요 예측이나 여유자금 등의 조건에 변화가 없다면 투자는 금리와 어떤 관계를 가지며 움직일까?

금리가 투자 및 경기에 미치는 영향

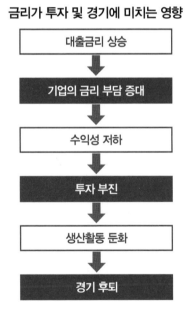

```
┌─────────────────────┐
│   대출금리 상승       │
└─────────────────────┘
          ↓
┌─────────────────────┐
│  기업의 금리 부담 증대  │
└─────────────────────┘
          ↓
┌─────────────────────┐
│    수익성 저하        │
└─────────────────────┘
          ↓
┌─────────────────────┐
│    투자 부진         │
└─────────────────────┘
          ↓
┌─────────────────────┐
│   생산활동 둔화       │
└─────────────────────┘
          ↓
┌─────────────────────┐
│    경기 후퇴         │
└─────────────────────┘
```

일반적으로 금리가 상승하면 채산성을 맞출 수 있는 투자계획이 줄어들게 될 것이며, 반대로 금리가 하락하면 지금까지 채산을 맞추지 못하던 투자계획 중 상당 부분이 채산성이 맞는 투자계획으로 간주될 것이다. 따라서 금리가 오르면 투자가 감소하고, 금리가 떨어지면 투자가 증가한다고 볼 수 있다.

그러나 현실에서는 수요나 금리의 변동에 따라 기대수익률이 변하므로 투자는 자금조달 비용인 금리뿐만 아니라 기대수익률도 감안하여 결정된다. 즉 금리가 떨어지더라도 기대수익률이 더 큰 폭으로 떨어지면 채산성이 악화되므로 투자가 줄어들 것이며, 금리가 오르더라도 기대수익률이 더 큰 폭으로 오르면 채산성이 개선되므로 투자가 증가하게 되는 것이다.

금리의 움직임은 경기에 어떤 영향을 주는가

금리의 변동은 기업의 이자 지급 부담과 기업이나 개인의 저축 의욕을 변동시켜 경기에 영향을 미친다. 즉, 금리가 상승하면 기업의 자금조달 비용이 상승하게 되므로 기업의 생산 활동이 위축되어 경기가 침체된다.

금리에는 여러 종류가 있지만, 여기에서는 자금시장에서 자금의 중개 역할을 담당하는 은행이 기업이나 개인에게 자금을 대출해 줄 때의 대출금리를 생각해 보자. 이러한 대출금리가 오른다면 기업은 지금까지보다 금리 부담이 커지기 때문에 새로운 자금 차입을 보류하려 할 것이다. 그러면 기업의 생산·판매 활동에 대한 의욕이 상대적으로 감퇴한다. 예컨대 지금까지는 금리 6%의 자금을 은행으로부터 빌려서 기업 활동에 사용한 결과 5%의 이윤을 거둘 수 있었지만, 이제는 차입 비용이 8%로 올랐다 하자. 이렇게 되면 채산이 맞지 않게 되므로 새로운 차입을 중단하고 생산 규모의 확대를 포기할 수밖에 없다. 오히려 규모를 축소해야 할지 모른다.

각국의 중앙은행은 재할인율을 올리거나 목표금리 또는 기준금리를 올릴 때 경기 과열을 식히기 위해서나 예방하기 위해서라고 발표하는 것이 보통이다. 이것은 앞에서 살펴본 금리의 역할과 기능, 즉 금리 변동에 따른 기업의 반응을 이용하고자 하기 때문이다.

중앙은행의 재할인율은 일반은행이 중앙은행으로부터 자금을 차입할 때 적용되는 금리인데, 이것이 인상되면 은행의 차입 비용이 상승한다. 그렇게 되면 은행은 기업에 대한 대출금리를 인상하지 않을 수 없다. 따라서 과열 상태에 있는 기업 활동은 냉각될 것이다. 중앙은행이 수행하는 금리정책의 가장 기본적인 원리가 이것이다.

그렇지만 모든 중앙은행이 재할인율 조정을 통해 통화정책을 수행하는 것은 아니다. 각국의 사정에 따라 은행의 대출금리에 가장 큰 영향을 미치는 금융지표를 선택하여 이것을 조절하고 있다. 나라 또는 시대에 따라서 그것이 통화량이나 재할인율일 수도 있고, 콜시장 금리일 수도 있다. 우리나라에서는 1999년 5월부터 2008년

2월까지 콜금리를 통화정책의 주지표로 사용하였으며, 그 이후에는 기준금리를 통화정책의 주지표로 사용하고 있다.

경기의 좋고 나쁨은 기업의 생산 활동뿐만 아니라 생산된 제품을 소비하는 소비 활동에서도 나타난다. 금리의 변동이 소비 활동에 미치는 영향을 보기 위하여 금리가 하락하는 경우를 생각해 보자.

금리가 하락하면 예금에 대한 유인이 약해져 저축이 줄어들기도 하겠지만, 금융상품의 수익률이 낮아져 저축보다는 소비를 선택하는 경향이 나타날 것이다. 또한 금리 하락은 소비자금융 이자율을 하락시켜 소비자로 하여금 자동차, 가전제품 등 고가 소비재 구매를 촉진할 것이며, 이들은 결국 소비를 증가시켜 기업의 생산 활동을 활성화할 것이다.

이와 같이 금리의 하락은 제품을 생산하는 기업의 입장에서 보나, 제품을 소비하는 소비자의 입장에서 보나 경기 활성화를 촉진하는 요인이 된다.

금리가 자금조달 · 운용에 미치는 영향은

자금운용자는 높은 금리를 받을 수 있는 금융상품에 투자하기를 원하고, 자금조달자는 낮은 금리를 지불하는 금융상품을 발매하여 자금을 조달하려 할 것이다. 국제 간 금리 차이도 마찬가지이다. 우리나라의 금리가 외국보다 높다면 외국의 자금운용자가 한국의 고

금리 금융자산에 투자하고자 할 것이기 때문에 이로 인해 자본이 유입될 것이다.

자금운용자는 항상 수익과 리스크를 생각하면서 자금을 운용한다. 자금을 국제적으로 운용할 경우 수익에는 이자 수입은 물론 환율 변동에 따른 손익도 포함해서 고려하여야 한다.

만약 한국의 국채수익률이 6%이고 미국의 국채수익률이 3%인데다 미국의 자금운용자가 한국에 투자하는 데 아무런 제도적인 제약이 없고 투자 위험도 동일하다고 한다면, 이들은 너도나도 한국의 국채에 투자하고자 할 것이다.

그러나 국제 투자는 환율 변동도 반드시 고려하여야 한다. 미국의 투자자가 한국에 투자하고 있는 기간 중 원/달러 환율이 변한다면 나중에 결산하여 자금을 회수할 때 달러로 표시된 금액이 변할 것이기 때문이다. 이와 같이 투자기간 중 환율이 어떻게 변할 것인지의 예상에 따라 투자자의 의사 결정이 변하게 된다.

만약 한국의 원/달러 환율이 향후 1년간 2% 절하될 것으로 예상되는 상황에서 한국의 국채를 1년간 보유하고자 하는 미국 투자자 입장에서 본다면 한국에서의 달러 표시 투자수익률은 한국의 국채수익률 6%에서 투자기간 중의 원화가치 예상 하락률 2%를 차감한 4%가 될 것이므로, 이 4%와 미국의 국채수익률 3%를 비교하여 한국에 투자하는 것이 유리하다고 판단되면 투자를 실행하게 될 것이다.

이렇게 된다면 미국 자본은 상당 부분 한국 시장으로 몰려오게 될 것이며, 이는 곧 한국 외환시장의 달러화 공급 증대와 금융시장에서의 국채 수요 증대로 나타날 것이다. 이때 원/달러 환율 예상에 변화가 없다면 채권가격의 상승으로 한국의 국채수익률은 상당 폭 하락할 것이다. 그리고 이 하락은 미국의 국채수익률과 한국의 달러 표시 국채수익률이 동일하게 되어 더 이상 미국 자본이 한국에 들어오지 않게 될 때까지 계속될 것이다.

결국 국제투자자는 환율의 예상 변화율까지 감안한 해외에서의 자금운용 수익률과 자국에서의 자금운용 수익률이 균형을 이룰 때까지 자금을 이동시킨다.

금리가 환율에 미치는 영향은

금리의 변동은 자본이동을 통하여 환율에 영향을 준다. 다시 말해서 자본은 저금리국에서 고금리국으로 이동하게 되므로, 고금리국에는 외화의 공급이 많아져 상대적으로 자국 통화의 가치가 상승하게 되는 것이다.

요즘처럼 국제화가 진전된 시대에는 자금의 왕래가 빈번해, 각국의 각종 금융거래에 결부되어 있는 금리의 움직임은 바로 환율에 영향을 미친다. 이는 주로 국제 간 증권거래를 비롯한 자본 이동을 통하여 일어난다.

가령 한국의 금리가 높아졌다고 하자. 이렇게 되면 이전보다 미

국의 금리상품에 비해 한국 금리상품의 매력이 커지게 된다. 이는 여태까지 미국의 금융자산으로 자금을 운용하고 있던 한국의 투자자들이 이 자금을 찾아 국내로 가지고 들어와서 국내 금융상품에 운용하는 것이 유리하다고 판단하게 됨을 의미한다. 이 과정에서 외환시장에서는 미 달러화를 팔고 우리 원화를 사고자 하는 외환매매가 활발히 행해질 것이기 때문에 시장에서는 원화 강세, 달러화 약세라는 압력이 나타날 것이다.

한편 미국의 투자자도 마찬가지로 미 달러를 원화로 바꾸어 한국의 금리상품에 운용하고자 할 것이다. 이러한 움직임도 원화 강세, 달러화 약세를 초래할 것이다. 결국 한국의 금리가 높아지면 금융상품에의 투자행위를 통하여 원화 강세, 달러화 약세라는 현상이 초래된다.

금리가 환율에 미치는 영향

국내 금리의 상승

├─ 국내 자금조달 비용 증가 → 외국에서의 자금조달 활발화

└─ 국내 금융상품 수익성 개선 → 외국투자가 국내 금융상품 매입 증가

외환시장 달러 매도·원 매입 증가

원 강세·달러 약세

　　지금까지는 한국의 금리가 높아졌을 때 자금을 운용하는 입장에 있는 사람이 어떻게 대응할 것인가를 살펴보았다. 이제는 자금을 조달하는 사람의 입장에서 금리가 환율에 미치는 영향을 알아보기로 하자.

　　이 경우에는 한국의 금리가 높아졌기 때문에 이전보다 한국에서의 자금조달 비용이 늘어나 미국에서의 자금조달이 상대적으로 유리하게 된다. 즉, 한국 기업의 미국에서의 자금조달이 보다 활발해질 것이다. 이때 미국에서 조달한 자금을 한국에 가지고 와서 쓴다고 한다면 한국의 외환시장에서는 달러 매도, 원화 매입의 매매가 많아져 원화 강세의 요인으로 작용할 것이다.

지금까지 금리가 환율에 미치는 영향을 알아보았으나 이때의 금리는 명목금리를 말하는 것이 아니라 실질금리를 말한다.

미국과 일본, 미국과 유럽 등 각국 간 환율을 대상으로 한 실증분석에서 환율의 움직임은 양국 간 실질금리 차의 움직임과 깊은 관계가 있는 것으로 나타났다. 물론 양국의 국제수지나 경제력의 차이도 환율에 주요한 영향을 미친다.

금리가 물가에 미치는 영향은

금리의 변동은 기업의 투자와 개인의 소비 의욕을 변동시켜 물가에 영향을 주는 것으로 생각할 수 있다. 즉, 금리가 상승하면 저축 의욕을 증대시키고 소비 의욕을 감퇴시켜 물가를 진정시키게 된다.

금리라는 것은 시간의 경과에 따르는 통화의 가치를 나타내는 것인데, 물가 또한 통화의 가치를 나타내는 하나의 기준이다. 금리가 높다는 것은 시간의 경과에 따른 절대적인 통화가치의 하락이 크다는 것을 나타내고, 물가가 비싸다고 하는 것은 화폐의 가치가 싸다는 것에 다름 아니다. 또한 물가의 상승률이 급하다고 하는 것은 화폐가치의 하락이 급격하다는 것을 의미한다.

"금리가 높으면 통화가치의 하락이 급격하다"라는 논리는 약간 이해하기 어려울지도 모르겠다. 이해를 돕기 위해 예를 들어 보기로 하자. 예컨대 100만 원의 원금이 10년 뒤에 200만 원이 된다고 하는 경우(금리가 10%)와 110만 원이 되는 경우(1%)를 각각 생각해 보자.

자유시장에서의 금리가 10%인 전자의 경우는 현재의 100만 원은 10년 후 매년 10%의 이자를 10년간 모은 100만 원에 원금 100만 원을 합친 200만 원과 동일한 가치를 가지며, 이 200만 원과 동일하게 교환될 수 있다는 것을 의미한다. 따라서 10년 후의 100만 원은 현재 100만 원의 2분의 1의 가치를 가진다. 여기에 비해 후자의 경우에는 10년 후의 110만 원이 현재의 100만 원과 교환될 수 있으므로 10년 후의 100만 원은 현재 100만 원의 11분의 10의 가치와 같다는 것을 의미한다. 결국 후자의 경우가 통화가치의 하락이 작다고 할 수 있다.

금리든 물가든 간에 그것이 돈의 상대적 가치를 나타내는 척도인 이상 이들 간에는 무언가의 관계가 분명히 있을 것이다.

예금 등 금융상품들의 금리가 올랐다고 하자. 이와 같은 상황에서는 기업이나 개인을 불문코 물건을 사기보다는 자금을 저축하는 것이 유리하다고 생각할 것이다. 즉, 금융상품의 구입이 늘어나는 한편 물건 구입 의욕이 줄어들어 상품이나 서비스에 대한 소비 수요가 감퇴할 것이다. 이렇게 되면 수요와 공급의 원리에 의해 당연히 물건 값이 떨어진다.

이와 같이 돈과 물건의 관계를 볼 때에는 새겨두어야 할 원칙이 있다. "돈은 그 자체로서의 고유 가치가 있는 것이 아니라 통상 그

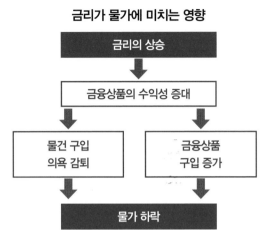

금리가 물가에 미치는 영향

금리의 상승

↓

금융상품의 수익성 증대

↓ ↓

| 물건 구입 의욕 감퇴 | 금융상품 구입 증가 |

↓ ↓

물가 하락

것이 무엇인가와 교환될 수 있다는 것을 전제로 하여 가치가 매겨진다"는 것이다.

금리가 주가에 미치는 영향은

금리가 높아지면 기업의 재무구조가 악화되는 등의 요인으로 주가가 떨어지고, 반대로 금리가 낮아지면 주가가 올라간다. 금리는 금융시장의 자금 사정을 반영해서 결정되는데, 다음의 세 가지 경로를 통해서 주가에 영향을 미친다고 볼 수 있다.

첫째는 금리의 변동이 기업의 재무구조에 영향을 미쳐 주가를 변동시키는 경로이다. 금리가 오르면 자금을 빌려 쓴 기업은 이자

수입이 늘어 재무구조가 개선되겠지만, 부채가 많은 기업은 이자 지급이 늘어나 재무구조가 악화된다. 우리나라 기업은 금융기관을 제외하고는 금융자산보다 금융부채가 월등히 많기 때문에 금리가 상승하게 되면 재무구조가 악화되어 기업의 수익성이 낮아져 주가가 하락하게 될 것이다.

둘째는 금리의 변동이 주식투자자의 자금운용 전략에 영향을 미쳐 주가에 영향을 주는 경로이다. 자금을 운용하는 개인이나 기관투자자는 자금을 주식 이외에도 채권이나 은행 예금, 부동산 등에 투자하고 있다고 볼 수 있는데, 이때 금리가 오르게 되면 채권의 값이 떨어져 채권 구입에 따른 수익성이 높아지고 예금 또한 전보다 유리해지므로, 주식보다는 여타의 금융자산에 매력을 느끼게 될 것이다.

이때 주식을 보유하고 있는 투자자는 여타의 금융자산에 투자함으로써 얻을 수 있는 수익을 포기하고 있는 셈인데, 이러한 포기비용을 경제학에서는 '기회비용(opportunity cost)'이라고 한다. 금리가 상승하게 되면 주식투자자의 기회비용이 늘어나 주식을 팔고자 하는 사람이 점점 많아질 것이다. 이렇게 되면 주가는 하락할 수밖에 없다.

셋째는 금리의 변동이 정책당국의 금융정책 의지로 해석될 경우 주가에 미치는 영향이다. 금리는 중앙은행의 통화공급이 축소될 때에도 오르며 재할인율이나 기준금리 또는 목표금리가 인상될 때에도 오르는데, 이러한 상황 변화는 앞으로 금융시장에서 자금을 차

입하기가 어려워질 것이며 나아가 경기도 상승세가 꺾일 것이라는 예상을 가능하게 해 준다. 이는 곧 기업을 어렵게 할 것이므로 주가 하락으로 연결된다.

이상에서 본 바와 같이 금리가 오르면 주가가 떨어지고, 금리가 내려가면 주가가 오르는 것이 일반적인 현상이다.

그러나 개별 기업에 따라서는 예외적인 현상도 있을 수 있는데, 금융부채보다 금융자산이 많은 경우가 여기에 해당한다. 금융자산이 많은 기업은 금리가 오를수록 금융수익이 증가하기 때문에 주가 상승 요인이 된다. 일반 기업의 경우에도 금리가 오를 때 받는 영향의 정도는 그 기업이 어느 정도의 금융부채를 지고 있느냐에 따라 다를 것이다. 부채가 적은 기업은 금리의 영향을 덜 받는다고 볼 수 있다.

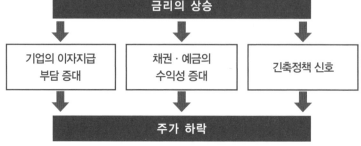

금리가 주가에 미치는 영향

금리의 상승		
기업의 이자지급 부담 증대	채권·예금의 수익성 증대	긴축정책 신호

주가 하락

통화량은 금리에 어떤 영향을 주는가

통화량[2]이 늘면 시중의 유동성이 풍부해져 금리가 떨어지며 반대로 통화량이 줄어들면 금리가 올라간다.

통화량이란 금융기관 밖에 있는 민간이 보유한 통화의 양을 의미하는데, 이때 통화라는 개념은 유동성의 정도에 따라 협의통화(M1), 광의통화(M2), 금융기관유동성(Lf), 광의유동성(L) 등으로 구분할 수 있다.

협의통화(M1)는 현금과 예금취급기관의 결제성예금을 합친 개념의 통화이며, 광의통화(M2)는 협의통화(M1)에 저축성예금[3]과 시장형 금융상품, 실적배당형 금융상품, 단기금융채, 거주자외화예금 등을 합친 통화 개념이다. 광의통화(M2)보다 더 넓은 개념의 통화로는 광의통화(M2)에 예금취급기관의 만기 2년 이상의 정기예적금과 금융채, 장기금전신탁 등과 생명보험회사, 증권금융회사 등 기타 금융기관의 보험계약금, 고객예탁금 등이 추가되는 금융기관 유동성(Lf)이 있다. 여기에 또 기업어음,[4] 회사채, 국공채 등 기업 및 정부가 발행하는 유가증권을 추가한 광의유동성(L)이 있는데, 광의유동성은 한 나라의 경제가 보유하고 있는 전체 유동성의 크기를 측정하기 위한 지표로서 한 나라의 모든 금융자산을 포함하는 개념이다.

통화의 개념이 어떤 것이 되었든 간에 통화의 양은 분명히 금리에 영향을 미치는데, 그 경로는 대체로 다음 두 가지로 구분할 수 있다.

첫째, 통화공급의 증대는 신규 채권에 대한 수요를 증대시켜 금리를 하락시킨다는 대부자금설에 의한 설명이 있다.

둘째, 통화공급이 늘어나면 유동성이 풍부해지므로 유동성을 포기하는 대가인 금리가 낮아지게 된다는 유동성선호설에 의한 설명이 있다.

이와 같이 통화량이 금리에 미치는 영향에 대한 경로는 이론에 따라 다르지만, 통화공급이 늘어나면 금리가 하락한다는 데에는 대체로 학자들의 견해가 일치하고 있다.

그러나 통화공급 증대가 오히려 금리를 상승시키는 경우가 없는 것은 아니다. 즉 통화공급이 증가하면 약간의 시차를 두고 명목 국내총생산(GDP)이 증가하고 물가도 상승하게 되는데, 이때 물가 안정을 중시하는 통화당국[5]이 앞으로 통화를 긴축적으로 운용할 것이라는 기대가 시장에 형성된다면 시장금리가 오히려 상승하게 될 것이다. 뿐만 아니라 통화공급 증대에 의한 물가 상승은 인플레이션 기대를 높여서 장기 명목금리를 상승시키게 된다.

통화공급의 증가로 금리를 하락시키거나 통화공급의 감소로 금리를 상승시키는 메커니즘을 이용하는 정책이 바로 통화정책(monetary policy)이다. 경기가 너무 좋아서 부동산 가격이나 물가의 상승이 우려되는 시점에 통화의 공급을 줄이면 금리가 올라 투자나 소비 수요가 진정되는 효과가 생긴다. 경기가 좋지 않을 때에는 거꾸로 통화공급을 늘려 금리를 낮춤으로써 경기를 부양시키는 정책을 쓸 수 있다.

통화량은 물가에 어떤 영향을 주는가

통화량이 지속적으로 증가하면 물가가 오른다. 통화량과 물가 간에는 밀접한 관계가 있다. 이는 통화가 전부 거래 수단으로 쓰이고 있는 상태를 가정해 보면 쉽게 알 수 있다. 이 경우 재화와 서비스의 거래 수량에 물가 수준을 곱한 것이 거래 금액이 되며, 이는 일정한 통화량에 의해 지탱될 수 있다. 만약 이때 통화량이 2배로 늘어나고 거래 수량에는 변화가 없다면 물가는 2배가 될 것이다. 이것이 화폐수량설이 주장하는 논리이다. 물론 현실 경제가 이처럼 단순하지는 않지만, 통화가 일시에 대폭적으로 증가한다면 인플레이션이 일어날 가능성은 높아진다고 할 수 있다.

현실 경제에서는 통화공급 증가 → 이자율 하락 → 투자 증가 → 생산 증가의 과정을 거치기 때문에 물가가 오르지 않는다는 견해도 있다. 그러나 경제학자들의 실증분석 결과는 통화공급과 물가 간에 어느 정도의 시차는 있으나 정(+)의 상관관계가 성립한다는 것이 일반적이다. 이를 요약해 보면 다음과 같다.

첫째, 통화공급이 늘어나면 기업의 자금 사정이 좋아져 생산이 증가하지만, 이는 결국 가계소득 증대를 가져와 소비를 증가시키고 소비자물가[6]를 상승시키게 된다.

둘째, 통화공급이 늘어나더라도 생산은 즉각 증가할 수 없기 때문에 적어도 물품이 시장에 나올 때까지는 물가가 오를 수밖에 없으며, 또한 일단 오른 물가에 각종 경제 행위가 적응되면 추후에 물품 공급이 증가하더라도 물가가 원래대로 내려가기는 힘들다.

우리나라의 경우 경제학자들의 실증분석 결과에 의하면 통화량이 증가하면 1 내지 2분기 후에 가동률이 상승하고 생산이 증가하며, 물가는 1년 내외의 시차를 두고 상승하는 것으로 나타났다.

통화가 물가에 미치는 파급 효과에 대한 시차는 학자의 분석 도구와 통화나 물가의 종류에 따라 다르게 나타나지만, 금융기관유동성의 경우 물가에 1년 내외의 시차를 두고 영향을 미친다고 보는데 생산자물가엔 1년 이내에, 소비자물가엔 1년 이후에 비교적 큰 영향을 주는 것으로 분석되었다.

이렇게 볼 때 통화공급량을 조절하는 통화정책은 물가의 안정

여부에 직접적으로 영향을 줄 뿐만 아니라 금리를 통해서도 생산과 수요를 조절하는 중요한 역할을 한다는 사실을 알 수 있다.

이러한 통화정책은 그 최종 목표가 물가 안정임에는 변동이 없으나 이를 달성하는 기준지표를 통화량으로 할 것이냐, 금리로 할 것이냐 하는 문제는 각국의 사정에 따라 다르다. 최근에는 대부분의 나라가 통화량보다는 단기금리를 운용 목표로 채택하고 있다. 이 경우 통화량이 물가에 미치는 영향을 정확하게 분석하기가 쉽지 않지만, 통화가 어떤 경로를 통해 증가하든 간에 통화 증가가 물가를 상승시킨다는 결론에는 차이가 없다.

환율이 수출에 미치는 영향은

환율 변동은 ① 수출업자가 받는 수출대금의 변동을 통하여, ② 환율 변동에 의한 수출 상대방(수입업자)의 수입가격 변동을 통하여 수출에 영향을 미친다. 간단히 말해 원화 강세는 수출을 감소시킨다.

우리나라의 환율이 매일 변동하는 변동환율제로 정착되고 경제활동의 국제화가 진전됨에 따라 환율에 대한 관심이 높아지고 있다. 환율의 변동은 수출이나 수입은 물론 국제간 대차거래(자본거래)에서 일차적으로 가격변수(상품가격이나 이자)에 영향을 미치며, 이 가격은 다시 수요와 공급 법칙에 의해 거래량에 영향을 미치는 경로를 통해 우리 경제에 그 효과가 파급된다.

우리나라 원화 환율이 1달러당 1,200원에서 1,000원으로 떨어져 대폭적인 원화 강세가 되었다고 가정하여 그 영향에 관해 생각해 보자.

첫째, 수출업자는 1억 달러어치 물건을 수출하면 1,200억 원을 받을 수 있던 것을 1,000억 원을 받게 되니 수출대금이 줄어들어 손실이 발생하든지 아니면 이익이 줄어들게 되어 수출보다는 내수에 관심을 돌리게 된다. 이때 수출가격은 달러 표시로는 변동이 없으나 원화 표시로는 하락하는 결과가 된다. 따라서 원화 수취 금액이 줄어든 수출업자는 수출가격 인상을 요구하게 될 것이다.

둘째, 만약에 원화로 대금을 결제하기로 했다면 1달러에 1,200원일 때 1,200억 원어치의 물건을 수입하기로 한 외국의 수입업자는 이를 결제하기 위해 1억 달러의 외화가 필요하였으나, 이제 환율이 1달러에 1,000원으로 내렸으니까 1,200억 원을 지불하기 위해서는 1억 2,000만 달러를 준비하여야 된다. 이때 수입 물품의 양은 변함없이 그대로이므로 이는 곧 수출가격이 달러 표시로 20% 인상된 것을 의미한다.

이렇게 되면 한국 상품을 수입하는 외국의 수입업자는 자국에서 한국 제품의 판매가격을 올리지 않을 수 없을 것이며, 동시에 판매 감소에 직면하게 될 것이다. 판매 감소에 직면한 수입업자는 수출업자에게 가격 인하를 요구하게 될 것이다.

이상의 두 예를 합쳐서 생각해 보면 원화의 가치가 강해지면 수

출업자가 버는 수출대금이 줄어들게 되어 수출의 이점이 약해질 것이며, 만약 종전과 동일한 수출대금(원화 표시)을 받기 위해 수출 가격(달러 표시)을 올리면 경쟁력이 약해져 판매가 줄어들게 될 것이다. 결국 원화의 강세는 수출을 어렵게 만든다.

앞의 두 예는 원화와 달러화 간의 환율만 변화하는 경우를 상정하였으나 최근에 일어나고 있는 상황, 즉 일본 엔화의 가치가 강해지든지 또는 약해질 때 일본으로의 수출이 어떤 영향을 받는지에 대해서 생각해 보기로 하자.

일본에 대한 수출을 엔화로 결제한다면, 미국으로의 수출에 달러화로 결제하는 경우와 같은 논리가 적용된다. 즉, 엔화 강세는 원화 약세를 의미하므로 대일 수출 증가, 반대로 엔화 약세는 원화 강세를 의미하므로 대일 수출 감소의 효과가 나타날 것이다.

그러나 만약 일본으로의 수출대금을 달러화로 결제하기로 하였다면 어떻게 될까? 실제 우리나라의 대일 수출 총액 중 50% 가까이가 달러화로 결제되고 있다. 만약 원/달러 환율이 1,000원에서 1,100원으로 올라갔다(원화 약세)고 하고 엔/달러 환율도 국제외환시장에서의 급격한 엔저로 100엔에서 120엔으로 변동하였다면 원/엔 재정환율은 1엔당 10.00원에서 9.17원으로 변할 것이다. 이러한 전제하에 우리나라가 일본에 1억 달러어치를 수출한다고 하자. 그러면 일본 수입업자 입장에서는 엔화 기준으로 볼 때 수입가격이 엔저 이전보다 20% 올라 수입 부담은 100억 엔에서 120억엔으로 무거워지게 되고, 우리나라 수출업자의 수출대금은 1,000억 원에서 1,100억 원으로 커질 것이다.

이런 상황이 되면 일본 수입업자 입장에서는 일본 국내 제품보다 값이 비싸진 한국 제품의 수입을 줄이고자 할 것이며, 우리나라 수출업자는 수출 감소의 가능성을 우려하여 수출가격의 인하를 허용할 것이다.

수출 물량의 감소와 가격 하락의 폭은 양국 및 제3국의 공급 능력과 경쟁도에 따라 달라질 것이나, 어느 정도의 수출 물량 감소와 가격 하락은 불가피할 것이다. 이렇게 함으로써 환율 변동에 따른 한국 수출업자의 이익을 일본 수입업자와 나누어 일본 수입업자의 손실을 줄일 수 있게 되는 것이다.

이상의 결과를 종합해 볼 때 환율 변동이 수출에 미치는 영향은 결제 통화에 관계없이 무역에 의해 구매자와 공급자의 자국 통화 표시 채산성이 어떤 방향으로 변화하느냐에 따라 결정된다는 것을 알 수 있다.

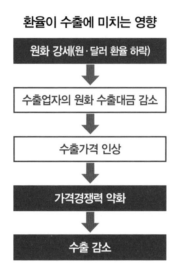

환율이 수출에 미치는 영향

원화 강세(원·달러 환율 하락)

⬇

수출업자의 원화 수출대금 감소

⬇

수출가격 인상

⬇

가격경쟁력 약화

⬇

수출 감소

환율이 수입에 미치는 영향은

환율의 변동은 수입업자가 지불하는 수입대금의 변동을 통하여 수입에 영향을 미친다. 즉, 원화가치 상승은 원화 표시 수입가격을 하락시켜 수입을 촉진하며, 나아가 국내 물가를 안정시키게 된다.

수출업자 편에서 보면 원화가치 상승은 수출대금으로 받는 원화 금액이 적어지거나 아니면 이를 보상하기 위한 수출가격의 인상을 통하여 가격경쟁력[7]이 약화되는 문제를 초래한다.

그러면 미국으로부터 물건을 수입하는 무역업자에게는 어떤 영향을 미칠까? 수입대금 결제가 달러화인 경우와 원화인 경우로 나누어 살펴보기로 하겠다.

첫째, 1달러당 1,100원이던 때에 1억 달러어치의 물건을 달러화 지불 조건으로 계약하고 수입하려는 경우 한국의 수입업자는 원화 1,100억 원을 은행에서 1억 달러로 교환하여 수입대금을 지불하면 되었으나, 원화가치가 강해져 1달러당 1,000원이 되면 1,000억 원으로 1억 달러를 교환해서 지불할 수 있게 된다. 수입 부담이 전보다 가벼워진 것이다.

둘째, 1달러당 1,100원이던 때에 원화 1,100억 원(미화 1억 달러 상당액)을 지불하기로 한 수입 거래의 경우 미국의 수출업자는 원화가 1달러당 1,000원이 되면 1,100억 원의 수출대금을 받아 자기 거래 은행에 가서 1억 1,000만 달러로 교환하여 받게 될 것이다. 따라서 이때 미국의 수출업자는 종전보다 자국 통화 표시 수출대금이 많아졌으므로 원화 표시 수출가격이 다소 낮아지더라도 수출하려고 할 것이다.

결국 한국의 수입업자는 원화 강세로 인해 보다 적은 자금으로 동일한 양의 물품을 수입할 수 있게 된다. 또한 그 상품의 원화 표시 수입가격이 떨어지기 때문에 국내의 판매가격도 떨어져 물가 안정에 기여하게 된다. 수입가격이 싸지면 수입량도 물론 늘어나게 될 것이다.

이상에서의 설명을 종합하여 일반화해 보면 어떤 나라의 통화 가치가 상승(1달러당 환율 하락을 의미)하게 되면 그 나라의 수입이 늘어나는 한편 수출이 줄어들고, 통화가치가 하락하게 되면 수입이 줄고 수출이 늘어난다는 결론에 도달한다.

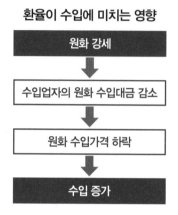

환율이 수입에 미치는 영향

원화 강세

수입업자의 원화 수입대금 감소

원화 수입가격 하락

수입 증가

환율 변동에 따라 금리는 어떤 영향을 받는가

원화의 가치가 상승하면 수입 물가가 하락하여 국내 물가가 떨어지므로 금리가 하락하며, 반대로 원화의 가치가 하락하면 금리가 상승하게 된다.

환율이 금리에 미치는 영향은 물가의 변동을 통하는 경로와 정책당국의 대응을 통하는 경로로 나누어 볼 수 있다.

첫째, 환율의 변동은 금리를 결정하는 중요한 요소 중 하나인 물가를 변동시킴으로써 금리에 영향을 준다. 우리나라에 수입되는 물건은 외화 표시로는 가격 변동이 없더라도 원화가치가 상승하여 환율이 떨어지면 원화 표시 수입가격이 떨어지고, 원화가치가 하락해 환율이 오르면 수입가격이 오르게 된다.

수입가격의 변동은 그 수입품을 원자재로 사용하는 국내 생산품 가격에 파급되거나 국내 경쟁품과의 가격 경쟁을 통하여 국내 물가에 영향을 주는데 원화 강세는 물가 안정을, 원화 약세는 물가 상승을 각각 초래하게 된다. 그리고 물가 안정은 명목금리 하락을, 물가 상승은 명목금리 상승을 가져올 것이기 때문에 결국 원화 강세는 금리 하락을, 원화 약세는 금리 상승을 초래하게 되는 것이다.

둘째, 환율의 변동이 너무 크면 정책당국이 금리의 변동을 유도함으로써 환율의 과도한 변동을 억제하기도 한다. 오늘날과 같은 변동환율제도하에서는 환율이 외환시장에서의 외환 수급에 의해 자유스럽게 결정되지만, 시장의 심리가 한쪽으로 치우쳐 일방적인 매도 또는 매입세로 인해 환시세가 지나치게 변동할 때에는 정책당국의 정책 조치가 환율의 움직임에 영향을 줄 수 있다.

정책당국이 환율을 움직이게 하는 방법은 외환시장에서 외환을 사거나 파는 외환시장 개입이 가장 일반적이나, 금리가 환율에 미치는 영향을 이용하여 금리를 낮춰 원화의 강세를 억제하거나 금리를 올려 원화가치의 하락을 억제하는 방법을 쓰기도 한다.

시장에서는 이와 같은 중앙은행의 정책 방향이나 의도를 파악하여 미리 행동하므로 자연스럽게 정책 의도를 달성할 때도 있다. 예컨대 우리나라에서 원화가 초강세 기조를 이어갈 때 정책당국이

금리 조작을 하지 않고도 단기금융시장이나 채권시장의 참가자들
이 정책당국의 개입(자금 공급 또는 채권 매입) 가능성을 염두에 두고
채권을 미리 매입함으로써 시장금리가 하락하게 된 경우가 여기에
해당된다.

환율 변동에 따라 물가는 어떤 영향을 받는가

환율의 변동은 수출입에 미치는 영향을 통하여 국내 물가에도
영향을 준다. 한마디로 말하면 '원화 강세 → 수입물가 하락', '원화
약세 → 수입물가 상승'의 흐름이다.

환율이 국내 물가에 미치는 영향을 원화가치의 하락(대미 달러 환
율 상승)을 예로 들어 살펴보자.

1달러=1,000원에서 1달러=1,200원으로 원화가치가 떨어졌다
고 하자. 이렇게 되면 국제시장에서 1달러에 팔리는 물건이 우리나
라에서는 지금까지는 1,000원에 살 수 있었으나 이제부터는 1,200
원을 주어야 살 수 있다는 것을 의미한다. 즉 여태까지 수입업자는
외국환은행에서 1,000원에 1달러를 환전하여 수입대금을 지불하
였으나 이제부터는 1,200원으로 1달러를 환전하여 지불해야 하니
수입원가가 더 비싸진다. 논의의 편의상 각종 관세, 내국세, 유통
마진 등은 무시하고 본 것이다.

예를 들어 국제 원유가가 1배럴당 50달러로 변함이 없는데도 우

리나라 원화의 가치가 1달러당 1,000원에서 1,200원으로 떨어진다고 한다면, 즉 환율이 상승하면 원유 수입업자의 원화로 표시한 수입원가는 1배럴당 50,000원에서 60,000원으로 비싸지게 되어 휘발유를 비롯한 여러 가지 석유제품 가격이 오르게 된다.

환율이 오르면 원유, 원당, 원면 등 원자재 가격의 상승으로 인해 이를 사용하는 공산품의 가격도 상승할 뿐만 아니라 기계류 등 수입 완제품 가격도 상승하게 되므로 결과적으로 국내 물가 전반에 걸쳐 상승 압력을 받게 된다.

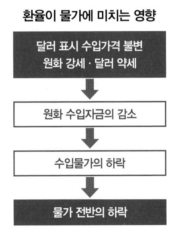

환율이 물가에 미치는 영향

달러 표시 수입가격 불변
원화 강세 · 달러 약세

⬇

원화 수입자금의 감소

⬇

수입물가의 하락

⬇

물가 전반의 하락

이러한 물가 상승을 '수입 인플레이션'이라고 부른다. 수입 인플레이션에는 환율의 변동과 관계없는 순수한 국제상품 가격의 상승에 의한 것도 물론 포함된다. 이와 같이 수입 인플레이션이 발생하게 되면 물가의 속성상 수입과 직접적인 관계가 없는 국산품이나 농산물 가격도 덩달아 상승하는 경향이 있다.

이상에서 환율이 오르는 상황을 예로 들어 보았으나 환율이 떨어지는 상황, 즉 원화가 강세로 되는 경우에는 거꾸로 국내 물가가 하락하게 되는 것은 두말할 필요가 없겠다.

물가는 환율에 어떤 영향을 미치나

물가와 외환 시세의 관계에 관해서는 구매력평가설(購買力平價說)에 의해 설명하는 것이 일반적이다. 기본은 동일 물건은 어떤 통화로 구입하려 해도 동일 가격이라고 하는 것이다.

나라별 물가상승률 차이는 외환 시세에 영향을 주지 않을 수 없다. 이는 자유시장 경제체제하에서는 물건을 어느 나라에서 구입하려 해도 같은 가격에 구입할 수 있다는 점을 이론적 배경으로 하고 있다. 이것이 바로 '구매력평가설'이다.

예컨대 똑같은 오렌지주스 한 병이 미국에서는 2달러, 일본에서는 220엔, 한국에서는 2,000원이라고 한다면 2달러=220엔=2,000원, 즉 1달러=110엔=1,000원이라는 산식이 성립한다는 논리이다. 이 구매력평가설은 특히 중장기적인 환율 변동의 요인을 설명할 때 잘 쓰인다.

그러면 미국의 주스 값이 변하지 않는 상황에서 한국의 주스 값이 한 병당 2,200원이 되었다고 하자. 이렇게 될 경우에는 구매력평가설에 의하여 1달러=1,100원이 안정적인 외환 시세로 인정될 수 있다.

실제적으로는 어떤 특정 상품의 가격만을 기준으로 하기보다는 전체적인 물가 수준을 기준으로 하여 타당한 환율 수준을 끌어내게 된다.

흔히 경제연구소 등에서는 때로 우리나라의 원화가치가 저평가되어 있어 1달러당 980원 정도의 수준이 적정하다든지, 또는 고평가되어 1,250원이 적정하다는 등의 주장을 하기도 한다. 이와 같은 견해는 구매력평가설의 논리를 전제하고 있다.

어떤 한 나라의 물가상승률이 다른 나라의 물가상승률과 비교하여 높을 때에는 물가상승률이 높은 나라의 통화가치(외환 시세)가 낮아진다고 말할 수 있다. 예를 들어 남미의 브라질이나 새로이 시장경제 체제를 도입한 우크라이나 공화국 등에서는 물가 상승이 너무나 급속해서 환율을 계속하여 절하하지 않을 수 없는 상황에 처했던 적이 있다. 이러한 현상도 앞에서 말한 구매력평가설이 작용하고 있음을 나타내는 것이라고 볼 수 있다.

이상에서 살펴본 논리를 보다 직접적으로 표현해 본다면 '인플레이션이 심하다 → 구매력이라는 잣대로 볼 경우 통화가치가 급격히 하락한다 → 통화의 대외가치도 하락한다 → 외환 시세도 하락한다'라는 식으로 이해할 수 있다.

결국 인플레이션 방어라고 하는 것은 국내만의 문제가 아니라 환율을 통하여 통화의 대외적인 가치도 인정시기는 것을 의미한다고 이해해야 할 것이다.

물가는 금리에 어떤 영향을 미치나

물가 상승이 급격할 경우 개인이나 기업이 화폐보다는 물건을 보유하려고 할 것이기 때문에 자금 수요가 늘어나 금리가 상승하게 된다. 여기서 말하는 자금 수요의 증가는 '① 차입 수요가 늘어난다, ② 금융상품의 매각이 늘어난다, ③ 저축 의욕이 줄어든다'는 현상으로 나타난다.

경제를 공부할 때 결코 간과해서는 안 될 지표 중 하나가 물가이다. 가령 일반 물가의 상승이 급속해지고 있다고 하자. 이 경우 다른 조건에 변함이 없다면 개인이나 기업을 불문하고 물건의 값이 오르기 전에 일찌감치 물건을 사두고자 할 것이다.

이런 상황에서는 다음과 같은 현상이 일어날 것이다.

첫째, 은행에의 차입 수요가 늘어난다. 은행에 대한 차입 수요가 증대하면 은행은 대출금리를 인상하게 된다. 이는 수요와 공급의 원칙에 기초한 현상이다.

둘째, 금융상품의 매각이 증가한다. 물건 구입 자금을 마련하기 위해서도 그렇지만, 앞으로 물가가 계속 오른다면 화폐단위로 표시된 금융상품의 가치는 떨어질 것이 확실하기 때문이다. 또한 금융상품의 매각이 증가한다는 것은 금융상품의 공급이 많아진다는 것

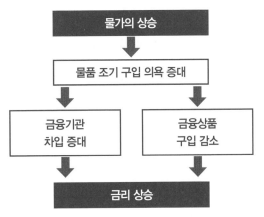

물가가 금리에 미치는 영향

물가의 상승

↓

물품 조기 구입 의욕 증대

↓

금융기관
차입 증대

금융상품
구입 감소

↓

금리 상승

이다. 결국 금융상품의 매입 가격이 하락하여 수익률(금리)이 오르게 된다. 이것은 가장 전형적인 금융상품인 채권을 생각하면 쉽게 이해할 수 있다.

셋째, 저축 의욕이 감퇴한다. 예컨대 기업에 의한 거액 정기예금이나 CD(양도성 예금증서)의 구입 의욕이 감퇴한다. 은행의 입장에서는 금리를 어느 정도 인상하더라도 개인이나 기업으로부터 자금을 끌어 모으려 할 것이다.

이상에서 본 현상은 어느 경우나 금리를 인상시키는 요인이 된다. 결론적으로 '고물가=고금리'이며 '물가 진정=금리 안정'이라는 도식이 성립한다.

국제 자본 이동이 환율에 미치는 영향은

국제간 자본 이동에 아무런 규제가 없고 외환시장에서의 환율 변동도 자유화되어 있는 어떤 나라에 자본이 유입되면, 그 자본의 유입이 중지되어 균형점에 도달할 때까지 그 나라의 외환 시세는 하락한다.

자유변동환율제도를 취하고 있는 나라의 환율은 외환시장에서의 외환 수급에 의해 결정된다. 외환 수급에 영향을 미치는 요인은 국제간 재화와 용역거래, 그리고 자본거래라고 볼 수 있는데, 이러한 거래들을 '국제수지'[8]라 하므로 결국 외환의 수급은 국제수지로 파악된다고 할 수 있다.

국제수지 이외에 외환 수급에 영향을 미치는 요소로는 국내외 금융기관이나 민간 투자자들이 있는데, 이들은 금리와 환율의 움직임을 예측하여 자국 통화와 외국 통화 중 어느 통화를 보유하는 것이 유리할지를 따져서 외환시장에 참여하는 투기거래자들이다. 최근에는 이들의 영향력이 더욱 커지고 있다.

어쨌든 수출이 잘 되거나 외자 유입이 늘어나 국내 외환시장에 외환 공급이 늘어나면 외환의 시세는 당연히 떨어지게 되고 자국 통화의 가치는 상승하게 된다. 이를 우리나라의 경우에 적용해 본다면 '원화가치가 상승했다', '원화가 강세다', 또는 '원화 환율이 내렸다' 등으로 표현할 수 있다.

이러한 경우 정책당국은 금리를 인하하여 자국 통화의 예상 수

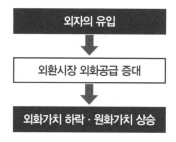

국제 자본 이동이 환율에 미치는 영향

외자의 유입

↓

외환시장 외화공급 증대

↓

외화가치 하락 · 원화가치 상승

익률을 떨어뜨려 자국 통화의 수요를 약하게 하든지, 외환시장에서 외환을 매입하여 외환의 가치를 상승시키고 자국 통화의 가치를 하락시키는 '시장개입' 정책을 필요로 하게 된다.

외자의 유출이 단기간에 급속히 이루어질 경우에는 환율이 폭등하는 외환위기 상황이 벌어질 수 있다. 1997년 10월 이후 우리나라가 경험한 외환위기는 외국의 채권자들이 한국의 금융기관과 기업에 대한 단기 채권의 연장을 거부하여 일시에 채권 회수에 나섬으로써 자본이 유출되고 환율이 폭등하고 외환보유액이 고갈된 상태의 위기였다.

경기는 환율에 어떤 영향을 주는가

경기의 확대는 그 나라의 생산 능력 증강, 수출 능력 증대, 자본 도입 확대 등을 통하여 그 나라의 통화가치를 상승케 하는 영향력을 가진다.

가령 미국의 경기가 확대된다고 하자. 그러면 우리나라 외환시장에서 달러 매입이 늘어날 것이며, 미국 경기가 축소된다면 달러 매도가 늘어날 것이다. 이를 한미 양국의 원 대 달러의 관계를 통해 이론적으로 풀이해 보기로 하자.

미국 경기의 급격한 확대가 원 달러 시세에 미치는 영향은 세 가지 측면에서 생각해 볼 수 있다.

첫째는 경기의 상승이 금리의 상승을 초래한다는 측면이다. 미국의 경기 상승은 투자자금 수요 증가를 통해 미국 금리의 상승을 초래한다. 미국의 금리가 높아지면 한국의 입장에서는 미국 금융상품에 대한 매력이 커진다. 이 때문에 한국의 투자자는 미국의 금융상품(미재무성증권 등) 매입을 증가시키게 된다. 이때 한국 투자자는 미국 금융상품을 매입하기 위해 달러 자금이 필요하게 되는데, 이 과정에서 한국 투자자에 의한 원화 매도, 미 달러화 매입이라는 외환 매매가 일어나게 되어 '원 약세, 달러 강세'가 된다. 이러한 논리는 한국의 경기가 좋아지는 반대의 경우에도 성립한다. 즉 한국의 경기가 상승하면 한국 금리가 상승할 것이고, 이로 인해 한국 금융상품에 대한 수요가 증가하여 외국 자본이 국내로 들어와 원화로 바꾸어 한국 금융상품에 투자하려 할 것이므로 한국 외환시장에서 달러 매도, 원화 매입 거래가 일어나게 된다. 이러한 현상이 원화 강세를 초래하게 되는 것이다.

둘째는 경기의 상승이 과잉 생산을 유발한다는 측면이다. 미국의 경기 상승에 의한 과잉 생산물은 내수만으로는 충분치 못하므로 수출로 처분할 수밖에 없다. 이럴 경우 미국 기업은 한국에 수출하여 벌어들인 원화를 팔아 달러화를 사들이는 외환 매매를 늘리게 된다. 만약 이러한 무역이 달러화로 결제된다고 하더라도 결과는 마찬가지다. 이때는 한국의 수입업자가 미국으로부터의 수입 대금을 결제하기 위해 원화를 팔아 달러화를 사야 할 것이기 때문이다. 결국 이때에도 '원 약세, 달러 강세'가 된다.

셋째는 미국의 경기가 좋아지면 한국에서 미국으로의 자본 이동이 활발하게 된다는 점이다. 이때 한국의 민간기업이 미국에서의 영업 활동을 확대하고자 하는 과정에서 원화를 팔고 달러화를 사는 외환 매매가 일어나는데, 이 역시 '원 약세, 달러 강세' 현상을

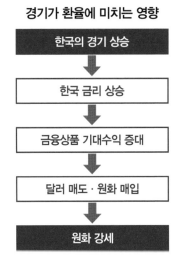

경기가 환율에 미치는 영향

한국의 경기 상승

↓

한국 금리 상승

↓

금융상품 기대수익 증대

↓

달러 매도 · 원화 매입

↓

원화 강세

초래한다.

이상에서 살펴본 바와 같이 미국의 경기가 상승하면 미 달러화의 가치가 상승하는 효과가 있으나 반대의 경우도 생각해 볼 수 있다. 이는 국제수지를 통한 영향이다. 즉, 미국의 경기가 좋아지면 미국의 수입이 늘어나게 되는데 이로 인해 미국의 경상수지 적자가 누적된다면 장기적으로 경상수지 적자 감축을 위한 달러화 약세 압력이 높아질 것이다.

경기는 금리에 어떤 영향을 주는가

경기의 상승은 개인 및 기업의 자금 수요를 증대시켜 대출금리의 상승을 촉진하며, 저축 의욕을 감퇴시켜 금융상품의 금리를 상승시킨다.

'경기 회복세가 예상외로 강하여 금리의 상승이 예상된다'라고 하는 신문 기사를 가끔 보았을 것이다. 미국의 각종 경제지표 발표를 유심히 살펴보면 경기 확대를 나타내는 각종 지표, 이를테면 실업률 저하, GDP 성장 호조, 주택 착공 건수 증가 등은 예외 없이 금리 상승을 유발한다는 사실을 알 수 있다.

실제 이러한 현상은 2004년 초와 2014년 중에 미국에서 일어났으며, 우리나라에도 1994년 초와 2002년 상반기에 나타난 바 있다. 이러한 현상이 의미하는 바가 무엇인지를 규명하기 위하여 경기 호조가 금리 상승을 부추기는 경제적 원리에 대하여 살펴보기로 하자.

우선 경기가 좋다고 하는 것은 민간기업들에게는 제품의 판매가 늘어나기 때문에 설비투자가 활발해짐을 의미하며, 이는 곧 설비투자 자금의 수요 증가로 나타날 것이다. 뿐만 아니라 이러한 상태에서는 기업 활동을 활발하게 유지하기 위한 운전자금 수요도 늘어날 것이다. 이때 기업은 다른 조건이 일정하다면 금융기관으로부터 새로운 자금을 차입하든지, 아니면 현재 보유하고 있는 채권 등 금융상품을 판매하여 자금 수요에 충당하려고 할 것이다. 설령 기업이 여유자금을 보유하고 있다고 하더라도 이것을 금융상품이나 은행 예금의 형태로 보유하기보다는 영업을 확장하거나 신규 사업을 벌이는 것이 유리하다고 판단하게 될 것이다.

결국 이러한 현상들은 이미 금리가 상승할 수 있는 방향으로 금융시장에 영향을 미치고 있음을 말해주고 있다. 은행으로부터 자금을 차입하려는 수요가 강할 경우 은행은 기업에 대한 대출금리를 올리려 한다. 그렇게 하더라도 차입할 기업이 많이 있기 때문이다.

이와 함께 차입 요청을 받은 금융기관은 기업의 강한 차입 수요에 응하기 위하여 보유 채권 등을 매각한다든지 하여 외부로부터 자금조달을 늘리려 할 것이다. 이와 같은 은행의 자금조달 수요 증대도 당연히 금리 상승을 초래한다.

이상의 내용을 요약해 보면 '경기 상승(기업 활동 활발) → 자금 수요 증가 → 돈의 가치인 금리 상승'이라는 메커니즘을 통하여 금리가 상승하게 됨을 알 수 있다.

경기는 물가에 어떤 영향을 주는가

경기가 좋다고 하는 것은 기업이나 개인의 재화 및 서비스에 대한 수요가 늘어난다는 것을 의미한다. 따라서 재화 및 서비스의 가격이 상승한다.

개인에게 경기가 좋다는 것은 임금이 상승하고 여가가 늘어나며, 물가가 진정되는 상태를 말한다. 그러나 여기에는 기본적으로 상반되는 요소가 포함되어 있다. 그것은 임금의 상승과 물가의 진정이라는 것이다. 개인에게 이상적인 이러한 상태가 현실적으로는 일어나기 어렵다.

다른 조건에 변동이 없는 한 물가가 진정되고 있다는 것은 기업에게는 제품의 판매가격이 오르지 않는다는 것을 의미한다. 결국 기업의 수익이 순조롭게 늘어나고 있지 않다고 말할 수 있다. 그렇게 되면 그 기업에서 일하는 종업원의 임금도 쉽게 올려줄 수가 없게 된다. 결국 기업에게는 물가가 적당히 오르는 것이 보다 바람직한 상태라고 말할 수 있다.

기업 활동이 확대 과정에 있다는 것은 기업이 생산을 늘리기 위해 원재료나 소재의 구입을 늘리는 것을 의미한다. 결국 경기가 좋아지면 제품 전반에 대한 수요가 늘어날 것이기 때문에 원재료 등의 가격이 상승하기 쉽다. 그리고 원재료의 가공, 조립에 필요한 전력 등 에너지 소비량도 증대한다. 이렇게 되면 에너지 가격도 상승할 뿐만 아니라 노동력에 대한 수요의 증대로 인건비도 상승하게 된다.

이와 같은 생산비용의 상승으로 인해 제품의 출하가격, 판매가격도 오르게 된다. 이때 최종 제품의 가격이 오르더라도 최종 소비 수요가 따라올 것으로 기대된다면 기업은 다소 비용이 상승하더라도 생산량을 늘리려고 할 것이다.

경기가 물가에 미치는 영향

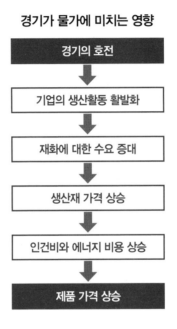

경기의 호전

↓

기업의 생산활동 활발화

↓

재화에 대한 수요 증대

↓

생산재 가격 상승

↓

인건비와 에너지 비용 상승

↓

제품 가격 상승

한편 개인의 대부분을 점하는 임금노동자의 편에서 본다면 어떻게 될까? 기업이 생산을 늘리기 위해서 보다 많은 노동력을 필요로 하기 때문에 노동력의 수급 작용에 의해 임금이 올라갈 것이다. 결국 상품의 가격이 다소 오르더라도 임금이 오르고 있기 때문에 소비 활동이 둔화되기 어렵다고 말할 수 있다.

어쨌든 경기가 상승할 때에는 기업이 생산을 확대하고 소비자가 소비 활동을 활발히 하는 이상 물가 상승세가 나타나며, 경기가 나빠져 기업의 생산재 구입 의욕이 감퇴하는 때에는 물가의 상승률이 낮아지든지, 아니면 물가 수준 자체가 떨어지는 것이 기본적인 경제논리이다.

재정수지가 금리에 미치는 영향은

정부 재정이 적자가 되면 이를 국채 발행을 통해서 메우고, 흑자가 되면 그 자금으로 국채를 상환한다고 하면 재정수지는 채권시장에서의 채권 수급을 통해 금리에 영향을 미친다. 이렇게 볼 때 재정수지 적자는 금리를 상승시키고, 재정수지 흑자는 금리를 하락시키게 된다.

정부 재정은 흑자가 될 수도 있고 적자가 될 수도 있다. 우리나라의 경우 중앙정부의 일반회계는 대체로 매년 흑자를 유지하여 왔으나 2000년대 들어 복지 수요의 증가로 지출이 증가하는 가운데 국제금융위기 등 경기 침체로 세수 증가가 부진하여 일반회계도 적자를 보이고 있다. 그러나 도로, 교통, 농어촌 개발 등 각종 사업비로 구성된 특별회계와 각종 기금, 그리고 공기업의 예산 등을 포함한 통합재정수지는 2000년대 이래 대체로 흑자를 보이고 있다.

정부가 재정적자를 보전하기 위해 국채를 발행하면 채권시장에 채권의 공급이 늘어나서 채권의 가격이 떨어지게 된다. 이는 채권수익률의 상승을 의미하므로 재정적자는 금리 상승을 초래한다고 볼 수 있다. 반대로 정부 재정이 흑자가 되어 정부가 국채를 상환하거나 매입하게 된다면 채권시장에 채권의 공급이 줄거나 수요가 상대적으로 커져 채권의 가격이 오르게 되는데, 이는 곧 채권수익률이 하락한다는 것을 의미한다.

이상은 재정수지가 채권시장의 채권 수급에 영향을 주어 금리 변동을 초래하는 경로를 분석한 것인데, 재정수지가 금리에 미치는 영향은 이 밖에도 거시경제적 관점에서 본 구축효과(crowding out effect)에 의한 분석도 있다.

재정수지가 수출입에 미치는 영향은

나라가 국민으로부터 세금을 거두어 필요한 데 지출하는 것이 재정의 큰 줄기이다. 그러나 내용을 더 들여다보면 나라의 재정 수입, 즉 세입은 세금뿐만 아니라 각종 수수료나 벌과금도 있으며 경우에 따라서는 수익사업을 통한 이익금도 있다. 재정 지출에는 나랏일을 하는 공무원의 봉급도 있지만 국방과 치안에 들어가는 경비도 많고, 도로와 항구를 만들고 보수하는 일에도 엄청난 자금이 늘어가며, 교육비를 비롯해 어려운 사람들을 도와주고 국민의 삶의 질을 높여주는 보건 복지와 문화 분야에도 많은 돈이 들어간다.

그런데 선진국의 최대 고민은 재정 지출이 늘어나는 속도에 비해 재정 수입은 천천히 늘어 재정적자가 커지는 데 있다. 이러한 재정적자는 주로 국채를 발행해서, 즉 시장에서 빌려서 메우고 있다. 국채 발행 잔액이 점점 늘어나면 국가 채무가 늘어나게 된다.

재정적자로 국가 채무가 점점 늘어나면 시장에 국채 발행 잔액이 늘어 국채 가격이 싸지게 되는데, 싼 국채를 구입한 투자자 역시 국채 만기에 일정한 금액(액면가)을 받기로 보장되어 있으므로 국채 가격 하락은 곧 국채 수익률 상승을 의미한다. 국채 수익률이 오르면 다른 시장 금리도 오르게 된다.

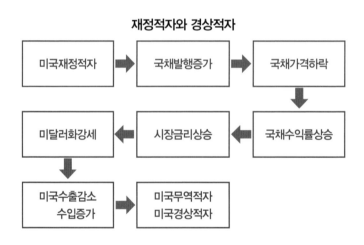

재정적자와 경상적자

시장금리가 오르면 그 나라의 통화는 강세가 된다. 외국인이 고금리 통화에 투자하려 할 것이며, 외국 통화 표시 금융상품에 투자하고 있던 자국의 투자자도 국내로 자금을 들여와서 자국의 고금리 상품에 투자할 것이기 때문이다.

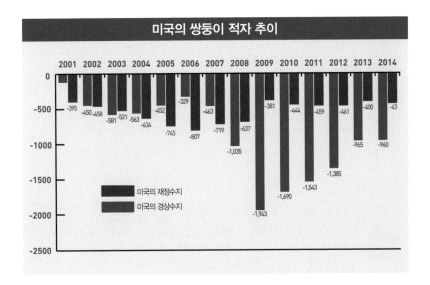

미국의 예를 들면 미국의 재정적자는 미국의 고금리를 초래하고, 고금리는 다시 미 달러화를 강세로 만들게 된다. 미 달러화의 강세는 미국의 수출을 불리하게 하고 수입을 유리하게 하여 미국의 무역수지와 경상수지를 악화시키게 된다. 이러한 과정이 재정적자가 무역수지와 경상수지의 적자를 초래하는, 이른바 미국의 쌍둥이 적자(twin deficits)가 생기게 된 경제적 논리이다.

1) 기준금리는 중앙은행 통화정책의 기준이 되는 금리를 말한다. 각국에 따라 명칭은 다르지 만 중앙은행이 상업은행과 예금거래나 채권거래를 할 때 기준이 되는 금리이다.
한국은행 기준금리는 한국은행이 금융기관과 환매조건부증권(RP) 매매, 자금조정 예금 및 대 출 등의 거래를 할 때 기준이 되는 정책금리로서 간단히 '기준금리(base rate)'라고도 한다.
한국은행 금융통화위원회는 매월 물가 동향, 국내외 경제 상황, 금융시장 여건 등을 종합적 으로 고려하여 기준금리를 결정하고 있다. 이렇게 결정된 기준금리는 초단기금리인 콜금리 에 즉시 영향을 미치고, 장단기 시장금리, 예금 및 대출 금리 등의 변동으로 이어져 궁극적 으로는 실물경제 활동에 영향을 미치게 된다.
미국은 연방기금금리(federal funds rate), 일본은 무담보콜금리, EU는 key ECB interest rates, 영국은 base rate, 중국은 대출기준금리를 각각 정책 목표금리로 사용하고 있다.

2) 🔗 용어 '통화량'

3) 저축성예금(貯蓄性五金, time&savings deposit)은 자산증식 등을 목적으로 보유하 는 예금으로, 일정한 만기를 가지고 있거나 수표에 의한 인출이 이루어지지 않는 대신 요구 불예금에 비해 높은 이자율이 지급되는 것이 일반적이다. 우리나라의 저축성예금으로는 정 기예금, 정기적금, 목돈마련저축, 근로자장기저축, 상호부금, 주택부금, 저축예금 등이 있 다. 한편 저축성예금은 거래적 동기보다는 자산증식을 위한 동기나 미래의 지출에 대비한 예비적 동기를 갖고 보유되지만 약간의 이자소득을 포기한다면 쉽게 현금화가 가능하다는 점에서 통화지표의 하나인 광의통화(M2)의 구성요소가 된다.

4) 🔗 용어 '기업어음'

5) 통화당국(通貨當局)이란 화폐발행, 금융기관의 지급준비금 관리, 대외지급준비금 관리 및 은행업무 통제 등의 기능을 수행하는 기관을 의미하며, 우리나라에서는 중앙은행인 한국 은행이 한국은행법에 의해 이러한 기능을 하므로 통화당국에 해당된다. 또한 정부관리기금 이지만 대외지급준비금 관리에 해당하는 기능을 수행하고 있는 외국환평형기금도 통화당국 에 포함시키고 있다. 그러나 실질적으로 통화정책을 담당하는 금융위원회와 기획재정부가 통화당국인지에 대해서는 논란의 여지가 있다.
다만 기획재정부가 외환정책의 기능을 한국은행과 분담하고 있다는 점에서, 그리고 외환정 책이 중요한 통화정책의 기능을 가지고 있다는 점에서 일정 부분 통화당국 범위에 포함된다 고 보는 견해는 설득력이 있다고 하겠다.

6) 🔗 용어 '소비자물가지수'

* 🔗 용어라 함은 '부록 알아두면 유익한 경제용어'에 수록된 단어를 말한다.

7) 어떤 상품이 시장에서 잘 팔린다면 거기에는 그만한 이유가 있을 것이다. 품질이 좋거나, 디자인이 좋거나, A/S(애프터서비스)가 좋거나, 아니면 값이 싸거나 할 것이다. 값이 싸서 잘 팔리는 상품을 우리는 가격경쟁력이 강하다고 말하는데 이때는 물론 다른 조건, 즉 품질 이나 A/S 등은 동일하다는 것을 전제하고 있다.

가격 이외의 경쟁력은 보통 비가격경쟁력이라고 부른다. 가격경쟁력이 강하다는 것은 생산 비용과 관리비를 구성하는 요소들, 즉 원재료비, 인건비, 일반관리비 등이 저렴할 뿐만 아니 라 생산에서 소비자에게 이르는 과정, 즉 원자재 조달, 생산방법, 자금조달 및 운용, 인사 관 리, 유통 등 모든 과정이 효율적으로 이루어져 값싸게 물건을 생산해 공급할 수 있다는 것을 의미한다.

국제 무역에서는 국내 물가, 인건비, 부동산 임대료와 기타 기업 경영에 필요한 각종 부대비 용 및 조세공과금 등 비용 요소 이외에도 환율의 움직임이 가격경쟁력을 결정하는 중요한 요소가 된다.

우리 원화의 가치가 오르고 무역 결제 통화인 달러화의 가치가 떨어지면 수출로 받은 달러 를 환전한 원화 금액이 적어지게 된다. 이렇게 되면 수출업자의 채산성이 악화되어 수출가 격을 내리기는커녕 올려야 할 사정이 되므로 가격경쟁력은 약화될 수밖에 없다.

우리나라의 물가나 임금이 외국보다 더 많이 올라서 제조원가가 비싸져도 가격경쟁력은 약 화된다. 일반적으로 원화가치가 떨어지면 외화 표시로 수출한 원화의 대전(代錢)이 많아져 채산성이 개선되므로 그만큼 수출가격을 싸게 공급할 수 있기 때문에 원화의 절하는 수출 경쟁력을 강하게 할 수 있다고 알려져 있다. 그러나 원화의 절하는 수입 물품의 가격을 올리 게 되어 국내 물가를 상승시키므로 수출 경쟁력을 오히려 약화시키는 면도 있음을 간과해서 는 안 될 것이다.

8) 🔗 용어 '국제수지'

우문현답으로

배우는

경제

2장 | 우문현답으로 배우는 경제

금리가 낮으면 차입자의 부담은 가벼워진다. 그래서 자금차입자인 기업은 속성상 항상 금리 인하를 요구하게 된다. 그러나 중앙은행이 자금차입자의 금리 인하 요구에 굴복하여 필요 이상으로 저금리정책을 편다면 투자가 과잉이 되고 물가가 상승해서 나중에는 과열 경기, 거품경제가 될 위험이 있다.

금리는 낮을수록 좋은가

금리는 자금의 공급과 수요에 의해 결정된다. 중앙은행이 자금의 공급을 조절할 수 있기 때문에 금리를 조절하는 기능과 능력을 가지게 된 것이다.

금리가 낮아지면 어떻게 될까? 금리가 낮아진다는 것은 옛날과 달리 시장에서 결정되는 금리가 낮아진다는 것으로 해석해야 할 것이다. 금리가 자유화되지 않고 규제금리가 적용되던 시절에는 통화당국이 금융기관에 대하여 강제적으로 자신들이 원하는 금리를 적용토록 하였으나, 이러한 일은 이제 더 이상 있을 수 없게 되었다.

시장금리가 낮아진다는 것은 차입자가 돈을 빌려서 높은 수익을 올릴 만한 투자처가 없어서 자금의 차입 수요가 약하다는 것을 말하므로, 그 경제는 저성장 경제라고 할 수 있다.

한편 금리가 낮으면 차입자의 부담은 가벼워진다. 그래서 자금 차입자인 기업은 속성상 항상 금리 인하를 요구하게 된다. 그러나 중앙은행이 자금차입자의 금리 인하 요구에 굴복하여 필요 이상으로 저금리정책을 편다면 투자가 과잉이 되고 물가가 상승해서 나중에는 과열 경기, 거품경제[9]가 될 위험이 있다. 따라서 정책당국은 금리가 지나치게 떨어지지 않고 적정 수준의 금리가 유지되도록 항상 시장을 관찰하고 경제 상황을 점검하여야 한다. 또한 금리

는 자금공여자의 입장에서는 수익이 되고 금융소득이 되기 때문에 오늘날과 같이 금융자산이 축적된 선진 사회에서는 자금공여자의 입장도 무시할 수 없다. 지나치게 낮은 금리는 금리수익자의 소득을 낮추어 소비를 위축시킬 수 있기 때문이다.

통화는 긴축할수록 좋은가

돈은 누구나 좋아한다. 기업도, 개인도, 정부도 돈을 좋아한다. 따라서 중앙은행은 항상 통화 증발 압력을 받는다. 그러나 지나치게 많은 돈은 경제에 마약과 같아서 자신도 모르게 취해서 망하게 만든다. 돈을 무절제하게 공급하다 보면 나중에는 돈이 종잇조각처럼 여겨질 때가 올 것이다.

이러한 상황을 경험했거나 또는 미연에 방지하기 위해 각국에서는 중앙은행이 설립되었다. 중앙은행은 통화를 수속하여 경제를 안정시키는 것이 본연의 임무이다. 따라서 중앙은행은 통화긴축을 좋아한다. 시중에 도는 돈의 양을 줄이는 통화긴축정책을 쓰면 물가는 안정될 것이다. 그러나 경제에 돈이 모자라면 거래가 불편해지고 경제 활동이 위축될 것이다.

그러므로 중앙은행은 시중에 돈이 넘치지도 모자라지도 않게 돌게 하는 것을 목표로 한다. 그래야 경제가 안정적으로 성장할 수 있는 것이다.

환율은 오를수록 좋은가

환율이 오르면 수출이 증가하니 수출기업은 환율이 오르는 것이 좋다고 한다. 또한 국내에서 생산해서 국내시장에 파는 기업도 수입품을 파는 기업에 비하면 비교적 유리하다. 수입품을 사 쓰던 사람이 전보다 비싸진 수입품보다 국산품을 찾게 될 것이기 때문이다. 그러나 이들의 이점도 수출업자에는 못 미칠 것이다. 그러므로 환율이 오르면 국내 수출업자에게 가장 유리하며, 국산품을 국내시장에 판매하는 기업은 수입업자에 비해서는 상대적으로 유리하다.

환율이 오르면 수입업자는 불리하게 된다. 수입품 값이 오르기 때문이다. 환율이 오르면 불가피하게 수입해야 하는 기계나 원자재의 가격도 올라 국내 물가가 오르게 된다. 수입 인플레이션이 일어날 수 있는 것이다. 외국에 빚을 졌거나 해외에 송금을 해야 하는 사람에게도 부담이 커진다. 환율의 영향을 덜 받는 서비스업도 에너지, 원재료 등 어느 정도는 수입품에 의존해야 하므로 환율 상승은 원가 상승 요인이 된다. 따라서 환율은 적정한 수준에서 안정되어야 한다.

물가는 쌀수록 좋은가

물가가 안정되어야 하는 것은 삼척동자도 안다. 물가가 오르면 소득으로 구입할 수 있는 상품의 양, 즉 실질구매력이 줄어들어 소비자에게 손해가 된다. 반면 물건을 생산하는 생산자에게는 물가가 오르면 이익이 된다. 원자재를 구입해서 생산하는 동안에도 제품 값이 오르게 되면 판매액이 커지고 이익도 커지기 때문이다. 따라서 물가가 안정되는 것이 대부분의 사람들에게 이익이 되지만, 물가가 떨어지는 상황이 되면 기업은 생산 의욕이 꺾일 것이다. 물가가 떨어지는 현상, 즉 물가 하락은 생산성 향상의 결과로 나타날 수도 있지만 수요가 부진하여 나타날 수도 있는데, 후자의 경우에는 기업의 채산성을 악화시키고 생산량을 축소시켜야 할 것이며 경제 불황의 결과로 나타내는 현상이기 때문에 좋다고 보기 어렵다.

공급 과잉이거나 수요 부족으로 인해 물가가 하락하는 현상을 '디플레이션(deflation)'[10]이라 한다. 일반적으로 인플레이션 현상은 통화긴축으로 대응하여 효과를 볼 수 있지만, 디플레이션 현상은 대응하기가 쉽지 않다. 일본의 20년 불황이 디플레이션 경제의 심각성을 말해 준다.

이렇게 볼 때 물가가 싸진다는 것은 기업에도, 국민경제에도 항상 좋기 만한 현상은 아니다.

경기는 항상 활황이면 좋은가

경기가 항상 활황일 수만 있으면 좋을 것이다. 그러나 경기라는 것이 항상 활황일 수는 없다는 것이 문제다. 산이 높으면 골이 깊듯이 경기도 호황이 크고 강하면 불황도 깊은 것이 보통이다. 활황이 크면 거품경제가 되기 쉬운데, 이는 결국 거품이 붕괴하는 과정에서 경기가 회복되기 어려울 만큼 깊은 골짜기로 빠져들게 된다. 우리는 이러한 사례, 즉 경기 침체를 여러 번 보아왔다. 따라서 각국은 경기 상승기에 금리를 올려 호황이 지나쳐 거품으로 발전하지 않고 적절한 수준에서 오래 지속되도록 하며, 경기 하강기에 금리를 내려 경기 침체가 단기에 그치도록 하는 것이다.

이러한 정책을 선진국에서는 '연착륙(soft landing) 정책'이라고 한다. 연착륙 정책은 처음에는 경기 하강기에 금리를 내려 경기 하강 속도를 완만하게 하고 나아가 경기 회복을 유도하는 정책으로 알려졌으나, 최근에는 경기 상승기에 경기 상승 속도를 늦추고 오래 지속하도록 하기 위해 금리를 올리는 정책으로 발전하였다. 이는 어떤 정책이 경제에 미치는 시차를 고려하여 선제적(pre-emptive)으로 대응하기 위한 것이라 하겠다.

기업투자는 많을수록 좋은가

기업의 투자는 생산의 밑거름이 된다. 투자의 축적이 자본이 되며, 생산은 자본과 노동이라는 생산 요소가 있어야 가능하기 때문이다. 그러나 기업은 무작정 자본을 늘리지는 않는다. 미래의 시장 상황을 예측해서 수익이 생길 것이라는 판단이 서야 투자를 실행하게 되는 것이다. 그러나 투자자는 항상 합리적으로 투자 의사를 결정하는 것은 아니다. 때로는 미래 예측을 잘못해서 과잉 투자 또는 과소 투자를 할 때도 있고, 때로는 시장 선점을 위해서 경쟁적으로 무리한 투자를 할 때도 있다.

다수의 기업이 무리하게 과잉 투자를 한다고 생각해 보자. 무리한 과잉 투자는 필연적으로 금리의 상승을 가져올 것이고, 결국은 과잉 생산 및 과다 부채로 기업 도산이 발생할 것이다. 게다가 도산 기업이 중소기업이 아니고 대기업이라면 일개 기업의 문제가 아니라 금융기관의 부실로 이어질 것이고, 나아가 금융위기로 발전할 수도 있는 것이다. 사실 1997년 우리나라의 외환위기도 기업의 과잉 투자가 일단의 원인을 제공하였다고 볼 수 있다.

기업투자 의사는 합리적으로 결정되고 적절한 규모로 실행되어야지, 과도하게 되면 국민경제를 위기에 빠뜨릴 수 있으므로 경계해야 할 것이다.

수출은 많을수록 좋은가

우리나라에서는 수출이 곧 애국으로 인식된 적이 있었다. 지금도 그렇게 생각하는 사람들이 많다. 수출업자가 제대로 갖추지 않은 수출 금융 관련 서류를 은행 창구에 던지고 가도 은행원들이 이를 보완해서 수출금융을 해주던 시절이 있었는데, 이는 바로 수출이 애국이니 전 국민이 이를 지원해야 했기 때문이다.

수출을 많이 하면 수입할 수 있는 외화가 생기니 부존자원이 부족하여 주요 원자재나 기계시설을 수입에 의존해야 하며, 또 많은 외채를 갚아야 하는 우리나라로서는 수출이 효자임에 틀림없었다. 그것은 지금도 마찬가지다.

그러나 수출이 지나치면 부작용도 생긴다. 국내에 공급해야 할 물자를 전부 수출에 쏟아 붓다 보면 국내에 물자가 모자라 물가가 오를 것이고, 이는 결국 국민에게 손해를 끼치게 된다. 이때 징상적

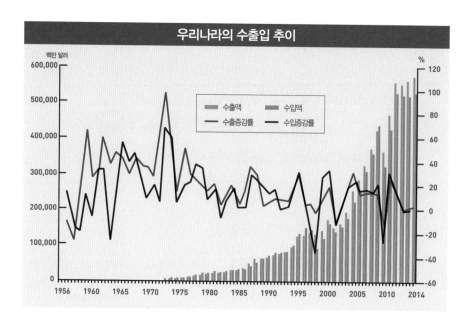

인 시장경제가 작동한다면 수출하려던 상품이 다시 국내시장으로 돌아와 국내 물가를 안정시키게 될 것이다. 국내시장 가격이 올라 국내 공급에 따른 채산성이 좋아졌기 때문이다. 그러나 수출에 지나친 특혜나 지원이 주어진다면 수출품이 국내시장으로 돌아오지 않고 수출에 집중되어 국내 물가는 높은 수준을 유지할 것이다. 수출이 좋기는 하지만 수출을 위해 국내 소비자가 높은 물가 비용을 부담해야 한다면 수출이 바람직한 현상은 아닐 것이다.

수입은 적을수록 좋은가

수입은 국민이 외국 상품을 쓰고자 하기 때문에 이루어진다. 국산품이 없거나 모자라면 수입품을 써야 한다. 외국 제품보다 국산품이 비싸면 싼 외국 제품을 쓰는 것이 이제는 자연스럽다. 이런 상황에서 수입이 적다는 것은 국산품으로 국내 수요를 어느 정도 충족시킨다는 것을 의미하므로 바람직한 현상이라 보겠다.

그렇다고 해서 수입을 줄이기 위해서 수입을 규제하거나 금지한다면 부작용이 생긴다. 그 수입품을 원재료로 사용하는 제품의 가격이 올라 그 제품을 사용하는 모든 소비자나 기업이 피해를 입을 것이며, 국내 유사 제품의 가격도 오를 것이다.

따라서 인위적인 수입 규제로 인해 수입이 줄어든다면 이로 인한 가격 상승 부담을 소비자가 지게 될 것이며, 이는 결국 소비자의 선택권을 제한하고 소비자의 후생을 줄일 것이다.

국제수지 흑자는 클수록 좋은가

수출이 증가하고 관광수입이 늘어 경상수지[11]가 거액의 흑자를 기록한다면 우리 경제는 어떻게 될까? 이렇게 번 외화로 좋은 외국 제품을 수입하여 국내 경제를 살찌우고 해외투자도 늘린다면 바람직한 현상이 될 것이다.

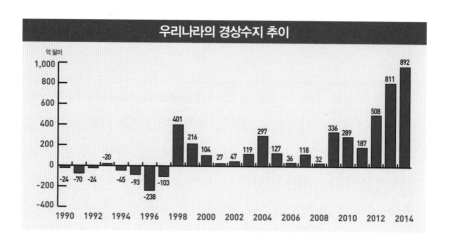

우리나라의 경상수지 추이

억 달러

(차트 값: 1990: -24, 1991: -70, 1992: -24, 1993: -20, 1994: -45, 1995: -93, 1996: -238, 1997: -103, 1998: 401, 1999: 216, 2000: 104, 2001: 27, 2002: 47, 2003: 119, 2004: 297, 2005: 127, 2006: 36, 2007: 118, 2008: 32, 2009: 336, 2010: 289, 2011: 187, 2012: 508, 2013: 811, 2014: 892)

그러나 상품 수입이나 서비스 수입이 늘지 않고 해외투자로도 유출시키지 못하면 우리 경제는 또 다른 문제를 야기할 것이다. 즉, 돈이 너무 많이 풀리게 될 것이다. 기업이 수출로 번 외화를 팔고 그 대가로 받은 원화가 시중에 넘칠 것이다. 시중에 돈이 많이 풀리면 국내 물가를 상승시키고 수출품의 생산 비용을 올려 수출 경쟁력을 약화시키게 될 것이며, 국민들에게도 인플레이션의 피해를 주게 될 것이다. 그렇게 되면 중앙은행이 수출 증가, 경상수지 흑자 확대로 시중에 많이 풀린 유동성을 환수하기 위한 정책을 펴겠지만, 이 또한 지나치면 부작용을 파생시킬 것이다. 따라서 국제수지는 할 수만 있다면 균형 수준을 유지하는 것이 이상적이라 하겠다.

외환보유액은 많을수록 좋은가

외환보유액[12]은 일국의 대외지급 능력을 나타내므로 많을수록 좋다. 외환보유액이 많으면 외환위기가 발생할 가능성도 줄어들고 대외부채를 상환 못할 위험도 적어지므로 국가신용도를 높여 해외 차입 조건을 유리하게 할 것이다.

그러나 외환보유액을 늘리는 데는 비용이 따르는 것이 보통이다. 통화당국이 시장에서 외환을 매입하는 과정에서 필연적으로 그 대가인 원화가 방출될 것이고, 이로 인해 원화 유동성이 과도하게 된다면 이를 환수하기 위한 정책을 강구할 수밖에 없다.

우리나라의 예를 든다면 경상수지 흑자와 금융수지 흑자로 외환보유액이 늘어나면서 시중에 풀린 유동성을 환수하기 위해 외국환평형채권이나 통화안정증권 발행 등을 통해 대처해 온 결과, 이자

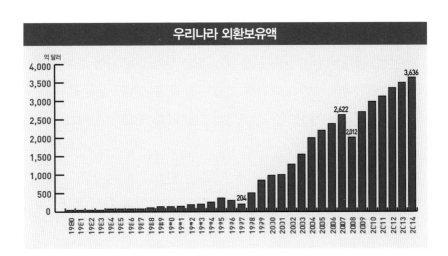

우리나라 외환보유액

부담이 국민에게 돌아가는 부작용이 발생하고 있다.

한국은행이 발행한 통화안정증권 잔액은 2013년 말 현재 163조 원에 이르며, 그 이자만 해도 연 2.0%로 친다면 연간 3조 2,600억 원에 달한다.

외자 도입은 많을수록 좋은가

외환위기를 겪으면서 우리는 외화, 외자의 귀중함을 뼈저리게 느꼈다. 외환위기는 외채를 상환하기 어려울 정도로 많이 지게 됨으로써 발생한 것이었기 때문이다. 그래서 우리는 너도 나도 외자 도입에 열을 올렸다. 외채 부담이 없는 외자, 즉 외국인 직접투자 유치에 열을 올린 것이다. 지금도 지방자치단체에서는 외자 유치를 중요한 업적으로 선전하고 있다.

외자 도입으로 얻을 수 있는 이점을 든다면 다음의 두 가지이다.

첫째, 국내의 부족한 자본을 보충하고 투자하여 기업 활동을 하게 되므로 국내 생산을 늘리며 고용도 늘릴 수 있다.

둘째, 외국의 생산기술과 경영기술을 외자 도입과 함께 들여올 수 있다.

그러나 외자 도입의 부작용도 만만치 않다. 우선 외자 기업의 이익은 결국 본국으로 돌아갈 것이므로 국내 기업의 몫이 외국으로 유출된다는 비판이 가능하게 된다. 또한 외국 기업은 항구적으로 국내에서 기업 활동을 한다는 보장이 없으므로 언젠가는 떠난다는 불안이 있다.

특히 외자가 주식이나 채권에 투자하는 간접투자일 경우 외국의 투자자는 선진 투자기법을 사용하여 막대한 이익을 내고 국내 투자자는 빈털터리가 되고 마는 사례도 허다한 것이 현실이다.

이러한 이유들로 인해 오래 전부터 각국의 민족주의자들은 외국자본의 국내 진출을 적극 반대해 왔다. 그러나 오늘날과 같은 개방화시대에는 자본에 국경이 없다고 하는 생각이 일반화되어 있으며, 외자든 국내자본이든 국내에서 활동하는 것 자체가 그 나라 경제를 활성화시키는 것이므로 외자를 반대할 명분은 크게 약화되었다고 할 수 있다.

다만, 국내 경제가 외자에 휘둘릴 만큼 외자의 비중이 비대해진 상황에서 외자의 활동이 단기적인 이익에만 치중하게 된다면 그 나라 경제정책의 독자성은 크게 위협받게 될 것이다.

주가는 오를수록 좋은가

주식가격[13]이 항상 오르는 것은 아니다. 떨어질 때도 있다. 주식가격이 오르면 주식투자자는 행복하다. 그러나 지나치게 오른 주가는 언젠가는 떨어질 것이므로 불안하기도 하다. 주식가격을 움직이는 것은 그 회사의 실적이다. 실적은 매일 나오는 것이 아니므로

실적에 영향을 줄 수 있는 각종 정보가 시시각각으로 주가에 영향을 미친다.

시중의 자금 사정도 주가에 영향을 미친다. 돈이 많이 풀리면 주가는 대개 전반적으로 오른다. 실적의 뒷받침 없이 주가가 오른다면, 즉 주가가 지나치게 오른다면 이는 거품이라 할 것이다.

따라서 주가는 무조건 오른다고 좋은 것이라 할 수는 없다. 언젠가는 거품처럼 터지고 말 것이기 때문이다. 거품이 터져 주가가 장기간 침체 상태에 빠진다면 주식시장의 본래 기능이 발휘되지 못할 것이며, 시중 자금이 기업으로 흘러 생산자금화하는 선순환이 단절될 것이다. 기업은 자본시장이 건전하게 활성화되어야 자본시장에서 자본을 조달할 수가 있는 것이다.

주가가 오르면 경기가 좋아지는가

주가는 실물경제를 반영한다고 한다. 실물경제에 관한 온갖 정보들이 주식시장에 제공되고 분석되어 주가에 영향을 미친다. 주식시장은 또한 투기시장이다. 남보다 먼저 정보를 입수하거나 분석하여 한발 앞서 주식을 사서 기다리면 때가 오기 마련인 것이다. 그런 점에서 주가는 경기보다 앞서 움직인다. 주가가 경기를 선도한다고 볼 수 있다.

다음 그래프에서 보는 바와 같이 경기 변동과 주가 변동은 대체로 같은 방향으로 움직이는데, 특히 2006~2007년 기간과 2009년 중에는 경기와 주가가 동반 상승하는 모습을 보였으며, 2011년 중반 이후에는 경기와 주가가 동반 횡보하는 현상을 보였다.

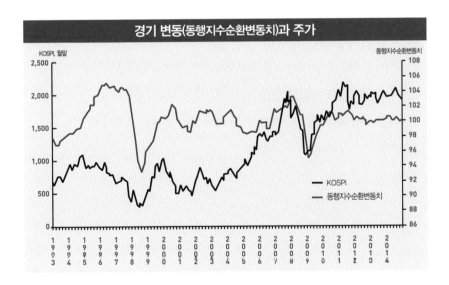

그러나 때로는 주가가 올라도 경기가 오르지 않는 경우도 있다. 예컨대 2003~2005년 중에는 경기지수가 횡보 내지 하강 국면인데도 주가는 계속 상승세를 보였고, 2010년 중반부터 2011년 초까지는 경기지수가 횡보를 보였으나 주가가 급등세를 보였다.

경기 회복에 관해서는 아직 분명한 징후가 나타나지 않았는데 주가가 오른 경우는 경기 이외의 요인이 작용하였다고 보아야 할 것이다.

우선은 시중에 풀린 돈이 많기 때문이라는 분석이 가능하다. 국제금융위기에서 벗어나기 위해 확장적 재정 금융 정책이 과감하게 시행된 이후에 나타난 2010년 중반 이후의 주가 급등이 여기에 해당한다. 또 하나는 다른 시장을 규제하는 데 따른 반사효과도 있을 수 있다. 참여정부에서 계속 중점을 두고 추진했던 부동산 투기 억제 정책으로 인해 부동산 시장이 위축되면서 여유자금이 증시로 몰려 주가 상승으로 나타난 적도 있다.

즉 일반적으로는 주가가 오르면 경기가 상승하지만 시중에 자금이 지나치게 많이 풀려 있을 때든지, 주식시장 내부나 외부에 다른 요인이 작용할 때에는 주가가 경기와 상관없이 오르내릴 수 있는 것이다.

미국 주가가 상승하면 한국 주가도 상승하는가

어젯밤 미국에서 고용 사정의 개선을 나타내는 지표가 발표되어 미국의 다우존스 주가지수가 상승하니 오늘 한국의 코스피도 상승할 것이라는 예상이나, 사후적으로 미국의 주가 상승을 코스피 상승 요인으로 분석한 해설을 들은 적이 있을 것이다.

과연 이 말이 타당한가?

결론부터 말하자면 맞을 때도 있고 틀릴 때도 있다. 우리나라 주가에 영향을 미치는 요소는 매우 다양하다.

첫째, 경기 호전은 주가 상승을 부른다. 개별 기업의 영업 실적도 개선될 것으로 예상할 수 있기 때문이다. 여기에는 해외 경기에 민감한 주식도 있고, 국내 경기에 민감한 주식도 있다.

코스피와 다우존스 지수

둘째, 유동성이 풍부해지면 주가가 상승한다. 시중에 돈이 많이 풀리면 주식 살 돈이 많아지기 때문이기도 하지만 풍부한 유동성은 경기 호전을 가져올 수 있기 때문이며, 유동성 사정이 금리 변동에도 영향을 주어 기업의 재무구조에 따라 주가에 영향을 주기도 한다.

셋째, 외국인 소유 비율이 30%를 상회하는 상황에서는 외국인의 투자 행태도 우리나라 주가에 큰 영향을 준다.

일반적으로 볼 때 미국의 주가가 상승하면 우리나라 주가도 상승하는 것이 보통이다. 미국의 주가가 상승한다는 것은 이 시점을 전후로 투자자금이 미국 증시로 투입된다는 것을 의미한다. 더구나 개인투자자는 대부분 헤지펀드[14]나 기관투자가에게 투자를 의뢰하는 것이 보통이므로 주가 상승 전후의 자금 유입으로 자금 사정이 좋아진 헤지펀드나 기관투자가들은 미국 내 뿐만 아니라 국제적인 투자 포트폴리오를 통해 매입 포지션을 가지고자 할 것이며, 이는 미국뿐만 아니라 한국에의 투자도 늘리게 될 것이다. 이러한 투자 행태는 한국 주가를 상승시키는 데 기여할 것이다. 이는 미국 주가 하락 시에도 동일하게 반대 방향으로 작용될 것이므로 다우존스 주가 하락은 한국 코스피 하락을 초래할 가능성이 높다. 그러나 한국 주가는 다른 여러 요인의 영향도 받아 움직이므로 항상 이 논리가 적용되지는 않는다고 할 수 있다.

저축은 항상 좋은가

저축은 개인에게는 미래를 대비하는 지혜이다. 오늘 소비를 아껴 미래 소비 수요에 대비하는 것이다. 또한 저축은 기업에게 투자 재원을 제공한다. 금융기관이 저축자금을 모아 기업에게 대출해 주기 때문이다.

그런데 만약 소비자가 소비를 지나치게 줄여 저축을 늘린다면 국민경제는 어떻게 될까? 소비가 줄면 기업이 생산해도 팔리지 않으므로 경제는 불황에 빠지기 쉽다. 제품이 팔릴 전망이 어두우면 투자도 부진하게 된다. 적당한 수준의 소비 증가가 경제에 활력을 불러일으키는 것이다. 그러므로 저축이 항상 좋기만 한 것은 아니다.

그러면 저축과 소비는 어떤 비율로 해야 적당한가? 그 비율을 일률적으로 말하기는 어려우나 경제가 공급 부족이면 저축을 늘려야 하고, 수요 부족이면 저축을 줄여 소비를 늘려야 할 것이다.

외제 소비는 나쁜가

외국 제품을 사 쓰면 그 대가로 지불한 값은 외국 사람의 소득이 된다. 중간에 부가가치를 덧붙인 만큼 국내에도 그 소득의 일부가 떨어지기는 하겠으나, 수입액에 상당한 금액만큼은 외국인의 소득으로 유출된다. 그래서 만약 가격이나 품질 면에서 국산품이 떨어지는 경우가 있다면 그럼에도 불구하고 나라를 사랑하는 마음으로 국산품을 써야 할지 소비자는 고민스럽다.

경제적으로 합리적인 소비자라면 값싸고 품질 좋은 외제를 선택할 것이다. 애국심을 발휘하여 가격이 비싸거나 품질이 떨어지더라도 국산품이라는 이유만으로 국산품을 쓴다면 그 소비자는 손해를 보게 될 것이다. 그러나 만약 국산품 중에는 쓸만한 물건이 없어 모든 소비자가 외제만 쓰는 극단적인 상황이 된다면 그 경제는 어떻게 될까? 이럴 경우 외제는 엄청나게 비싼 값을 주어야만 살 수 있게 될 것인데, 그 대가는 어떻게 벌어서 조달할 것인가?

그 제품이 꼭 필요하다면 ① 외채를 들여오거나 ② 열심히 일해서 번 외화로 구입하거나 ③ 외국 기업으로 하여금 국내에서 생산케 하여 구입해야 할 것이다. 이보다 더 좋은 방법은 ④ 국내 기업이 동일한 제품을 국내에서 생산하는 방법이다.

우리나라는 경제개발 과정에서 각 산업에 따라 각 시대별로 이 네 가지 방법을 다 구사하였다. 제품에 따라서는 투자와 생산에 완급을 가리기도 하였고, 전략과 시간이 소요되기도 하였다.

오늘날과 같은 경제에서는 어떻게 하는 것이 합리적인가? 경상수지 흑자가 누적이 되어 필요한 외국 상품을 자유로이 수입하는 이 시점에서는 외제 소비를 나쁘다고 하기 어렵다. 열심히 번 외화를 국민이 필요한 데 써서 질 높은 소비생활을 하겠다는데 누가 탓할 수 있으랴. 우리나라만 잘 살겠다는 생각보다는 지구촌 인류가 같이 잘 살아보자는 생각이 개방화시대에 맞는 국민의식이 아닐까? 다만 이 말은 그 나라의 국제수지 사정이 허용하는 한 성립한다고 할 것이다. 아무 대책 없이 수입품만 좋아하다가는 외환보유액이 고갈되는 외환위기를 겪게 될 것이기 때문이다.

섬유산업은 사양산업인가

섬유산업은 한때 우리나라의 수출 주종 품목이었다. 섬유산업이 개발 초기에 우리 경제를 이끌었다고 해도 과언이 아니다. 그런데 1980년대를 지나면서 섬유산업은 사양산업으로 치부되어 버렸다. 정부에서 업종 전환을 장려하기도 했으며 은행에서는 대출을 꺼리기도 했다.

실제로 1980년대에는 섬유제품 수출이 우리나라 총수출에서 차지하는 비중이 20%를 상회하였다가 1990년대 들어 급속히 줄어들어 2000년에는 8.8%, 2014년에는 2.8%에 불과해 쇠퇴의 길을 밟아왔다. 국내총생산에서 차지하는 섬유산업의 비중도 1970년대 중반에는 5%에 달하였으나 지금은 1% 남짓한 미미한 산업으로 전락되었다. 그야말로 섬유산업은 사양 길을 걸어왔다.

섬유산업이 사양산업이고 우리 경제의 성장을 이끌 주력산업은 아니라 하더라도 과연 섬유산업을 도외시하고 도태시켜야 하는 산업이냐 하면 그렇지는 않다고 본다. 아직도 섬유제품 수출액은 연간 100억 달러를 상회하고 있고, 섬유업에서 큰돈을 버는 기업이 있다는 사실이 이를 말해 준다.

섬유산업이 성장산업은 아니라 할지라도 종전의 가격경쟁력 위주의 물량 공세에서 벗어나 품질 위주로 세계 패션을 이끌어 갈 수 있는 능력을 갖춘다면 새로운 고부가가치 산업으로 우리나라의 성장 동력이 될 수 있을 것이다.

제조업이 성장해야 경제가 건전한가

경제성장은 물질 생산의 생산성 향상과 그 궤를 같이 한다고 해도 과언이 아니다. 그러나 선진국으로 갈수록 물질 생산, 즉 제조업 생산보다는 서비스 생산의 비중이 커지고 이들의 생산성 향상이 경제성장을 이끄는 양상으로 바뀌어 가고 있다. 뿐만 아니라 선진국에서의 제조업은 후발 개도국의 저임 공세에 밀려 점차 경쟁력을 잃어가 선진 각국이 산업공동화의 위협에 직면하고 있는 것이 사실이다.

우리나라의 경우에도 1970년에 국내총생산의 16%에서 1980년대 후반 27%까지 상승해온 제조업 비중이 1990년대에는 정체 내지는 하락 추세를 보였으나, 국제금융위기를 지나 수출 위주의 회복세를 보인 2010년 이후에는 28% 내외로 상승하였다. 한때 제조업과 함께 급속히 퇴조한 농림수산업의 자리는 서비스업이 물려

받아 그 비중을 높여왔다. 1970년대 40% 내외이던 전기·가스·수도업과 건설업을 제외한 서비스업의 비중이 2000년대에 들어서는 50%를 상회하는 수준으로 높아졌다.

이러한 산업구조 변화에도 불구하고 어느 나라든 제조업이 든든해야 지속적 경제성장이 가능하다는 논리를 펴는 논자들이 많다. 인간은 물질을 소비해야 후생이 증대될 수 있으며, 물질의 생산 없는 경제는 결국 로마제국처럼 패망하고 말 것이라는 주장도 있다.

여기에는 일면의 진리를 내포하고 있다. 만약 모든 나라에서 제조업을 포기한다면 인류 문명은 퇴보할 것이다. 그러나 아무리 제조업이 힘들고 경쟁력이 떨어진다 하더라도 모든 나라가 제조업을 포기하지는 않을 것이다. 공산품에 대한 수요가 있는 한 생산이 줄어들면 가격이 상승하여 경쟁력이 되살아날 것이기 때문이다.

그렇다고 해서 오늘날과 같이 자유화되고 개방화된 시장경제 체제에서 모든 나라가 제조업에 매달릴 필요는 없을 것이다. 각국이 비교우위가 있는 산업에 특화한다면 결국 선진국은 경쟁력이 있는 금융, 의료, 교육, 법률, 컨설팅, 통신 등 지식기반 서비스산업에 특화할 것이고, 그러다 보면 자연스럽게 제조업 분야는 개도국에 양보할 수밖에 없을 것이다.

왜 그 많은 외환보유액으로
외채를 상환하지 않는가

2000년부터 우리나라는 대외채권이 대외채무[15]를 초과하는 순채권국이 되었다. 그런데 아직도 외채는 늘어나고 있어 2013년 말에는 외환위기 때인 1997년의 2.6배에 달하는 4,235억 달러의 외채를 지고 있었으며, 2014년 말 외환보유액은 3,636억 달러로 세계 7위를 기록하였다.

외환보유액이 아무리 많아도 외환위기 때 그렇게도 우리 경제를 짓눌렀던 외채를 4,235억 달러나 짊어지고 있어서는 과연 순채권국이 무슨 의미를 가지는지 가늠이 되지 않는다. 이러한 생각에 외환보유액으로 외채를 상환하자고 주장하는 사람들이 있다. 외채를 국민의 부채로 생각하는 우리나라 특유의 애국심의 발로라고도 볼 수 있다.

그러나 이는 다음과 같은 점에서 실현되기 힘든 주장이다.

첫째, 외채를 지고 있는 사람과 외환보유액을 가지고 있는 사람이 서로 다르다. 외채는 대부분 기업이나 금융기관이 지고 있는데 비해 외환보유액은 정부와 한국은행이 보유하고 있다. 이들 외환당국이 민간기업의 외채나 금융기관의 외채를 갚아주는 것은 외환위기 상황이 아니고서는 어렵다.

실제 1997년 외환위기 때에는 만기가 되어 돌아온 은행의 외채를 한국은행이 외환보유액으로 갚아주어야 했다. 이때는 우리나라

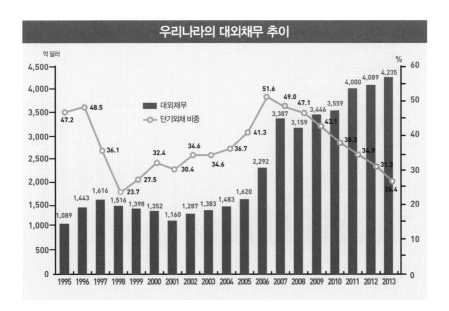

우리나라의 대외채무 추이

은행들이 신용이 떨어져 외자를 조달할 수가 없었고, 만기가 되어 돌아온 외채를 갚지 못하면 은행이 도산할 수밖에 없는 절체절명의 위기에 처해 있었기 때문이다.

둘째, 민간기업이나 금융기관은 자력으로 외채를 상환할 수 있는 능력을 보유하고 있다고 보아야 한다. 만약 이들이 외채를 상환할 수 없다면 이미 외자 조달이 불가능했을 것이기 때문이다. 민간기업은 민간기업대로, 금융기관은 금융기관대로 외화자산과 부채의 만기 구조를 일치시켜 유사시에도 외채 상환이 어려워지는 일이 없도록 대비하여야 하는 것이다.

그런데 평상시에 정부가 외환보유액으로 민간의 외채를 갚아주도록 한 사례가 있다. 1980년대 후반 외채가 너무 늘어 우리 경제

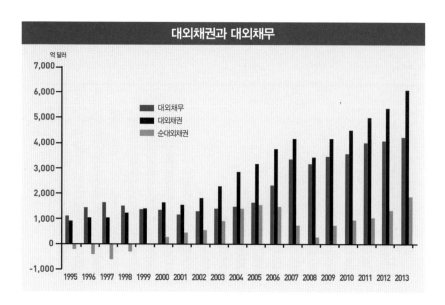

대외채권과 대외채무

억 달러

- 대외채무
- 대외채권
- 순대외채권

에 큰 부담이 되었던 시절의 일이다. 그때는 외환보유액을 은행에 빌려주어 은행으로 하여금 기업의 고금리 외채를 조기 상환하는 자금을 대출해 주도록 하였다. 그러나 이것은 어디까지나 예외적인 사례들이고 정상적인 상황에서는 차입자가 상환능력 범위 내에서 차입하여야 할 것이며, 정부에 부채 상환을 요청하는 도덕적 해이(moral hazard), 비정상적인 상황은 기대하지 말아야 할 것이다.

부동산 가격이 오르면 왜 문제인가

부동산 가격이 오른다고, 또는 너무 비싸다고 서민들의 불평이 대단하다. 과거 참여정부에서는 부동산 가격을 안정시키기 위해 몇 차례 대책을 내놓았으나 별 효과가 없고 오히려 더 오르게 되자 '8·31 조치'라는 강력한 대책을 발표하기에 이르렀다.[16)]

부동산 가격이 오르면 어떤 문제가 생기는가? 우선 생각하여야 할 것은 소득 격차는 개인의 능력 차이로 상당 부분 설명되고 또 그 격차도 개인의 노력 여하나 정책에 따라 어느 정도 시정이 가능하다고 보겠으나, 재산의 차이는 한 번 벌어지면 좀처럼 시정되기 힘들며 이를 시정하려는 시도 자체가 이념 갈등을 유발하는 등 간단치가 않다는 점이다. 부동산 가격이 오르면 재산의 격차가 커지는 것이 가장 큰 문제이다.

국민 간에 재산 격차가 커지면 국민의 의사가 분열되어 어떤 정책이라도 합의를 보기가 어려워진다. 게다가 재산을 소유하지 못한

계층은 점점 더 가난해져서 이들을 위한 복지비용 부담이 증가할 것이다. 뿐만 아니라 재산 격차가 벌어지면 벌어질수록 소득 격차도 확대될 것이다. 이는 결국 가진 자와 못 가진 자 사이의 계급투쟁으로 발전할 수도 있으며, 국가 발전을 위한 힘을 분산시키는 결과가 초래될 것이다. 이는 부동산 가격이 오를 때 나타날 수 있는 사회적·정치적 폐해이다. 경제적으로는 부동산 가격이 오르면 생산 공장이나 창고, 점포 등의 토지 구입 비용이나 임대료 지급 비용이 올라 전반적인 물가 상승으로 이어질 것이며, 이는 나아가 산업 경쟁력을 약화시킬 것이다.

또한 부동산 가격이 단기에 급등하든지, 그 효용가치 이상으로 가격이 오르게 된다면 언젠가 거품이 꺼지게 되는 폭락의 위험도 안고 있다. 그럴 경우에는 부동산 관련 업종, 즉 부동산 임대업이나 부동산을 담보로 대출해 준 금융기관에 타격을 주어 금융위기를 초래할 수도 있다. 일본의 20년 불황이 바로 부동산 거품에서 시작되었다고 볼 수 있으며, 나아가 2007~2008년 미국발 금융위기도 '서브 프라임 모기지'로 대변되는 부동산 거품이 한 원인으로 지적되고 있다.

부동산경기는 활기를 띨수록 좋은가

부동산경기란 부동산의 가격, 거래량, 공급량 등을 종합하여 순환변동치로 계산한 개념이다. 부동산경기는 실물경기에 비해 변동 주기가 긴 특징을 가지고 있다. 부동산경기는 거래가 늘면서 가격이 상승하며 개발과 공급이 늘어나는 모습을 보인다. 부동산의 매매거래가 늘거나 개발이 활기를 띠는 것은 실물경제 활성화와 맥을 같이 하므로, 경제 활성화나 경제성장에 긍정적 영향을 미친다. 또한 정부의 세수도 늘어나서 정부의 사업을 늘릴 수도 있다. 그러나 부동산경기 활성화는 대부분의 경우 가격 상승으로 이어지며, 투기 열풍이 동반될 경우 거품이 낄 소지가 높고 공급 과잉이나 거품 붕괴로 이어지는 경우가 허다하다. 이럴 경우 가계 부도나 금융위기를 초래할 가능성도 높아진다. 부동산 가격의 상승은 자산효과를 통해 부동산 보유자의 소비지출을 늘려 실물경기를 활성화시키는 면도 있지만, 부동산, 특히 주택을 소유하지 못한 사람들에게는 주택 소유의 기회를 상실케 하며 빈부 격차를 벌리는 문제도 야기한다. 따라서 부동산의 과다 보유나 빈번한 매매에 대해서는 여러가지 투기 억제 규제를 가하는 경우가 많다.

부동산경기 활성화는 흔히 단기 경기 부양책의 수단으로 사용되었다. 그러나 부동산경기 활성화는 예외 없이 부동산 가격의 지나친 상승을 초래하였기 때문에 최근에는 매우 조심스럽게 다루어지고 있다.

해외여행은 나쁜가

국내 경기가 부진한 가운데서도 해외여행이 늘어난다고 언론에서 한때 집중 보도한 적이 있다. 그것도 그럴 것이 우리나라의 국제수지는 외환위기 이후 경상수지 흑자 기조를 유지하고 있는데 이는 주로 거액의 상품수지 흑자 덕분이며, 서비스수지는 만성적인 적자에서 벗어나지 못하고 있는 실정이다. 그 이유는 주로 여행수지 적자로 인한 것이다.

2004년의 경우 서비스수지 적자는 88억 달러에 달했는데 이 중 여행수지 적자가 63억 달러나 되었으며, 2005년에도 여행수지 적자는 더 커져 97억 달러에 달하였다. 우리나라의 여행수지 적자가 커진 것은 말할 것도 없이 유학, 관광 등의 목적으로 출국자 수가 늘어났기 때문이다. 2014년 내국인 출국자수는 1,636만 명에 달했고 외국인 입국자수는 1,426만 명이 넘었다고 한다.

해외여행이라고 해서 나쁘다고 하는 것은 전혀 시대에 맞지 않다. 왜냐하면 사람은 경제적 효용을 극대화하는 방향으로 소비행위를 하며 이러한 경제 활동을 통해 경제가 발전하기 때문이다. 국내여행보다는 해외여행을 통해 더 많은 것을 느끼고 배우며 삶의 가치를 풍요롭게 할 수 있다면 능력에 따라 해외여행을 할 사람은 해야 할 것이다. 다만, 해외여행경비 지출이 우리나라 사람이 아닌 외국 사람의 소득이 된다는 점에 대해서는 생각해 볼 필요가 있다.

또한 해외여행자 수가 급속히 늘어나는 것이 국내에 관광할 만한 시설이 없다거나, 국내 여행경비가 지나치게 비싸다거나, 국내 교육환경이 열악하다거나, 국내 레저시설의 이용료가 너무 비싸다거나 하는 데 원인이 있다면 이는 국내의 관광산업, 레저산업, 교육산업 경쟁력에 관한 문제이므로 관련 업계와 관계 부처에서 경쟁력 강화 차원에서 깊이 있게 대책을 강구해야 할 문제이다.

소유와 경영은 분리되어야 하나

기업의 소유자와 경영인이 다른 사람이어야 기업경영이 잘 된다는 이론이 우리 사회에 팽배해 있다. 과연 그럴까? 대주주가 직접 자기 회사를 경영하면 어떤 문제가 있는가? 대주주라고 해서 반드시 무능한 경영인인가? 그렇지는 않을 것이다. 오히려 대주주가 직접 경영에 참여함으로써 얻을 수 있는 이점도 있을 것이다. 우선 기업의 소유자가 경영을 하게 되므로 경영권을 잃을 염려가 없기 때문에 안정적인 경영환경을 확보할 수 있다. 또한 기업경영 과정에서 생기는 여러 가지 의사결정이 신속하고 과감하게 이루어질 수 있다.

다만 대주주가 직접 경영에 참여하게 되면 자본금을 늘리거나 새로운 사업에 투자할 때 외부의 자본을 참여시키기보다 자회사 간 순환출자라는 편법을 사용할 가능성이 높아진다. 회사의 지배력을 유지하기 위함이다. 뿐만 아니라 경영 책임을 물을 수 있는 견제장치가 미흡하다. 이사회의 기능이 유명무실해질 수도 있다. 또한 경영 능력보다는 대주주에 대한 충성도나 혈연관계가 중시되는 인사 관리가 나타날 수 있고 족벌 경영 가능성이 커지며, 회계 부정의 가능성도 높아진다. 따라서 경영 부실의 위험이 커지게 된다.

대주주가 아닌 전문경영인이 경영을 담당할 경우에는 대주주 경영의 폐단을 줄일 수 있다. 자본과 두뇌를 결합하는 이상적인 기업 형태를 만들 수 있는 것이다. 주주들은 자신들을 대신하여 자신들의 이익을 극대화해 줄 이사들을 선임하며, 또 이들을 견제할 감사위원회를 구성한다. 경영인은 기업의 시장가치로 경영을 평가받을 뿐만 아니라 주주들의 평가를 받게 되므로 열심히 일해야 할 견제장치가 작동한다.

그러나 전문경영인에 의한 경영은 또 다른 문제점을 가지고 있다. 우선 들 수 있는 것이 경영독재의 가능성이다. 특히 주식이 광범위하게 분산되어 있을 경우에는 경영인이 주주들의 무관심을 틈타 회사의 이익보다 자신들의 이익을 추구할 가능성도 있는 것이다. 일반적으로 주주는 이사들에게 경영을 위임한 후에는 적극적으로 견제하려는 의지가 약화되는 경향이 있다. 경영에 문제가 있으면 이를 시정하거나 책임을 추궁하기보다는 시장에서 지분을 매각하고 떠나고자 하는 주주들이 많다. 만약 주주의 견제와 평가가 강하다면 경영인은 단기 업적주의에 빠져 기업 부실을 초래할 수도 있다.

이렇게 볼 때 기업의 소유와 경영이 분리되는 것이 항상 최선이라는 말은 성립하지 않는다. 기업가치를 극대화하고 이윤을 극대화하는 것이 기업경영의 목적이지 기업의 지배구조 그 자체가 목적일 수는 없는 것이다. 전문경영인이 경영에 실패해 물러나는 것과 마찬가지로 대주주가 경영에 실패한다면 시장의 감시와 견제장치를 통해 그 책임이 추궁되는 것이 바람직하다 하겠다.

기업의 부채비율은 낮을수록 좋은가

외환위기 이후 기업은 저마다 부채비율[17] 낮추기에 나섰다. 외환위기 수습과정에서 정부는 대기업의 부채비율을 200% 이하로 낮출 것을 요구하였다. 기업의 지나친 차입 경영이 외환위기의 한 요인이 되었다는 반성이 있었기 때문이다.

우리나라의 제조업 평균 부채비율은 외환위기 당시인 1997년 말에는 400%, 즉 부채가 자기자본의 4배에 달하는 수준이었지만 이제는 100% 수준으로 떨어졌다.

그러면 과연 기업의 부채비율은 낮을수록 좋은 것인가? 과연 기업들이 경쟁적으로 '무차입 경영'을 미덕으로 선전하는 상황이 정상적인가?

우리나라 기업의 부채비율이 최근 크게 하락한 것은 재무구조 개선이라 해석할 수도 있지만, 다른 한편으로는 기업의 투자 부진 현상을 반영한 결과로도 볼 수 있다. 기업은 자본을 투입해서 이익

을 낼 수 있다면, 즉 투자수익률이 차입이자율을 상회하는 한 빌려서라도 투자를 실행한다. 그것이 성장하는 기업의 모습이다.

만약 모든 기업이 무차입 경영에 나선다면 자금잉여자로부터 자금을 차입하여 자금부족자에게 자금을 중개하는 기능을 담당하는 금융기관의 존재가치가 없어져 버릴 것이다.

기업의 부채비율이 낮다는 것은 기업의 안전성을 나타낸다고 할 수 있지만, 다른 한편으로는 지나치게 보수적으로 기업을 경영한 결과로도 볼 수 있기 때문에 기업의 미래 성장성을 낮게 평가할 수 있는 지표가 된다고도 볼 수 있다. 거시경제적으로는 저투자, 저성장 경제가 기업 재무구조에 반영된 결과로도 볼 수 있다.

투기는 죄악인가

투기는 흔히 투자와 구별한다. 투자는 정상적이며 합리적인 이윤을 추구하며 생산적이라고 생각한다. 반면 투기는 불확실성을 이용하여 적극적으로 모험행위를 하여 비정상적이며 단기적인 이익을 획득하고자 하는 행위라 정의된다. 뿐만 아니라 일반 국민들에게 투기, 특히 부동산 투기는 죄악으로 인식되어 있다. 이러한 이분법적 인식은 다음과 같은 점에서 잘못된 것이다.

첫째, 투기와 투자를 명확하게 구분하는 것은 쉽지 않으며 또 그 의미도 크지 않다는 점이다. 어떤 사람이 토지를 1,000평 구입해서 공장을 지으려고 하다가 사정이 변해서 그냥 매각해서 차익을 남겼다면 처음 의도는 투자였으나 결과적으로 투기일 수 있다. 그 사람의 처음 의도를 의심할 수도 있고 믿을 수도 있다. '내가 하면 투자요, 남이 하면 투기'라는 편법이 적용될 수 있는 것이다. 더구나 투기자가 주택투자를 목적으로 부동산을 구입했는지 단순 차익 매매를 목적으로 구입했는지 사전적으로 그 의도를 정확하게 파악할 수도 없으며, 사후적으로도 판단하기 어려운 것이 사실이다.

둘째, 설령 투기가 확실하다고 하더라도 어떤 것이 생산적이거나 도덕적인지 그 구분이 명확하지 않다는 점이다. 비생산적이면서도 도덕적으로 비난받지 않는 대표적인 투기가 바로 복권 투기이다. 복권은 기금을 모아 공익사업에 투자한다는 점에서 정부에서 장려하기도 한다. 그러나 복권 구입 그 자체는 분명 투기이며, 부동산 투기로 번 돈을 공익사업에 투자하는 사람들도 많다.

셋째, 투기라고 해서 반드시 공익에 반하는 것이 아니라는 점이다. 농산물의 입도선매는 농민들에게 경작 초기에 농사자금을 지원해주는 효과가 있고, 가격 변동의 위험을 회피할 수 있는 방편이된다.

넷째, 투기행위가 가격을 안정시키는 역할을 한다는 점이다. 농산물과 같이 수확기에 가격이 폭락하는 상품은 투기자의 매입 수요가 있음으로 인해 수확기에도 가격 폭락이 방지될 수 있으며, 나중에 품귀로 인한 가격 폭등을 완화시킬 수 있다.

이상에서 본 바와 같이 투자는 항상 좋은 것, 투기는 항상 나쁜 것이라는 이분법적 사고는 잘못된 것이다. 투기행위는 정보에 취약한 일반 대중에게 상대적 박탈감이나 불이익을 주는 일이 흔하지만, 우리 주위에는 투기자의 투기행위가 경제를 활기차게 작동하게하며 경제 안정에 기여하는 사례도 많이 볼 수 있기 때문이다.

일례로 주식시장에 전매 차익을 노리는 투기자가 있음으로 인해 기업가가 투자자금을 조달할 수 있으며, 선물시장이 있음으로 인해 현물가격이 안정될 수 있으며 위험을 회피할 수단을 제공하는 것이다.

투기가 때때로 경제를 교란시키고 거품 가격을 형성하게 하는 것은 사실이지만, 이를 죄악시하여 때려잡으려고만 할 것이 아니라 경제를 건전하고 투명하게 운영하여 거품 요인을 줄여 경제 안정을 기하는 것이 중요하다 하겠다.

임금은 오를수록 좋은가

임금은 근로자에게는 소득이 되지만 사용자에게는 비용이 된다. 근로자는 임금이 많으면 많을수록 좋지만 사용자는 적으면 적을수록 좋다고 할 것이다. 근로자와 사용자는 임금 때문에 싸움이 잦다. 근로자를 대표하는 노조와 사용자는 협상을 통해 임금을 결정한다. 이때 양자는 자기에게 유리한 논리를 전개하면서 노조는 파업이라는 무기를 슬쩍 내비치기도 하고, 사용자는 기업의 어려운 점을 들어 협조를 구하면서 협상을 진행한다.

근로자 측은 흔히 임금 인상 요인으로 소비자물가를 든다. 물가가 많이 올라 생계가 어려워졌으므로 임금을 올려야 한다고 설명한다. 또한 기업의 이익이 증가한 것을 예로 들면서 근로자의 기여분이 컸다고 주장하기도 한다. 그리고 종업원 1인당 생산량인 생산성 향상을 예로 들기도 한다.

반면 사용자 측은 생산성 향상이 근로자의 기여분이라기보다는 기계설비 투자로 인한 자본이 기여한 결과라고 주장한다. 근로자 한 명이 제품 하나 만드는 데 투입된 임금인 단위노동비용(unit labor cost)이 제품 가격보다 더 올라 경쟁력이 약해졌다고 주장하기도 한다.

이상에서 살펴본 양자의 견해는 나름대로 옳은 논리를 담고 있다. 근로자들이 주장하는 대로 임금을 올리면 근로자들의 소득 수준을 향상시켜서 근로자들의 생활이 윤택해질 것이다. 경제성장의 목적이 국민소득 향상에 있고, 국민소득이 늘어야 소비가 늘어 경제가 활성화될 것이기 때문이다. 그러나 임금 인상이 지나치면 기업은 경쟁력이 떨어져서 매출이 줄어들고 투자를 제대로 할 수 없을 것이며, 이는 결과적으로 기업을 망하는 길로 들어서게 할 것이다. 결국 임금의 지나친 상승은 도산 기업이 늘어 일자리를 줄이게 될 것이므로 근로자에게 반드시 유리하다고 할 수 없다.

이러한 논리는 최저임금에도 적용할 수 있다. 최저임금[18] 인상은 저임 근로자에게 지급해야 할 임금 수준을 높이지만, 지나친 인상은 청소년이나 저임 단순 근로자를 고용하는 업체의 경영을 어렵게 하여 일자리를 줄이는 부작용이 생길 수 있고 시급 근로자의 생계를 어렵게 할 수 있기 때문에 최저임금을 크게 인상하는 것이 반드시 좋기만 한 것은 아니라고 볼 수 있다.

대학 등록금은 쌀수록 좋은가

대학생들이 반값 등록금을 주장하고 있다. 학생들이 인하를 요구할 정도로 등록금이 높은 것은 나름대로 이유가 있을 것이다.

국내 대학의 등록금이 이렇게 비싼 이유는 첫째, 대학 진학률이 높기 때문이다. 등록금이 아무리 높아도 기를 쓰고 대학에 들어가려고 하니 등록금은 계속 올라가기만 하는 것이다. 둘째, 대학의 부실 경영을 들 수 있다. 그 많은 등록금을 받아 학생들에게 양질의 교육을 제공하지 못하니 학생들과 사회가 불만인 것이다. 미국 일류 사립대의 연간 등록금은 35,000~40,000달러로 원달러 환율을 1,080원으로 칠 때 3,780~4,320만 원 수준이다. 우리나라의 사립대학 등록금은 800~900만 원이다. 미국에서는 우리보다 4.8배나 비싼 등록금을 받으면서도 등록금 내리라는 소리는 들을 수 없다. 양질의 교육에다 다양한 장학제도를 운영하기 때문이다. 셋째, 학생들에게도 잘못이 있다. 그 비싼 등록금을 내고 공부하지 않는 학생이 너무 많다는 것이다. 학교의 온갖 시설을 이용하고, 교수를 괴롭혀서라도 비싼 등록금에 상당한 대가를 받아내야 하는 것이다.

어쨌든 우리나라의 대학등록금은 너무 비싸다는 것이 공론화되었으므로 어떤 방식으로든 내려가든지 상당 기간 동결될 것은 예상할 수 있다. 그런데 대학이 구조조정을 하고 정부가 보조금을 늘려 대학 등록금이 싸진다면 좋은 일만 생길 것인가?

첫째, 대학 등록금이 내려간다면 대학진학을 위한 경쟁은 지금보다 더 심해질 것이다. 대학 졸업에 따른 편익이 지금과 같다면 그 비용이 싸지므로 당연히 대학교육에 대한 수요는 늘어날 것이다.

둘째, 대학 진학을 위한 경쟁은 격화되는데 정원이 늘어나지 않으면 대학 진학을 위한 사교육은 더욱 열기를 더해 갈 것이다. 대학의 구조조정을 통해 대학 정원을 줄이려는 것이 정부의 방침인 것으로 추정되므로 사교육 의존도는 훨씬 더 높아질 것이다.

셋째, 대학 등록금을 내리기 위해서는 정부의 지원이 불가피하므로 정부 지원 자금은 결국 국민의 세금으로 부담하여야 할 것인데 국민들은 이를 기꺼이 부담하려 할 것인가? 모르기는 해도 오늘과 같은 과잉 대학교육을 지원하기 위한 세금이라면 국민의 지지를 얻기 어려울 것이다. 소수의 우수한 인력을 양성하기 위해서나 국방을 위한 인재를 양성하기 위해서라면 기꺼이 국민의 지지를 받을 수 있을 것이나, 오늘과 같은 대학 교육 현실로는 국민의 지지를 받을 수 없을 것이다. 국민의 지지 없이 국회의원의 지지를 받아 등록금 대폭 인하가 실현되어 다수의 대학생의 호감을 산다 하더라도 이로 인한 재정 부담은 앞으로 어떻게 해결할 것인가?

따라서 지금의 대학 등록금이 지나치게 높은 것은 대학교육에 대한 거품 수요에도 그 책임이 있다 할 것이므로 이 거품 수요를 줄이는 대책과 동시에 대학의 구조조정을 추진하면서 우수한 학생에 대한 장학금 지원도 확충한다면 대학 등록금 인하가 보다 의미 있는 성과를 거둘 것이다.

복지 지출은 많을수록 좋은가

우리나라의 현대 경제사를 쓴다면 1960~1970년대를 성장·개발 연대로, 1980~1990년대는 안정·개방기로, 21세기 초인 지금은 복지·혁신의 시대로 특징지을 수 있다. 혁신이 저성장 시대에 살아남을 수 있는 생존전략이라면, 복지는 과거의 성장·개발 연대에서 벌어진 빈부 격차를 메우기 위한 대책이라 할 것이다.

우리나라 복지정책은 1980년대에 균형성장, 분배정책에 관심을 가지면서 본격화되었다. 그러나 이때에도 정부의 사회복지 지출이 GDP에서 차지하는 비율은 3% 내외에 불과하였다. 이 비율은 1998년 외환위기를 거치면서 높아진 후 참여정부를 거치면서 5%에서 7%대로 높아졌으며, 2008~2009년 국제금융위기를 거치면서 다시 8%에서 10%대로 높아졌다.

우리나라의 복지 지출은 선진국에 비해서 많은 것은 아니지만, 어느 정도로 늘릴 것인지에 대해서는 논란이 많다.

그중에서도 보편적 복지와 선택적 복지의 논쟁, 복지를 위해 증세를 할 것인가 하는 문제에 대한 논쟁이 뜨겁다.

OECD 주요국 사회복지 지출 규모 비교(2012년)								(경상 GDP 대비 %)
한국	스웨덴	덴마크	프랑스	영국	네덜란드	일본	미국	OECD평균
10.5	27.6	30.3	31.4	23.7	24.1	23.7	19.3	22.1

자료 : OECD(OECD Social Expenditure Database)

보편적 복지와 선택적 복지 논쟁은 연금보험이나 건강보험처럼 모든 국민이 언젠가는 보험 혜택의 대상이 될 수밖에 없는 보험을 두고 벌어진 논쟁이 아니라 일정 연령 이상의 노령층 중 저소득층에게만 복지 혜택을 줄 것인가 아니면 전 노령층에게 줄 것인가, 그리고 취학 전 유아들의 보육료를 일정 소득 이하 또는 취업 주부에게만 줄 것인가 아니면 모두에게 줄 것인가, 그리고 학교 급식을 저소득층 학생들에게만 제공할 것인가 아니면 모두에게 제공할 것

우리나라의 사회복지 지출(대 GDP 비율)

- 사회복지 지출
- 공공 부문
- 법정민간 부문

	2000	2001	2002	2003	2004	2005	2006	2007	2008	2009	2010	2011	2012
사회복지 지출	5.35	5.57	5.36	5.69	6.32	6.68	7.56	7.71	8.33	9.53	9.23	9.46	10.51
공공 부문	4.53	4.93	4.79	5.06	5.68	6.07	6.94	7.08	7.65	8.67	8.32	8.34	9.06
법정민간 부문	0.8	0.7	0.6	0.6	0.6	0.6	0.6	0.6	0.7	0.9	0.9	1.1	1.5

주: 1) 사회복지 지출(Social Expenditure)은 사회적 위험(노령, 질병, 실업, 재해 등)에 직면한 개인에 대한 공적제도에 의한 사회적 급여(현금, 재화나 서비스)나 재정적 지원을 말함
2) 사회복지 지출은 공공사회복지 지출과 법정민간사회복지 지출로 구분함
자료: OECD(OECD Social Expenditure Database)

인가의 문제이다.

이러한 논쟁에서 항상 따르는 것은 복지를 어느 정도로 제공할 것인가로, 이는 결국 국민경제의 복지지출 능력 문제이다. 이 문제를 논할 때 고려해야 할 요소는 복지 지출이 나라의 성장 잠재력을 훼손해서 제살 깎아 먹는 복지가 되어서는 안 될 것이며, 나아가 수혜자의 도덕적 해이를 유발할 만큼 무원칙하게 지원되어서는 안 될 것이라는 점이다. 또한 남북이 대치 상황인 우리나라의 특수성을 감안할 때 2015년 정부 예산의 10%에 달하는 국방비 부담도 복지 예산을 제약하는 요소이다.

이런 점에서 복지 지출은 무한정 늘릴 수는 없을 것이며 국가 재정의 능력 범위 안에서 국민이 합의해서 그 규모를 정해야 할 것이다. 따라서 복지 지출은 속도 조절이 필요한데, 불행히도 복지정책은 국가의 장래를 길게 바라보는 현인들보다는 단기적 성과와 인기에 영합하려는 정치인들의 손에 맡겨져 있는 것이 현실이다.

증세 없는 복지 가능한가

보편적 복지냐, 선택적 복지냐의 논쟁에 이어 증세 없는 복지가 가능하냐는 문제를 놓고도 논쟁이 가열되고 있다.

복지를 모든 사람에게 제공하자는 보편적 복지냐 필요한 사람에게만 주는 선택적 복지냐의 문제는 일견 간단하게 보이지만, 내용을 들여다보면 간단하지 않다. 누구나 공짜를 좋아하기 때문이다. 더구나 영유아 보육 문제는 원칙만 생각한다면 아이는 부모가 키우는 것이 가장 이상적이라고 생각된다. 그런데 정부에서 소득이나 재산에 관계없이 보육료를 지원한다니까 너도나도 공짜 보육료를 지원받기 위해 아이를 보육원에 보내게 된다.[19] 무분별한 보편적 복지가 보육에 대한 초과수요를 유발하여 문제가 발생한 것이라 여겨진다.

본론으로 돌아가서 증세 없는 복지가 가능할까?

복지에는 비용이 들기 때문에 비용은 세금으로 조달할 수밖에 없다는 것이 원칙이다. 굳이 증세 없이 복지 비용을 조달하려면 성제가 좋아져서 세율 인상 없이도 세수가 늘어나든지, 아니면 다른 세출이나 불요불급한 세출을 줄여서 조달하는 방법밖에 없다. 이것이 가능할까? 경제도 어려울 뿐만 아니라 지금까지 불요불급한 세출이 있었다는 말인가? 국방비, 공무원 급여, 경제개발비 어느 하나 줄이기 어려운 분야다.

지하경제를 양성화해서 세수를 늘리는 방법이 있으나 이 역시 경기가 좋지 않은 시기에는 쉽지 않을 뿐만 아니라 이로 인해 고통받는 계층이 생기기 마련이다.

다른 나라의 경우를 보더라도 복지 수준이 높은 나라는 예외 없이 조세부담률이 높다. 갑자기 동해에서 석유가 펑펑 쏟아져 나와 지속가능한 세수가 확보된다면 모를까, 경제가 좋지 않은 현 상황에서 보편적 복지를 도입하는 것은 정치적 인기영합이 아닌가 생각된다. 그것도 증세 없이 하겠다고?

국민연금기금이 곧 고갈되어 지급 불능 사태가 올 것이라는데

국민연금(國民年金, National Pension)은 보험의 원리를 도입하여 만든 사회보험[20]의 일종으로 가입자, 사용자 및 국가로부터 일정액의 보험료를 받고 이를 재원으로 노령으로 인한 근로소득 상실을 보전하기 위한 노령연금, 주 소득자의 사망에 따른 소득상실을 보전하기 위한 유족연금, 질병 또는 사고로 인한 장기근로능력 상실에 따른 소득상실을 보전하기 위한 장애연금 등을 지급함으로써 국민생활 안정과 복지증진을 도모하는 사회보장제도의 하나이다.

우리나라의 국민연금제도는 당초 1974년 1월부터 시행하려 하였으나 석유파동으로 인한 경제 불황으로 무기한 연기하게 되었다. 이후 제도 보완을 거쳐 1987년 국민연금공단을 설립하였으며, 1988년부터 10인 이상 사업장에 근무하는 18세 이상 60세 미만의 근로자 및 사업주를 대상으로 실시하였다. 이후 1992년에는 5인 이상 사업장으로 당연 적용 대상을 확대하였고 1995년에는 농어촌 지역, 1999년 4월에는 도시지역까지 국민연금제도를 실시함으로써 전 국민연금시대가 열렸으며 2006년 1월부터는 근로자 1인 이상 사업장 전체로 적용범위를 확대하여 전국민연금시대를 완료하였다.

최근 국민연금기금에 대한 우려가 나오고 있다. 국민연금의 재정이 바닥나서 더 이상 연금을 지급하지 못하게 될 것이라는 연금위기론이다. 이러한 우려는 나름 통계적인 근거는 갖고 있으나 이는 국민연금 수급액을 연금 기금만을 재원으로 해서 지급한다는 생각에 기초한 것이다. 그러나 기금을 쌓아두고 국민연금 수급액을 지급하는 나라는 세계적으로 거의 없어 기금 고갈이 바로 연금지급 불능인 것처럼 말하는 것은 현실과 맞지 않은 우려이다. 기금이 고갈되면 다른 나라들이 그러했던 것처럼 그해 지급할 연금액을 그해 징수하는 식으로 제도가 바뀌게 될 것이나. 이 방식이 바람직한 것은 아니지만 대부분의 성숙된 연금제도를 가지고 있는 나라는 이 방식을 채택하고 있으므로 연금 기금 고갈이 연금 지급 불능을 초래할 것이라는 우려는 기우라고 할 수 있다.

그러면 왜 이러한 연금 고갈 사태가 예상되는가?

우리나라 국민연금 적립금은 약 400조 원으로 우리나라 1년 예산보다 더 많다. 1년에 걷히는 국민연금액은 40조 원 안팎인데, 이 가운데 10조 원가량이 연금으로 지출되고 나머지 30조 원은 기금으로 적립되고 있다. 이렇게 해마다 거액이 쌓여 적립금 규모가 오는 2022년에 1천조 원을 돌파하고, 2043년에 2천조 원을 넘어 정점을 찍게 될 것이라고 한다. 이후 급속한 고령화[21]로 연금을 받는 노인 인구가 많아지면서 기금은 빠르게 줄어, 오는 2060년에 모두 소진될 것으로 예측된다. 이 때문에 국민연금 개혁에 관한 논의가 나오고 있다.

우선 적립금의 규모가 너무 커서 기금 운용의 위험이 높다는 문제다. 현재 적립금 규모는 GDP 대비 31%로 일본이나 미국보다도 높다. 이 가운데 주식 투자분은 137조 원으로 우리나라 증시 시가 총액의 10%에 달하는 수준이다. 규모가 큰 만큼 시장 상황이 좋지 않을 경우엔 막대한 손실을 볼 수 있으며 금융산업에도 악영향을 미칠 수 있다. 따라서 기금을 위험자산 투자에 집중하기보다 출산율 제고나 노인빈곤 해소 등 공적 용도의 지출을 늘리는 한편, 현재의 적립식 구조를 점진적으로 바꿔야 한다는 개선안이 나오고 있다. 근로 가능 인구가 노령 인구보다 많을 때는 기금을 쌓아두는 적립식 연금 구조가 가능하지만, 고령화에 따라 연금을 받는 사람이 더 많아지게 되면 기금 소진이 불가피하게 되어 올해 필요한 연금을 올해 걷어서 지급하는 부과식 연금제 도입이 필요해진다. 유럽국가들은 이를 대부분 적용하고 있으며, 우리나라의 기초연금이나 건강보험이 바로 이런 방식이다. 현재 우리나라의 노후연금 지출 비중은 GDP 대비 0.9%로 OECD 국가 평균 9.3%에 비해 크게 낮은 수준이어서 보험료를 더 올릴 수 있는 여력이 있다고 볼 수 있다.

결론적으로 우리나라의 연금제도는 빠른 고령화 진전으로 인해 기금 고갈이 멀지 않은 것으로 예상되고 있어 보험료 인상, 기금 수익성 제고 등 개선안이 나오고 있으나 기금 고갈이 곧 연금 지급 불능을 초래하는 것은 아니라는 것이다. 일찍이 이러한 사태를 경험한 선진국은 당해년 보험료를 당해년 보험금으로 지급하는 부과식 연금제를 도입하고 있으나, 우리나라의 경우 그 시기를 가급적 늦추는 방안이 강구되어야 할 것이다.

국민연금 기금의 소진 문제와는 별도로 공무원 연금제도 개혁이 각국의 정책 과제가 되고 있다. 공무원 연금이 국민연금과 비추어 공무원에게 과도한 수급액을 지급한다는 형평성 문제와 이로 인한 재정부담이 과중하다는 비판 때문이다. 각국에서 나온 개선안을 살펴보면 다음과 같다.

미국은 일찍이 공무원연금과 국민연금을 통합해 관리하고 있다. 미국의 공무원들은 우리나라의 국민연금 격인 사회보장연금제도

(OASDI)와 연방공무원연금제도(FERS)에 가입한다. 이렇게 함으로써 공무원연금제도의 수혜폭을 줄일 수 있다는 것이다.

일본도 2015년부터 공무원연금인 '공제연금'을 없애고 국민연금에 해당하는 '후생연금'과 통합하여 공무원과 민간 기업 종사자가 받는 연금 수령액을 동일하게 만들고자 하고 있다.

독일에선 지난 1998년 공무원연금의 가입기간을 35년에서 40년으로 연장하고 연금 신청 연령을 62세에서 63세로 늦췄다. 2003년에는 연금 급여율을 퇴직 전 3년 평균소득의 75%에서 2010년까지 71.5%로 단계적으로 낮췄다. 2011년부터는 유족연금 지급률도 60%에서 55%로 낮췄다. 그리고 2017년까지 연금 지출의 급격한 증가에 대비해 공무원의 보수와 연금 인상분의 0.2%를 떼어 적립하는 '지불준비금 제도'를 시행하고 있다.

오스트리아의 2005년 공무원연금 개혁은 성공적이라는 평가를 받는다. 연금수령 나이를 60세에서 65세로 연장하고 최대 액수의 연금을 받을 수 있는 재직기간도 40년에서 50년으로 상향했다. 연금 산정 시 기준이 되는 소득도 직전 소득에서 전체 평균 소득으로 변경했다.

영국도 2011년 개혁안에 따르면 2026년까지 연금 수급연령을 65세에서 67세로 단계적으로 높이고 보험료율도 평균 3.2%포인트 인상하기로 했으며, 최근 발표된 신연금개혁안에 따르면 2060년까지 연금 수령 연령을 70세로 늦춘다. 영국 정부는 이로써 향후 50년간 5,000억 파운드를 절감할 수 있을 것으로 보고 있다.

프랑스는 미국-일본과 독일-영국의 혼합형 개혁을 시도하고 있다. 2003년 공기업연금을 국민연금으로 합친 데 이어 2020년엔 공무원연금도 국민연금과 통합할 계획이다. 2003년 2차 연금개혁 당시 연금을 전액 받을 수 있는 연금 가입 기간을 현행 37년 6개월에서 2035년엔 국민연금 가입자와 같은 43년으로 늘리도록 했다.

그리스 재정위기는 복지 과잉 때문인가

우리나라의 복지 지출 규모를 논할 때 복지과잉이 재정 파탄을 초래할 수 있다는 사례로 2010년 국가 부도 위기를 맞은 그리스를 드는 경우가 많았다. 과연 그리스 재정위기는 복지 과잉이 원인인가? 결론부터 말하자면 복지 과잉만이 그리스 재정 파탄의 원인인 것은 아니다.

그리스 재정위기의 원인을 꼽자면 산업 경쟁력 약화, 정부의 무능으로 인한 재정정책의 실패, 정부와 사회의 부패, 그리고 유로존 가입에 따른 정책대응 문제 등을 들 수 있다.

첫째, 그리스는 산업정책에 실패하였다. 전통적으로 해운업, 농업, 관광업이 주산업이었던 그리스는 1990년대까지는 이들 산업으로 버틸 수 있었다. 그러나 21세기에 들어와서 해운업이 아시아 국가들에게 밀리기 시작하고 임금과 물가 상승 때문에 제3국으로 이전하면서, 나머지 산업인 농업과 관광업에 대한 의존도가 높아졌다. 그러나 관광업은 유럽연합(EU)[22] 통화 통합 이후 화폐가치 상승으로 인해 비용이 과도하게 상승하여 관광객이 대폭 감소하였고, 그리스의 주력 농산물인 올리브의 경우 수확 이후 이탈리아로 수출해 이탈리아에서 가공하므로 그리스의 소득 증대에는 크게 기여하지 못하였다. 이 상황을 해결하기 위해 정부가 금융산업 진흥을 내걸었지만 성공하지 못하였다.

둘째, 방만한 공공부문 운영이다. 그리스의 공무원 수는 인구의 약 10%에 이르며 불필요한 선심성 공무원 채용이 흔하지만 해고는 제도적으로 불가능하다. 이렇게 넘치는 공무원은 짧은 노동시간과 공공 부문 저생산성의 원인이 되었을 뿐만 아니라 긴축재정을 불가능하게 하는 구조다.

과도한 정부부채는 방만한 재정 운영과 과다한 국방비 지출에도 그 원인이 있다고 할 수 있다. 그리스의 2009년 당시 정부부채는 GDP의 130%에 달하였다. PIIGS[23]로 불린 5개국은 정도의 차이는 있으나 정부부채 비율이 높고 경제의 기초여건이 취약한 상태인 것이 공통적인 약점이었다. 또한 그리스는 GDP 대비 국방비 비율이 여타 유로존 국가 중 높은 나라이며 무기 수입 또한 많은 나라이다. 잠재적인 적국은 터키이기는 하나 현실적인 위협이 존재하는 것도 아닌데 국방비가 많은 것은 군수산업 비리와 무관치 않다고 한다.

퇴직 당시 임금의 95%에 달하는 공적연금의 과다 지급은 공적연금 지출액의 대GDP 비율을 서유럽 제국 중 상위 그룹에 속하게 하였다. 그리고 OECD 평균(2009년 22.1%)을 상회하는 공공사회복지 지출액의 대GDP 비율(23.9%)은 상당 부분 부당 지출되었다는 점을 감안할 때 그리스가 경제적 부담 능력을 초과하는 복지 지출 구조를 가지고 있었으며 나아가 정부부채 누적, 그리스 재정위기와 깊은 상관관계를 가진다 하겠다.

셋째, 사회에 만연한 부패와 탈세를 들 수 있다. 정치와 시민사회단체(NGO)는 물론이고 사회 전반적인 분야가 부패하였고 탈세가 만연한 상태라 재정 관리가 제대로 될 수 없는 상태였다. 그리하여 지하경제의 비중이 GDP의 26%에 이르는 세계 제1 수준인 것으로 알려져 있다. 국제투명성기구가 발표하는 부패인식지수를 보더라도 그리스를 비롯한 남유럽, 중남미 등의 국가들은 30~60대 수준으로 대부분 중진국 함정에 빠져 있는 나라들이다.[24]

넷째, 유로존[25] 가입이다. 그리스는 유로존 가입으로 낮은 생산성, 고 인플레이션이 특징이었던 경제 상황에서 독일과 동일한 강세 통화, 유로화[26]를 사용해야 하는 문제에 봉착하였다. 이로 인해 수출이 둔화되고 관광 수입도 줄어들었다. 이런 경우에는 자국 통화 가치가 자동적으로 떨어지든지 정책적으로 통화가치를 절하하여야 하는데, 자국 통화가 없어 독자적인 통화정책이 불가능한 유럽통화체제하에서는 경상수지 악화를 피할 수 없었다. 경상수지 적자 확대는 외채 증가로 나타났다.

그리스의 실물경제 침체는 세수 부족을 초래하였으나 정부 지출은 증가 일로였기 때문에 이를 메우기 위해 국채는 계속 발행되어야 했다. 그리스 국채는 주로 외국 투자자들에게 팔렸다. 결국 그리스 정부의 채무가 늘어나자 국가 신용이 추락하였고, 국채 가격이 폭락하고 국채의 차환발행이 어려워지니 정부가 부도 위기에 처하게 된 것이다.

이렇게 볼 때 그리스의 재정위기는 복지 과잉이 주 원인이라고는 말할 수 없겠으나 여러 원인 중 하나라는 사실은 부정할 수 없다. 그 배경에 정치적 포퓰리즘이 작용하였음은 말할 필요도 없다.

참고로 유럽재정위기[27]의 전개과정을 정리해 둔다.

- 2010년 4월 그리스 정부, EU와 IMF에 구제금융 신청
- 2010년 5월 EU와 IMF, 그리스에 3년간 1,100억 유로 구제금융 제공 합의
- 2010년 11월 EU와 IMF, 아일랜드에 850억 유로 구제금융 제공 합의
- 2010년 12월 EU 정상회의, ESM(유로안정화기구) 출범 법적 근거 마련하는 리스본조약 일부 개정 합의
- 2011년 4월 EU와 IMF, 포르투갈에 구제금융 780억 유로 제공 합의
- 2011년 8월 유럽중앙은행(ECB), 이탈리아, 스페인 국채 매입 시작
- 2011년 10월 EU 정상회의, 그리스에 1,000억 유로 2차 구제금융 제공 합의
- 2015년 6월 그리스에 대한 추가 구제금융 지원 협상 결렬

한국의 외환위기는 국제투기자본 때문이었나

1997년 외환위기 당시 우리나라는 경제적으로 큰 어려움을 겪었다. 이 어려움을 흔히 IMF 한파 또는 IMF 위기, IMF 사태라고도 한다. 그러나 이 말은 정확한 표현이 아니다. 한국 위기(Korean Crisis), 한국의 외환위기[28](Currency Crisis of Korea) 또는 한국의 금융위기(Financial Crisis of Korea)라고 하는 것이 맞다. 왜냐하면 이러한 사태는 한국의 문제, 한국의 위기이지 IMF[29]의 문제, 위기가 아니기 때문이다.

1997년 당시 우리 원화의 환율이 급하게 오르고 외환보유액[30]이 모자라 위기에 처하자 1997년 11월 21일 우리 정부는 IMF에 긴급 자금 지원을 요청하게 되었다. IMF는 우리나라에 자금을 지원해 주는 대신 여러 가지 정책 조건을 달았다. 이 조건들을 이행하는 데에는 고통이 따랐다. 이것이 바로 IMF 사태라고 하는 것이다.

우리나라는 과거에도 IMF의 돈을 쓴 적이 있다. 즉 1965년부터 1987년 사이에 2,475백만SDR(2014년 말 1SDR은 1.42달러)을 차입하였는데 당시는 우리나라가 개발도상국으로서 장기에 걸쳐 단순히 국제수지 적자를 메우기 위해 빌린 것이었기 때문에 큰 충격은 없었다. 그러나 이번은 사정이 달랐다. 아무도 우리나라 금융기관에 돈을 꾸어주려 하지 않았으므로 만기가 된 외채를 갚을 수 없게 된 금융기관들은 나라의 외환보유액을 빌려 외채를 갚아야 하는 처지가 된 것이다. 뿐만 아니라 외환보유액이 넉넉지 않다는 정보가

외환시장에 알려지면서 외국인투자자들이 투자자금을 회수해 가고 일반 국민들도 달러를 사 모으게 되어 환율이 폭등하고 외환보유액이 고갈 직전 상황까지 가게 되었다. 이러한 상황이 곧 한국의 외환위기였다.

그러면 이러한 한국의 외환위기는 왜 일어났을까?

우선 생각할 수 있는 것이 외환보유액이 적어서 발생했다고 할수 있다. 만약 당시 우리나라의 외환보유액이 1,000억 달러 정도였다면 금융기관의 외채는 이 외환보유액으로 별 어려움 없이 갚을수 있었을 것이며, 환율 폭등도 적정한 수준에서 막을 수 있었을 것이다.

위기 상황이 고조되고 있던 1997년 10월 말 우리나라의 가용 외환보유액은 223억 달러였는데 이는 하루에 많게는 수십억 달러씩 돌아오는 금융기관의 만기 외채를 상환하기에 턱없이 부족한 수준이었다. 이마저도 12월 어느 날에는 39억 달러로 줄어들었다. 1997년 여름 이후 우리나라 금융기관의 대외신용이 떨어져 스스로 외화를 조달하여 외채를 상환할 수 없게 되자 한국은행이 금융기관의 외채 상환 자금을 지원하게 되었다. 금융기관이 외채를 갚지 못해 부도가 나면 외화 영업을 할 수 없게 될 것이며, 이는 곧 우리나라 기업이 무역 거래를 할 수 없는 대혼란으로 발전될 것이기 때문에 이를 막기 위해 한국은행이 외환보유액을 쓰게 된 것이다. 이러한 상황이 진행되니 외환보유액이 계속 줄어들어 외채 상환은 물론이고 필요한 물자를 수입할 수도 없는 위기에 직면하게 되었다.

다음으로는 외채가 많아서 위기가 왔다고 할 수 있다. 외채 중에서도 특히 우리나라는 1년 이내에 갚아야 할 단기외채가 많았던 것이 치명적이었다. 1997년 연말 기준으로 우리나라의 외채는 총 1,544억 달러였는데 이 중 단기외채가 684억 달러로 전체의 44%를 차지하였다. 이 숫자는 외환위기 이후 IMF 등 국제금융기구로부터 지원된 자금으로 외채를 상당액 갚은 결과로, 그 이전인 1996년 말에는 더욱 심각해 총 외채 1,575억 달러 중 단기외채가 1,000억 달러로 63%에 달하였다.

또 한 가지 직접적인 원인으로는 금융기관이 1997년부터 국제금융시장에서 신용이 떨어져 외화를 빌릴 수 없게 된 상황이다. 외화를 빌릴 수 없으니 매일 만기가 되어 돌아오는 단기 외채를 갚을 수 없게 되었다. 은행이란 남의 여윳돈을 예금으로 맡거나 빌린 자금을 돈이 필요한 사람에게 되빌려주는 것을 본연의 업무로 하는데, 은행이 외화를 빌릴 수 없게 되었다는 것은 얼마나 은행의 신용이 떨어졌는지 알 수 있다. 그러면 우리나라 금융기관의 신용은 왜 떨어졌을까? 그 해답은 외환위기의 근본적인 원인에서 찾아볼 수 있다.

첫째, 우리나라 금융기관의 신용이 떨어진 것은 금융기관의 재무구조가 취약했기 때문이다. 금융기관이 예금과 차입금을 가지고 기업에 대출해 준 채권 중 상당 부분이 받기 힘든 부실 채권이 되어버렸다. 새로이 설립된 소형 종합금융회사들은 단기로 빌려서 장기로 투자하는 위험을 저질러 부실 채권이 늘었다. 가계나 개인의 경우에도 1주일간 빌린 돈은 1주일 뒤에 회수할 수 있는 곳에 빌려주든지 사용하는데, 일부 종금에서는 1주일 뒤에는 그때 가서 연장하든지 다른 데서 빌리면 되겠지 하는 생각으로 마구 돈을 빌려고 위험-고 수익 분야에 투자했다. 국제금융시장에서 한국의 금융기관이 부실 자산을 많이 가지고 있다는 사실이 널리 알려진 것은 1997년 1월 한보 그룹이 부도가 나면서부터이다. 이때 우리나라 은행들의 신용등급[31]이 떨어지기 시작했다. 그 뒤에 삼미, 진로, 대농, 한신공영 등의 재벌이 부도 상태가 되고 7월에는 기아 그룹이 부도 상태에 이르렀다. 이렇게 되니 이들 기업에 대출해 준 은행들이 자금을 상환 받을 수 없게 되어 재무 상태가 더욱 나빠져 신용이 더 떨어지게 되었으며, 결국 외화 자금을 조달할 수 없는 지경에까지 이르렀다.

둘째, 우리나라 기업의 빚이 많았다는 점을 들 수 있다. 금융기관의 신용을 떨어지게 한 원인도 따지고 보면 기업이 은행이나 종금의 돈을 지나치게 많이 빌려서 무리한 투자를 벌여 부도가 났기 때문이다. 외환위기 이후 재벌 개혁이 요구된 것도 은행 돈을 이용한 재벌의 외형 확장 경쟁이 기업을 부실하게 하여 외환위기를 불러왔다고 보고 그 책임을 추궁하는 성격이 강했다.

셋째, 우리나라의 국제수지가 만성적인 적자를 지속했기 때문이다. 우리 생활에 필요한 물자나 경제개발에 필요한 시설은 수출로 번 외화로 구매하는 것이 이상적이지만, 우리나라의 국제수지는 재화나 서비스의 수출보다 수입이 더 많은 적자 구조를 지니고 있어서 외국에서 빌린 돈으로 필요한 물자의 상당 부분을 사오게 되었다. 이 결과 외채가 늘어나고 외환보유액이 넉넉지 않은 수준에 이르게 된 것이다.

넷째, 우리나라의 부존 자원 부족과 경쟁력 약화, 일부 국민의 과소비 행태, 그리고 정부의 정책 실패 등을 들 수 있다. 정부가 진작부터 우리 경제를 건실하게 운영하여 기업 부실, 금융 부실이 일어나지 않도록 하고 국제수지를 흑자 기조로 정착시켜 외채를 줄이고 외환보유액을 충분히 확보하고 있었더라면 이런 위기는 일어나지 않았을 것이다. 그러나 이렇게 하지 못한 데에는 우리 국민의 책임도 크다는 점을 인정하여야 한다. 1997년과 같은 위기가 일어나지 않도록 하기 위해서는 우리가 IMF 체제에서 겪었던 고통을 우리 스스로 미리 겪었어야 했다고 볼 수 있는데 과연 이 상황을 우리가 용납할 수 있었을까? 위기를 맞고 보니 타의에 의해 주어진 어쩔 수 없는 고통이라 생각하고 참았지만, 만약 우리 정부가 이런 고통을 요구했다면 과연 국민이 이에 순순히 따라 주었을지 생각해 볼 문제이다. 물론 지도자가 어떻게 국민을 설득하느냐에 따라 다르겠지만 말이다.

이렇게 볼 때 1997년 한국의 외환위기는 국제투기자본이 한국에서 갑자기 철수하여 일어났다는 말이 틀린 말은 아니지만, 그렇다고 외환위기가 그것 때문만이었다고 하기도 어렵다. 왜냐하면 투기자본이라는 것은 원래 수익을 따라 여기 저기 헤집고 다니는 것이므로 우리가 투기자본의 투기 대상에 걸려들지 않도록 대비하는 것이 더 중요하기 때문이다.

그러기 위해서는 우선 외환위기의 직접적인 원인이었던 외채를 줄이고 외환보유액을 늘리기 위해 국제수지 개선에 힘써야 한다. 정책적으로는 물가를 안정시키고 기술 개발을 촉진하여 수출경쟁력을 강화하여야 국제수지가 개선되겠지만, 우리 국민들도 한 사람 한 사람 주위에 있는 거품을 제거하여 사치와 낭비를 삼가고 경쟁력을 키워 국제수지 개선에 이바지해야 할 것이다. 이렇게 함으로써 우리나라, 우리 기업의 국제신용등급도 오르게 될 것이다.[32]

일본의 잃어버린 20년은 정치적 리더십 부족 때문인가

1960~1970년대 고속 성장을 계속하던 일본 경제는 오일쇼크[33]의 후유증을 극복한 후 1980년대에도 5%대의 성장률을 기록해 모범적인 선진국이 되어 그 원천이 무엇인지에 대해 세계 경제학계의 연구 대상이 되었다. 그런데 1990년대에 들어 일본 경제는 거품 붕괴와 함께 침체 상태에 빠져 잃어버린 10년을 거쳐 잃어버린 20년으로까지 불리는 지경에 이르렀다. 2014년 4월 미국 경제매체 CNBC가 보도한 바에 의하면 1989년 세계 20대 기업(시가총액 기준)에 14개가 포함되었던 일본 기업이 25년이 지난 2014년에는 하나도 포함되지 못했다고 한다.[34]

일본 경제가 이렇게 추락한 원인은 무엇일까?

플라자 합의 전후의 엔·마르크 환율

엔/달러

마르크/달러

— 일본 엔/달러
— 독일 마르크/달러

첫째, 1985년 플라자 합의[35])에 대응하는 과정에서 채택한 금융 완화에 따른 거품 경제이다. 엔고 불황에 대비한 저금리 정책으로 주식, 부동산에 거품이 발생하여 일본 경제는 1991년을 정점으로 경기 침체를 경험하게 되었다.

둘째, 일본 정책당국이 일본 경제가 침체에서 벗어날 수 있는 과감한 정책을 적시에 구사하지 못했다는 점이다. 1991년부터 2014년까지 24년간 일본 정부는 24회의 재정대책을 수립·집행하였으나 이들을 필요한 시점에 과감하게 집행하지 못함으로써 소기의 성과를 거두지 못했다는 비판을 받고 있다. 특히 2000년대 초기에는 그동안 누적된 정부채무 부담과 복지지출 부담으로 인해 충분한 재정 확대가 적기에 제대로 이루어지지 못했다는 평가를 받고 있다. 그리고 재정정책에 비해 신축적인 대응이 가능한 금융정책도 일본에서는 뒷북을 쳐 왔다는 점도 일본 경제 침체 장기화의 원인으로 지적되고 있다. 1990년대의 소극적인 금리 인하는 1980년대 후반의 금융완화가 자산 거품을 초래하였다는 트라우마에서 벗어나지 못했기 때문이라는 비판이 가능하며, 2000년대 들어서 시행된 양적완화도 초기에 당좌예금잔액 목표를 평상시(4.5조 엔)보다 소폭 확대한 5조 엔으로 책정함으로써 일본 경제의 심각성에 비해 안일한 대응이었다는 비판을 받고 있다. 일본은행은 또한 2000년 3월에 발표한 보고서에서 1998년부터 보인 소비자물가 하락 현상을 IT 및 유통 혁명에 의한 '좋은 디플레이션(good deflation)'이라고 평가한 바 있다. 이러한 인식이 2000년 8월의 제로금리 정책 종료 결정으로 이어졌다는 비판을 받고 있다.[36]

셋째, 1991년 이후 자산 거품 붕괴로 인한 금융시스템 불안에 대응하는 과정에서 공적자금 투입과 구조조정을 지체한 것도 경기 침체를 장기화시킨 원인으로 지적되고 있다.[37] 금융시스템 불안이 장기화됨으로써 정부의 재정확대 정책과 금융완화 정책이 소기의 성과를 올리지 못하게 된 것이다.

이러한 배경에는 경기 침체 초기 일본의 정치적 리더십 부족이 상당 부분 기여한 것으로 보인다. 위기를 위기로 인식하지 못하고 정책대응을 과감하게 하지 못한 정책당국의 배후에는 우유부단하고 무능한 정치적 리더십이 있었으며, 이러한 리더십 부족은 1991년 이후 2014년까지 24년간 총리가 15명이나 거쳐 가 총리 1인당 재임기간이 1년 7개월에 그친 점으로도 확인할 수 있다. 일본의 정치적 리더십 부족은 한국의 외환위기 극복과 대비된다. 일본 어떤 학자의 다음과 같은 말은 시사하는 바가 크다. "일본이 구조조정을 제대로 하지 못한 것은 한국과 같은 심각한 위기를 겪지 못했기 때문이다."

미국발 국제금융위기는 파생금융상품에 대한 규제 실패 때문인가

2008년 국제금융위기는 2000년대 말 미국의 금융시장에서 시작되어 전 세계로 파급된 대규모 금융 위기 사태를 통틀어 이르는 말이다. 이 위기는 1929년의 경제 대공황에 버금가는 세계적 수준의 경제적 혼란을 초래했다.

2007년에 발생한 서브프라임 모기지(sub-prime mortgage)[38] 사태는 미국의 TOP 10에 드는 초대형 모기지론 대부업체가 파산하면서 시작되었다. 이는 미국만이 아니라 국제금융시장에 신용 경색을 불러왔다.

미국발 국제금융위기 일지

- 2007년 4월 – 미국 2위의 서브프라임 모기지 대출회사인 뉴센추리 파이낸셜이 파산을 신청하였다.

- 2007년 8월 – 미국 10위권인 아메리칸 홈 모기지 인베스트먼트(AHMI)사가 델라웨어주 웰밍턴 파산법원에 파산보호를 신청하였다. AHMI는 알트-A 등급 모기지 전문 업체이다.

- 세계 3위 은행인 HSBC는 미국 주택시장에 뛰어 들었다가 107억 달러를 회수 못할 위기에 놓였다.

- 미국 보험사인 CAN 파이낸셜이 서브프라임 투자로 9,100만 달러의 손실을 입었다.

- AIG는 최악의 경우 23억 달러의 손실을 기록할 것으로 추정되고 있다.

- 스탠더드 앤드 푸어스(S&P)는 미국 대출회사들이 성장세를 유지하기 위해 최근 수년간 신용도가 낮은 사람들에 대한 대출을 늘려 왔다면서, 부동산 서브프라임 위기가 자동차 서브프라임 위기로 확산될 수 있다는 보고서를 발표했다.

- 2007년 8월 9일 프랑스 최대은행 BNP 파리바은행은 자사의 3개 자산유동화증권(ABS)[39] 펀드에 대한 자산가치 평가 및 환매를 일시 중단했다. 서브프라임 부실로 인한 신용 경색이 이유이다. 상환을 중단한 3개 펀드의 운용 규모는 27억 5천만 유로에 달한다.

- GM은 산하 모기지 금융기관의 서브프라임 모기지 디폴트로 약 10억 달러의 피해를 입었다.

- 2008년 7월 16일 – 일본의 은행 보험사들이 보유한 패니메이와 프레디맥[40] 채권 보유액이 9조 엔 정도가 된다고 알려졌다.

- 2008년 9월 6일 – 미국 재무부는 주택시장 침체와 모기지 손실로 유동성 위기에 직면한 양대 국책 모기지업체 패니메이와 프레디맥을 국유화하고, 양사에 각각 1,000달러씩 총 2,000억 달러 규모의 공적자금을 투입하기로 했다. 이 두 회사는 미국 전체 모기지 채권의 절반을 발행하고 있다.

- 2008년 9월 15일 – 미국의 투자은행(IB)[41] 리먼 브라더스가 파산을 신청했다. 미국 정부는 패니메이와 프레디맥을 국유화한 1주일 뒤에 리먼 브라더스를 파산시키기로 결정했다.

- 2008년 10월 20일 – 국회 재정경제위원회에 제출한 국정감사 답변자료에서 한국은행은 1970년대 후반부터 패니메이와 프레디맥에 투자해 왔다고 밝혔다. 한국은행은 380억 딜러어치의 채권을 사들인 것으로 알려졌디.

- 전 세계 중앙정부는 1조 달러 이상을 사들인 것으로 알려져 있다. 이 채권은 미국 국채는 아니지만, 미국 정부가 보증하는 채권이다.

- 2008년 10월 30일 – 한국은행은 미국의 중앙은행인 연방준비제도이사회 (FRB)와 300억 달러 상당의 통화 스와프 협정을 체결했다.

- 2008년 11월 10일 – 미국 재무부와 연방준비제도 이사회(FRB)는 AIG에 1,500억 달러 규모의 구제금융을 지원한다고 발표하였다. AIG는 세계 최대의 보험사였다. 현재 시가총액 기준 세계 최대 보험업체는 중국의 차이나라이프이다.

- 2008년 11월 23일 – 미국 정부는 씨티그룹에 3,000억 달러를 보증하고 450억 달러의 공적자금을 투입하기로 결정했다. 씨티그룹은 시가총액 7천억 달러의 세계 최대 은행이었다. 그러나 부동산 모기지 투자 부실로 주가가 급락했다. 2008년 11월 24일 이후 일주일 동안 주가가 60% 폭락하였고, 시가총액은 205억 달러로 미국 5위의 은행이 되었다.

- 2008년 11월 27일 – 미국 정부는 이번 금융위기를 진화하기 위해 이미 7조 달러를 넘게 투입했다.

- 2008년 12월 10일 – 미국 하원은 미국 자동차 빅3인 GM, 포드, 크라이슬러에 대해 140억 달러를 지원하는 대신 대통령이 임명하는 관재인(일명 '자동차 차르')이 업계 구조조정을 관할한다는 법률안을 237 대 170으로 통과시켰다. 빅3는 이미 250억 달러를 저리에 대출받았었다.

- 2008년 12월 11일 – 미국 상원은 GM, 포드, 크라이슬러에 대한 지원 법률안을 찬성 52표, 반대 35표로 부결했다.

- 2008년 12월 12일 – 한국은행은 중국인민은행과 1,800억 위안(260억 달러 상당)의 통화 스와프 협정을 체결했다고 밝혔다. 기존 40억 달러에서 300억 달러로 확대한 것이다. 또한 일본은행과의 통화 스와프 규모 역시 기존 130억 달러에서 300억 달러로 확대하는 협정을 체결했다. 2008년 12월 13일 중국의 원자바오 총리는 "중국이 다른 나라와 통화 스와프를 체결하기는 처음"이라고 말했다. 중국, 일본은 세계 외환보유고 1, 2위 국가이다.

- 2008년 12월 13일 – 일본 후쿠오카(福岡)에서 제1회 한중일 정상회담이 열렸다. 이 회담에서 매년 정기적인 정상회담 개최에 합의했으며, 중국과 일본

정상은 이명박 대통령에게 자유 무역 협정(FTA)을 요구했다.
- 씨티그룹은 2009년까지 전체 인력의 20%가량인 7만 5천 명을 줄이기로 했다.
- 2009년 1월 28일 – 아이슬란드 연립 정부가 붕괴되었다.
- 2009년 2월 10일 – 미 정부가 금융안정정책을 발표하였다.

이상에서 본 미국발 국제금융위기 전개과정을 통해 금융위기의 발생 원인을 찾는다면 미국 주택금융의 부실과 파생금융상품[42]의 방만한 확산으로 요약할 수 있다.

미국 주택금융이 부실화된 배경에는 미국의 장기간에 걸친 저금리정책이 있었으며, 이로 인한 거품 형성이 주택금융 부실을 초래하였다. 여기에는 신용이 불량한 저소득층에게까지 주택 소유의 기회를 부여하고자 하는 정치적 목적이 패니메이와 프레디맥으로 하여금 서브프라임 모기지를 매입할 수 있게 하였다. 이후 미국 자산 시장의 거품을 우려한 통화당국이 금리를 인상하자[43] 주택금융 상

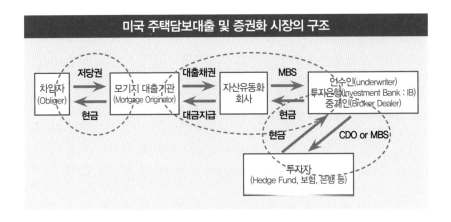

미국 주택담보대출 및 증권화 시장의 구조

환에 어려움을 겪는 저소득층이 늘어나 주택금융기관이 부실화되었고, 이들이 발행한 채권 가격이 폭락하자 이 채권에 투자한 금융기관이 도산 위기에 빠짐으로써 국제금융위기로 발전한 것이다.

주택저당증권을 기초로 한 파생금융상품은 금융자유화와 금융공학의 발전에 힘입어 제어할 수 없는 상황으로 발전하였다. 당초 채권투자에 따른 위험을 보장하기 위해 창출된 CDO[44]가 여러 증권과 결합하는 과정에서 실물 채권과의 연계가 희박해졌으며, CDS[45]의 경우에도 채권투자의 부도 위험을 보장해 주는 원래의 기능이 투기적인 목적으로 변질되어 단순히 어떤 기업이 부도가 날 것인지에 베팅(betting)하는 수단으로 활용되었다. CDS는 감독기관의 감독 범위 밖에서 수많은 금융기관에 의해 투자되어 그 규모가 수십조 달러에 이르렀는데, 기초자산인 주택저당채권이 부실화되자 이 상품에 투자한 금융기관들이 일시에 취약성에 노출되어 도산 또는 구제금융의 대상이 되어 국제금융위기의 도화선이 되었다.

국제금융위기의 발생 원인에 대해서는 두 가지 견해가 존재한다. 하나는 파생금융상품 증가와 금융감독 시스템의 부재 때문이라는 견해이고, 다른 하나는 그린스펀의 저금리정책으로 인한 과잉유동성 때문이라는 견해이다. 전자를 시장 실패[46]라 한다면 후자는 정부 실패[47]라 할 수 있다. 국제금융위기가 시장 실패의 결과라면 신자유주의의 실패로 귀결될 수 있지만, 정부 실패의 결과라면 신자유주의의 실패라 보기 어렵다.

2008년 11~12월 자유기업원에서 전국 40개 대학의 경제학(경영학, 국제통상학 포함) 교수 51인을 대상으로 한 설문조사 결과에 의하면 2007~2008년 국제금융위기를 시장의 실패라고 평가하는 교수는 거의 없었으며 신자유주의의 실패로 보는 견해도 소수인 것으로 나타났다. 즉, 한국의 경제학자들은 위기의 원인을 파생상품에 대한 규제 실패라기보다는 정부의 장기간에 걸친 금융완화가 가져온 자산시장 거품이라고 보는 것으로 나타났다.

자유무역협정(FTA)은 많이 맺을수록 좋은가

자유무역협정(FTA)은 협정을 체결한 국가 간에 상품이나 서비스 교역에 대한 관세 및 무역장벽을 철폐함으로써 배타적인 무역특혜를 서로 부여하는 협정이다. FTA는 그동안 유럽연합(EU)이나 북미자유무역(NAFTA) 등과 같이 인접 국가나 일정한 지역을 중심으로 이루어졌기 때문에 흔히 지역무역협정(RTA : Regional Trade Agreement)이라고도 부른다.

우리나라는 2004년 4월 칠레와의 FTA 체결 이후 2015년 1월 현재 총 11건, 50개국과 FTA를 체결하였으며 중국, 베트남 등 여러 나라와 협상 타결 후 협정 체결을 준비 중이거나 협상을 진행 중이다.

우리나라는 세계 2위의 경제대국인 중국과 2014년 11월 FTA 협상을 타결하면서 우리의 경세영토는 세세 세 번째 규모로 커졌다. FTA 경제영토는 세계 국내총생산(GDP)에서 FTA를 체결한 상대국들의 GDP가 차지하는 비중을 뜻한다.

세계 3대 경제권인 미국, 유럽연합(EU), 중국과 모두 FTA를 맺은 국가는 칠레, 페루에 이어 우리나라가 세계 세 번째이며, 우리나라와 FTA가 발효 중인 50개국의 GDP 총합은 전 세계 GDP의 73.2%에 달한다. 이로써 칠레(85.1%)와 페루(78.0%)에 이어 세계 3위의 경제영토를 보유한 국가로 올라섰으며, 우리나라 전체 교역 중에서 FTA 체결국과의 교역 비중은 60%를 상회하게 되었다.

그러면 FTA 체결은 우리 경제에 좋은 점만 있을까?

장점이 많기는 하지만 단점도 무시할 수 없다. 우리나라는 미국에 비해 농축산업과 서비스업, 중국에 비해서는 농업에서 경쟁력이 떨어진다. 미국·중국·EU에서 농축산물이 무관세로 우리나라 시장에 들어온다면 우리나라 농축산업은 피해를 볼 수밖에 없다. 지적재산권 보호를 엄격하게 적용할 경우 우리나라 농업과 의약품의 피해도 발생한다. 또한 기업에 대한 지원도 자국 기업에 지나치게 유리하게 적용할 수 없게 된다.

이러한 여러 단점들을 해소하기 위해서는 먼저 우리나라의 산업과 기업의 경쟁력을 강화하여야 할 것이며, 불가피한 경우 FTA의 유보 조항도 활용하여야 할 것이다. 또한 FTA 체결 시에는 국익을 가장 우선적으로 고려하여 협상에 임해야 할 것이다.

재해가 발생하면 국민소득이 늘어나는가

화재, 지진 등 재해가 발생하면 나라의 자산인 국부(wealth)가 감소할 뿐만 아니라 재산을 잃은 당사자를 비롯해 전 국민에게 슬픔을 안겨주기는 하나, 재해 복구 과정에서 소득이 발생하여 국민소득은 오히려 증가하게 되는 것은 틀림없는 사실이다. 국민소득 통계는 소득 발생 유무를 기준으로 작성하는 것으로 국부의 파괴 또는 감소 그 자체로는 소득의 흐름에 영향을 주지 않기 때문에 국민소득에 계상되지 않는다.

그러나 과연 국부의 감소는 장기적으로도 소득에 영향을 주지 않을까? 국부의 감소 또는 개인의 자산 감소는 시간을 두고 부의 효과 또는 자산효과(wealth effect)를 통해 소비나 투자지출을 감소시키게 될 것이다. 즉, 집이 불타 없어진 가계는 소비를 줄일 것이며 공장이 파괴된 기업도 지출을 줄일 것이다. 이는 결국 장기적으로 국민경제의 지출을 줄여 국민소득을 감소시킬 것이다.

개인이 금융자산을 매각하거나 저축을 찾은 대금으로 주택을 재건한다면 주택재건은 건축자재 생산업자나 노동참여자의 소득을 증가시켜 국민소득 증가효과로 바로 계상되겠지만, 금융자산 감소분만큼은 시간을 두고 소비지출을 감소시키는 마이너스 자산효과(negative wealth effect)로 나타날 것이다.

기업도 내부 유보자금으로 공장을 재건했다면 투자가 즉각 증가하셨시만, 유보자금이 감소했으므로 장기적으로 나른 투사지출을 자제할 것이다. 차입자금으로 재건했다 하더라도 부채증가(순자산 감소)로 인해 투자지출을 자제할 것이다. 이때도 마이너스 자산효과가 발생한다고 볼 수 있다.

한편 정부에서 집이나 공장을 지어준다면 정부 재정에 의한 보상 지출분은 현세대 또는 차세대의 누군가가 세금으로 부담해야 할 것이므로 그들의 가처분소득이 감소되어 소비 또는 투자지출이 줄어들어 국민소득을 저하시킬 것이다.

결국 재해가 발생하면 그 복구비용만큼은 국민소득(GNI) 또는 국내총생산(GDP)을 증가시키지만, 재해로 인한 자산의 감소는 그 자체로는 국민소득 또는 국내총생산(GDP)을 즉각 변동시키지는 않으나 시간을 두고 마이너스 자산효과를 통해 소득 감소 효과로 나타날 것이다.

경제성장이 잘 된다는데
체감경기는 왜 차가운가

거시경제의 성장이 국민 개개인이 느끼는 체감경기와 동떨어지게 움직이는 경우가 흔히 있다. 이럴 경우 정부는 경제 상황이 좋아졌다고 홍보하지만 국민들은 이를 믿지 못하고 오히려 경제가 나빠졌다고 주장하기도 한다. 이러한 현상이 나타나는 이유는 무엇인가? 그것은 총량 지표 또는 거시경제 지표는 국민경제 전체의 총량이나 평균을 나타내지만 체감경기는 개인이 체감하는 경기를 나타내기 때문이다.

수출액을 예로 들어 보자. 우리나라에 수출 기업이 100개 있다고 가정하고 우리나라의 작년 수출액이 전년보다 20% 증가했다면 수출이 호조를 보였다고 할 수 있을 것이다. 그런데 수출 증가가 전년도 우리나라 총수출의 절반을 차지하는 5대 기업의 수출이 60% 증가한 결과라면 나머지 95개 기업은 전년보다 수출이 20% 감소한 것으로 계산된다. 이럴 경우 우리나라 전체 수출액은 20% 증가하였지만 95개 중소기업의 수출은 오히려 20% 감소하였으므로 업계에서는 수출 부진의 목소리가 더 높을 것이다. 종업원 수를 보더라도 대기업의 종업원이 업체당 1,000명으로 모두 5,000명이라 한다면, 중소기업의 종업원은 업체당 100명이라 할 때 9,500명이 되므로, 수출 호조로 보너스를 받은 대기업 종업원보다 수출 부진으로 월급을 겨우 받은 중소기업의 종업원 수가 두 배 가까워 체감경기 부진감이 사회 전체를 지배하게 될 것이다.

수출 20% 증가에도 체감경기가 부진한 이유

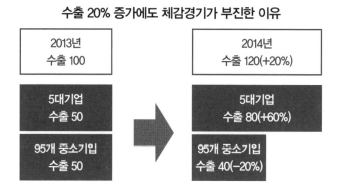

우리나라 경제의 총량을 나타내는 대표적인 지표는 국민소득, 광공업생산지수, 총수출, 취업자 수 등이며, 체감경기 지표로는 기업경기를 나타내는 기업경기실사지수(BSI)와 소비자 동향을 조사하는 소비자심리지수가 있다.

일자리는 계속 늘어나는데 경기는 왜 안 좋다는 것인가

경제성장률은 3%대에서 벗어나지 못하는데 취업자는 기록적인 증가세를 보이고 있어 고용통계에 대한 의심마저 제기하는 사람들이 있다. 물론 고용 통계가 전수조사 통계가 아니고 표본조사이다 보니 완벽할 수는 없겠으나, 성장에 비해 고용이 크게 늘어나는 데는 이유가 있을 것이다.[48]

첫째, 취업자는 늘어났으나 소득이 소폭 증가에 그쳤기 때문이다. 저임 근로자가 늘어나고 자영업자가 지나치게 늘어 수익 기회가 줄어들었다는 말이다. 이것은 상대적으로 저임인 서비스업 취업자의 비중이 과거에 비해 커졌다든지,[49] 취업자의 평균 근로시간이 단축되었다든지, 36시간 미만 근로 취업자의 비중이 커졌다든지[50] 등의 통계로 뒷받침되는 사실이다.

둘째, 노동시장의 수급 사정상 임금이 크게 오르지 못하는 구조를 가지고 있기 때문이다. 노동시장에서는 인구 증가율 둔화에도

불구하고 여성과 고령자 등 취업하고자 하는 인구, 즉 노동력 공급이 늘어나는 데 비해 제조업의 자동화 진전과 국제경쟁 격화는 노동 흡수력을 저하시키는 현상으로 작용하여 임금 상승을 제약하는 것이다.

셋째, 우리나라 산업구조가 제조업에 비해 고용흡수력이 좋은 서비스업의 비중이 커지고 있기 때문에 저성장에도 불구하고 고용은 늘어나고 있는 것이다.

이상에서 살펴 본 바와 같이 저임금이면서 고용흡수력이 큰 서비스업의 고용 증가는 저성장-고고용, 과장하면 성장 없는 고용 현상을 초래하고 있는 것이다.

국제유가가 반토막이 되어도
국내유가는 왜 겨우 쥐꼬리만큼 내리는가

2014년 하반기 이래 국제 원유가가 급락하고 있다. 원유 공급이 늘어나는 데 비해 수요는 크게 늘어나지 않기 때문이다. 원유 공급이 늘어나는 것은 중동 산유국이 잠재적 경쟁자인 셰일가스[51] 산업을 죽이기 위한 전략적 대응의 결과라는 견해도 있다. 어쨌든 국제 원유가는 2014년 6월에 비해 절반 이하로 떨어졌는데 국내 휘발유 가격은 20% 정도밖에 떨어지지 않았다. 왜 그럴까?

국내 주유소의 휘발유 판매가격은 우선 국제 원유가의 영향을 받은 후 환율과 관세의 영향을 받는다. 여기까지가 수입 부담이다. 국내에 들어오면 정유공장에서 원유를 정제하여 각종 석유제품을 만드는데, 여기에는 원재료인 원유 수입 비용 외에도 인건비, 금융비용, 시설투자비, 다른 원 부자재 비용과 경영관리 비용 등이 추가로 들어간다. 최종적으로는 각종 세금과 수수료가 들어간다. 다음 표에서 보면 정유소의 2015년 1월 3주간의 평균 세전 출고 가격은 2014년 6월에 비해 거의 절반으로 떨어졌음을 알 수 있다. 같은 기간 중 국제 원유가격 하락폭인 58% 가까이 떨어진 것이다. 국제 원유가 하락폭에는 약간 못 미치지만 정유소의 원가가 원유만으로 구성되어 있지 않다는 점을 감안하면 이해할 만한 수준이라 보겠다. 그러나 정유소에서 휘발유를 출고할 때에는 엄청난 세금이 부과된다. 2014년 6월에 906원이던 제세 수수료가 2015년 2월에는

국제 원유가와 국내 보통 휘발유가의 차이			
	2014.6월	12월	2015.1월 3주간
국제 원유가(두바이 현물, 달러/배럴)	109.29	60.30	45.77
환율(원/달러)	1,019.36	1,104.33	1,082.72
정유소 휘발유 세전 출고가(원/ℓ)	850.95	567.90	437.56
제세 수수료	906.09	877.79	864.75
정유소 휘발유 세후 출고가(원/ℓ)	1,757.04	1,445.69	1,302.31
주유소 판매가(원/ℓ)	1,861.28	1,652.23	1,477.49

자료 : petronet

865원 정도 부과되어 거의 변하지 않은 수준이다.

이렇게 볼 때 주유소의 휘발유 가격을 결정하는 가장 큰 요소는 교통에너지환경세(리터당 529원), 교육세(교통세의 15%), 주행세(교통세의 28%), 부가세(출고가 및 세금의 10%) 등으로 구성된 세금이라는 것을 알 수 있으며, 이 세금이 변하지 않는 한 국제유가의 하락에도 국내 주유소의 휘발유 판매가격은 크게 내리기 어려운 구조이다.

그러면 휘발유 소비자로부터 거두어들인 그 많은 세금은 어디에다 쓸까?

유류세 중 휘발유·경유에 부과되는 교통세는 교통시설특별회계(80%), 환경개선특별회계(15%), 에너지 및 자원사업 특별회계(3%), 광역·지역발전을 위한 특별회계(2%)에 사용된다. 교통세의 15%가 부과되는 교육세는 지방교육재정 교부금으로, 주행세는 지방세로서 버스, 택시, 화물차 및 연안화물선에 대한 유류세 부담을 완화하기 위한 유류세 연동 보조금 등 유가보조금과 자동차세 인하, 자동차면허세 폐지, 새차·헌차에 대한 자동차세 차등과세 실시 등에 따른 지방세수 감소분을 보전해주는 데 사용되고 있다.

결과적으로 자동차 휘발유 소비자는 나라에서 필요한 여러 분야를 지원하기 위한 세금을 상당히 많이 내고 있는 셈이다.

9) 거품경제(bubble economy)는 '버블 현상(bubble phenomenon)' 또는 '투기적 버블(speculative bubble) 현상'이라고도 한다. 가격이 상승할 실체적 요인이 없는데도 가격이 상승하기 시작하여 그것이 많은 사람들의 투기를 유발해 가격이 한층 더 상승일로를 치닫게 되는 상태를 말한다. 하지만 이러한 상태는 오래 지속될 수가 없어 어떤 계기를 맞게 되면 이윽고 거품이 터지는 것처럼 급격히 원래의 상태로 되돌아가고 만다. 주식, 채권, 외환 등 금융자산이나 부동산의 가격이 비정상적으로 상승할 때 주로 쓰이며, 때로는 분수에 넘친 소비 행태나 허풍이 담긴 경제 행위에도 적용된다. 거품이 사라진 뒤에는 대부분의 경우 공황상태가 출현한다.

1984~1985년 겨울 미국의 금리가 대폭 하락했음에도 불구하고 달러 시세가 급히 상승한 사실을 가리켜 국제결제은행의 연차보고서에서 투기적 버블 현상이라고 평가하였는데, 이것이 거품경제라는 말이 처음 사용된 예로 알려져 있다.

일본에서는 1985년 플라자 합의 이후 급격한 엔고에 대응해 정부가 금융완화정책을 채택하였는데 이것이 1987년을 전후해 일본 경제를 심한 거품경제로 몰아넣었고, 결국 거품이 해소되는 과정에서 금융 부실이 현재화되면서 일본 경제가 장기 불황을 겪게 된 원인으로 지적되었다.

또한 2007년 미국의 서브프라임 모기지 사태로 촉발된 국제금융위기 역시 2001~2004년 간 미국의 장기 저금리 정책에 의한 부동산 거품이 원인이라는 지적이 있다.

우리나라도 1988년을 전후한 거품경제의 후유증과 우리 경제의 구조적 취약성이 외환위기를 초래했다고 할 수 있다. 최근에는 2001~2002년의 신용카드 장려 및 부동산 투기 규제 완화 등에 의한 경기 호전도 결국에는 2003년 이후의 소비, 투자 부진을 초래하였다는 점에서 거품경제로 볼 수 있다.

10) 🔗 용어 '디플레이션'

11) 🔗 용어 '경상수지'

12) 🔗 용어 '외환보유액'

13) 🔗 용어 '주가지수'

14) 헤지펀드(hedge fund)란 100명 미만의 투자가들로부터 개별적으로 자금을 모아 파트너십을 결성한 다음 카리브 해의 버뮤다와 같은 조세회피지역에 위장거점을 설치해 자금을 운용하는 투자신탁을 말한다. 헤지펀드는 세계 각국을 넘나들며 외환, 주식, 채권, 금 등 각종 상품에 투자한 후 어느 정도 수익을 올리면 일제히 빠져나가 국제금융시장을 교란시키는 주범으로 지적되고 있다.

헤지펀드는 세 가지 특징을 가지고 있다. 첫 번째 특징은 100명 미만이 소수이 파트너십을 가진 투자자들이 자금을 조성한다. 두 번째 특징은 도박성이 큰 파생금융상품을 통해 초단기 투기를 행한다는 점이다. 세 번째 특징은 사무실을 세금이 없는 나라에 차려서 투기자본으로 운영한다는 점이다. 대표적으로 조지 소로스의 퀀텀펀드를 들 수 있다. 문제는 이들은 핫머니로 알려져 있으며 단기투자와 단기고수익을 중심으로 움직이기 때문에 해당 국가에 외환위기를 초래할 위험성이 있다는 점이다. 대표적인 사례로 멕시코 페소화 하락 및 영국이나 태국 외환위기의 원인으로 헤지펀드를 꼽고 있는 것을 들 수 있다.

15) 대외채무를 줄여서 외채(foreign debt)라고 하는데 일정 시점에서 상환기간의 장단기에 관계없이 거주자가 비거주자에게 외화 또는 원화로 상환할 의무가 있는 확정채무를 의미한다. 외채는 기간별로 장기(상환기간 3년 초과), 중기(상환기간 1년 초과 3년 이내), 단기(상환기간 1년 이내)로 구분할 수 있으며, 주체별로 공공부채, 민간부채(금융기관의 부채 제외), 금융기관부채로 구분한다. 한편 외채에서 일정 시점에 거주자가 비거주자에게 외화 또는 원화로 청구할 권리가 있는 확정채권인 대외자산을 차감한 것이 순외채가 된다.
용어 '대외채무, 대외채권'

16) 참여정부가 2005년 8월 31일 발표한 8.31 부동산대책은 ① 주택 2채 이상 보유 시 양도차익 중과 ② 종합부동산세 과세대상을 9억 원에서 6억 원으로 인하 ③ 주택 공급 확대 ④ 실거래가 신고 의무화 등이며 이 대책의 효과가 기대에 미치지 못하자 2005년 10월 29일과 2006년 3월 30일 후속 조치를 발표하여 ① 아파트 분양가 상한제 도입 ② 분양 주택 전매 제한 강화 ③ 재건축 개발 이익 환수 등으로 대응하였다.

17) 부채비율은 부채를 자기자본으로 나눈 비율로서 기업의 장기 지급 능력을 파악하기 위해 자본조달의 구성을 살펴보는 비율이다. 즉, 자본조달에 부채가 얼마나 차지하는가를 보기 위한 자본구조에 대한 비율이다. 기업이 부채를 통해 자본조달을 하면 원금의 상환 압력과 이자비용의 부담을 가진다. 즉, 부채비율이 높을수록 자본조달의 위험이나 비용이 커지고, 부채비율이 낮을수록 기업의 자본조달의 비용이 낮아진다. 산식은 부채비율(%) = 100X부채/자기자본이다.

18) 2015년 우리나라의 최저임금은 시간당 5,580원이다.

19) 일부이기는 하나 몇몇 보육원에서 아동 학대가 사회문제화된 것은 이러한 갑작스러운 보육 수요 확대에도 원인이 있는 것으로 분석되었다.

20) 국민연금, 건강보험, 고용보험, 산재보험을 통틀어 4대 사회보험이라고 한다. 사회보험 제도는 국민에게 발생한 사회적 위험을 보험방식에 의하여 대처함으로써 국민의 건강과 소

득을 보장하는 제도이다. 사회적 위험이란 질병, 장애, 노령, 실업, 사망 등을 의미하며, 이와 같은 사회적 위험은 사회구성원 본인은 물론 부양가족의 경제생활을 불안하게 하는 요인이 된다. 따라서 사회보험제도는 사회적 위험을 예상하고 이에 대처함으로써 국민의 경제생활을 보장하려는 소득보장 성격을 지닌다. 4대 사회보험제도는 업무상의 재해에 대한 산업재해보상보험, 질병과 부상에 대한 건강보험, 폐질·사망·노령 등에 대한 연금보험, 실업에 대한 고용보험제도가 있다. 사회보험은 개인보험처럼 자유의사에 의해서 가입하는 것이 아니며, 보험료도 개인·기업·국가가 분담하는 것이 원칙이다. 보험료의 계산도 위험의 정도보다는 소득에 비례하여 분담함을 원칙으로 함으로써 소득 재분배 기능을 가진다. 우리나라에서는 1964년 산재보험을 처음 도입한 이래 1977년 국민건강보험, 1988년 국민연금, 1995년 고용보험을 도입함으로써 4대 사회보험제도를 모두 도입하였다.

21) UN에 따르면, 65세 이상 인구가 전체 인구에서 차지하는 비율이 7% 이상이면 해당 국가를 고령화사회(aging society)로 분류한다. 또한 65세 이상 인구가 전체에서 차지하는 비율이 14% 이상이면 고령사회(aged society), 다시 20% 이상까지 올라가면 해당 국가를 후기고령사회 또는 초고령사회(super-aged society)로 구분하고 있다. 현재 많은 국가들이 UN에서 제시하는 이러한 기준을 준용하여 자국의 상황을 진단하고 있다. OECD의 보고서는 "한국은 그동안 가장 젊은 나라였지만, 향후 50년 이내 가장 늙은 나라로 변화할 것이다"라고 전망하였다. UN 보고서 역시 우리나라가 2026년에는 초고령사회로 진입할 것으로 전망하고 있다. 우리나라가 2000년 고령화사회로 진입한 이후 불과 26년 만에 초고령사회로 진입하게 된다는 것이다. 이러한 수치는 일본의 36년(1970년→2006년)보다 10년 빠르게 초고령사회로 진입하는 것으로, 전 세계적으로 유래를 찾기 어려운 추세라 한다.

22) 유럽연합(EU : European Union)은 2013년 크로아티아가 가입한 이후 28개 회원국으로 이뤄진 유럽의 국가연합이다. 1993년 11월 1일 마스트리흐트 조약에 의해 12개국으로 창설되었으며 전신은 유럽 경제 공동체(EEC)이다. 총 인구는 약 5억 명이며 전 세계 국내총생산의 23% 정도를 차지한다.

23) 포르투갈(Portugal), 아일랜드(Ireland), 이탈리아(Italy), 그리스(Greece), 스페인(Spain) 등 5개국을 지칭하며 유럽재정위기를 겪은 나라들이다.

24) 국제투명성기구(TI : Transparency International)가 발표한 2014년 부패인식지수(CPI : Corruption Perceptions Index)에 의하면 부패인식지수가 높은 청정국은 덴마크(92점/175개국 중 1위), 뉴질랜드(91/2위)이며 최저국은 북한(8)과 소말리아(8)이다. 그리스(43점/69위)는 이탈리아(43), 헝가리(43), 루마니아(43)와 함께 서유럽국 중에서 가장 부패한 나라로 평가되었다. 아시아에서는 싱가포르(84/7위)가 가장 높고 한국(55/43위)은 일본(76/15위)보다 낮으나 중국(36/100위)보다 높다.

25) 유로존(Eurozone)은 유로화를 국가 통화로 도입해 사용하는 국가나 지역을 부르는 말이다. 유럽 중앙은행이 이 지역의 통화 정책 책임을 맡고 있다. 1998년에 12개의 유럽 연합 회원국이 모여 통화 단일화에 관한 규범을 마련한 후 1999년 1월 1일에 유로화의 공식적인 도입과 함께 탄생하게 되었다. 그리스는 2000년에 유로 도입 기준을 통과하면서 2001년 1월 1일에 가입했다. 동전과 지폐는 2002년 1월 1일부터 통용되었다. 이후 슬로베니아(2007년 1월 1일), 몰타(2008년 1월 1일)와 키프로스(2008년 1월 1일), 슬로바키아(2009년 1월 1일), 에스토니아(2011년 1월 1일), 라트비아(2014년 1월 1일), 리투아니아(2015년 1월 1일)로 가입국이 확대되어 2015년 1월 현재 19개 국가, 약 3억 3천만 명이 넘는 사람들이 유로존에 속해 있다.

26) 🔗 용어 '유로화'

27) 2010년 5월 그리스에 대한 1,100억 유로의 구제금융이 EU와 IMF에 의해 결정된 이후 아일랜드, 포르투갈이 연이어 구제금융을 신청하면서 유로존과 세계경제에 2008년의 국제 금융위기가 재현될 것이라는 불안감을 준 위기상황으로, 세계경제는 2015년까지도 그 여파에서 벗어나지 못하는 모습을 보이고 있다. 유로존 각국 간의 국제수지 불균형, 재정통합 없는 금융통합이 원인으로 지적된다.

28) 🔗 용어 '외환위기'

29) IMF란 International Monetary Fund의 약자로서 우리말로는 국제통화기금으로 불린다. 1945년에 국제무역의 확대 균형, 환율의 안정 등을 목적으로 브레튼우즈 협정에 의해 설립되었으며 미국 워싱턴에 본부가 있다. 2014년 말 현재 회원국은 188개국이며 우리나라는 1955년에 가입하였다. IMF는 회원국의 출자금을 기초로 SDR(Special Drawing Right : 특별인출권)이란 통화를 만들어 내었으며 이 SDR과 차입금을 재원으로 해서 자금이 필요한 가맹국에게 금융지원을 해주기도 한다. IMF는 또한 매년 가맹국을 방문 · 협의하여 그 나라의 경제를 분석 · 평가하고 경제정책을 권고하는 보고서를 내며, 권위를 자랑하는 세계 경제 전망을 1년에 두 번씩 발표한다. 🔗 용어 '국제통화기금(IMF)'

30) 한국은행이 보유 · 관리하는 우리나라의 외환보유액은 기업이 수출로 획득한 외화나 외국인이 한국에 투자하기 위해 가지고 온 외화를 한국은행이 원화를 주고 사서 보유하게 된 외화이다. 한국은행은 이 돈으로 우리나라에 필요한 상품을 수입하거나 외채를 상환하려는 사람에게 원화를 대가로 받고 팔도록 되어 있다. 한국은행의 이러한 외환 매매는 시중은행을 통한 간접 거래를 통해 이루어진다. 🔗 용어 '외환보유액'

31) 은행이나 대기업, 국가의 신용등급은 S&P, Moody's 등 국제적인 신용평가회사가 매겨서 발표한다

32) 우리나라 외환위기의 발생 원인으로 헛된 선진국 진입 욕망을 들기도 한다. 1996년 12월 말 우리나라는 OECD 회원국이 되었는데, OECD 가입을 위한 무리한 경상거래와 자본거래 자유화로 인해 위기는 이미 다가오고 있었다는 것이다. 우리는 그동안 너무 쉽고 빠르게 부자가 되고 선진국이 되려 했다. 1997년 외환위기의 교훈이라면 선진국은 그렇게 쉽고 빠르게 될 수 없으며, 선진국이 되는 길에는 고통이 따른다는 진리를 깨달았다는 점일 것이다.

33) 석유파동, 석유위기라고도 하며 1973~1974년의 제1차 오일쇼크와 1979~1980년의 제2차 오일쇼크를 말한다. 양자 모두 중동 전쟁으로 인해 석유수출국(OPEC)이 단결 감산함으로써 국제 원유가가 폭등하여 세계 경제에 심각한 타격을 주었다.

34) 1989년 20대 기업 중 1위부터 4위까지가 일본의 은행이었으며 14개가 일본 기업이었다. 2014년에는 미국 기업이 1위부터 8위까지를 포함하여 15개가 포함되었다. 한국 기업은 18위를 차지한 삼성전자가 아시아 기업 중 유일하였다.

35) 1985년 9월 22일 뉴욕 플라자 호텔에서의 미국, 영국, 독일, 프랑스, 일본의 5개국(G5) 재무장관 회의 합의를 말한다. 1980년대 중반까지 일본과 독일 경제의 고성장과 무역수지 흑자 누적은 미국의 대일, 대독 무역수지 적자 누적으로 나타났고, 미국의 입장에서는 일본과 독일의 저환율 정책이 미국의 무역수지 적자를 초래한 원인으로 보아 이를 시정하는 것이 세계경제의 불균형 완화를 위해 필요하다고 선진국을 설득하여 일본 엔화와 독일 마르크화의 강세를 유도하기 위한 정책 공조를 내용으로 한 플라자 합의를 이끌어 내었다. 엔/달러 환율은 플라자 합의 직전인 9월 20일 241.946엔에서 1988년 1월 4일 121.049엔으로 반감되었으며, 마르크/달러 환율도 9월 22일 2.889에서 1988년 1월 4일 1.5705로 하락하였다.

36) 이 밖에 2006년 7월, 2007년 2월의 금리 인상도 일본은행의 정책 역행으로 비판 받고 있다.

37) 자산 가격 최고 시점에서 공적자금 투입 시까지의 소요기간이 일본은 8년에 달해 미국(0년), 북유럽(3~4년)에 비해 크게 지체(1999년 일본 경제재정백서)되었다. 이는 의사결정에 신중한 일본 고유의 문화와 정부부채 과다에 기인한 것으로 보인다.

38) 서브프라임 모기지란 신용도가 일정 기준 이하인 사람들을 대상으로 비교적 높은 이자

를 받기로 약정하고 주택을 담보로 빌려주는 대출을 말한다. 모기지(mortgage)는 저당권 또는 저당권을 표시하는 저당증서를 말하는데, 일반적으로 구입하고자 하는 주택을 담보로 제공하고 장기주택자금을 빌리는 거래형태를 일컫는다. 미국의 주택담보대출은 신용도에 따라 프라임(prime), 알트-A(alternative A), 서브프라임(sub-prime)의 3단계로 구분한 다. 프라임은 신용도가 좋은 사람을 대상으로 한 주택담보대출이고, 알트-A는 신용도가 중 간 정도인 사람을 대상으로 한 주택담보대출이며 서브프라임은 신용도가 낮은 사람들을 대 상으로 한 주택담보대출이다.

39) 자산유동화증권(ABS)은 부동산, 매출채권, 유가증권, 주택저당채권 등 유동성이 낮은 자산에서 생기는 수익 또는 현금 흐름을 바탕으로 발행한 파생증권이다. 주택저당채권을 담 보로 발행한 ABS가 주택저당증권(MBS : Mortgage-backed Securities)이다. 신용카드 사가 보유한 신용카드 매출채권에서 발생하게 될 현금을 담보로 증권을 발행해 매출채권을 유동화하여 현금화하는 것도 있으며, 자동차 할부채권을 기초로 하는 자산유동화도 있다.
🚀 용어 '자산유동화'

40) 패니메이(Fannie Mae)와 프레디맥(Freddie Mac)은 연방 정부 보증 주택융자기관이 다. 양 회사는 서브프라임 모기지를 포함한 주택저당채권을 주택금융회사로부터 매입하여 이를 유동화한 증권을 국제적으로 발행하여 자금을 조성하였다.

41) 은행은 크게 투자은행(IB)과 상업은행(CB : Commercial Bank)으로 나뉜다. 상업은행은 고객으로부터 예금을 받아 이를 대출하면서 수입을 얻는 것이 주 업무이고, 투자은행은 주식 이나 채권 등에 투자하거나 거래를 중개하면서 이익을 내는 회사다. 투자은행들은 이익을 극 대화하기 위해 복잡한 파생금융상품을 만들어 팔거나 투자를 했는데, 서브프라임 위기가 터 지면서 큰 손실을 냈다. 고객 예금을 받지 않아 신용도가 하락하면 자금을 조달하기 힘들다.

42) 파생금융상품(派生金融商品, derivatives)이란 해당 거래의 기초가 되는 자산 (underlying asset)의 가격 변동에 따라 그 가격이 결정되는 금융상품을 말한다. 환율, 금리, 주가의 변동으로 기초 금융자산 및 부채의 가치가 달라짐에 따른 리스크를 회피하기 위해 고 안된 금융상품으로, 파생이라는 용어가 사용되는 것은 파생금융상품의 가치가 외환, 채권, 주 식 등 기초자산의 가치변동으로부터 파생(derivated)되어 결정되기 때문이다. 파생금융상품 의 거래에는 위험을 회피하려는 투자자뿐만 아니라 이러한 위험을 사들임으로써 이익을 얻 으려는 투기자도 참여하게 되어 위험회피 동기뿐만 아니라 고수익을 창출하려는 투기적 동 기가 금융계약 형태로 결합되어 거래가 이루어진다고 할 수 있다. 한편 파생금융상품은 기초 자산, 거래장소, 거래형태 등을 기준으로 분류하는 것이 일반적인데 기초자산에 따라서는 금 리, 통화, 주식 및 실물상품 등으로, 거래장소에 따라서는 장외 및 장내 거래로, 거래형태에 따라서는 선도(forwards), 선물(futures), 옵션(options), 스와프(swap) 거래 등이 있다.

43) 미국 연방준비제도이사회(Fed)는 2001년 2월까지 6.5%에 달했던 기준금리를 2003년 6월에는 45년 만에 가장 낮은 수치인 1%까지 낮추었다. 2% 이하 기준금리 시대는 2004년 말까지 거의 3년간 지속되었다. 그러나 부동산 거품을 감지한 Fed는 2004년 6월 말부터 기준금리를 인상하기 시작하여 이때부터 2년 동안 0.25% 포인트씩 17차례 상승해 2006년 6월 말에 5.25%로 올라간 후 한동안 고정되었다. 이렇게 기준금리가 오르자 모기지 이자율 역시 올랐고, 그에 따라 모기지 연체율도 증가하기 시작했다. 이는 서브프라임 모기지 대출을 받은 사람의 상당수가 변동이자율로 대출을 받았기 때문이다.

44) CDO(Collateralized Debt Obligation)는 부채 담보부 증권으로, 부동산 담보 채권 상품인 MBS를 여러 개 묶고 섞어서 다른 금융기관에 판매할 때 쓰는 상품이다. 주로 투자은행들이 만들었으며 위험한 부분을 따로 분리 또는 복합시켜 놓고 위험등급별로 쪼개어 판매하여 신용평가 회사로부터 높은 신용등급을 받았기 때문에 많은 투자자들이 매입했다.

45) CDS(Credit Default Swap)는 신용부도 스와프로서 CDO를 발행할 때 위험 부문을 따로 떼어 내어 상품화한 것이다. 위험도가 높은 상품으로서 CDO가 잘못 되었을 경우에 대비하여 보험회사 등에게 판매하며, 보험회사는 일정 부분을 보증료(CDS프리미엄)로 챙기게 된다. 만약에 CDO에 부실이 발생하면 부실이 발생하는 만큼 보험회사 등이 투자자에게 손실액을 갚아 주게 된다. CDO의 부실에 대비한 일종의 손해보험이다.

46) 시장 실패란 시장 기능의 한계 때문에 시장이 자원을 효율적으로 배분하지 못하는 현상으로 불완전 경쟁인 독과점의 존재, 어떤 사람의 행동이 다른 사람에게 의도하지 않은 이익이나 손해를 끼치는데도 어떤 대가를 받지도 주지도 않는 현상인 외부 효과의 발생, 그리고 시장에만 맡길 경우 공공재가 부족해지는 현상 등을 말한다. 시장 실패를 줄이기 위해서는 정부의 개입이 필요하다.

47) 정부 실패란 정부의 지나친 시장 개입으로 경제의 효율성이 저하되는 현상을 말하며 이를 줄이기 위해서는 규제 완화, 공기업 민영화, 사회 보장 축소, 시민에 의한 정부와 공기업 활동 감시, 비판 등이 있다.

48) 아래 표에서 보는 바와 같이 과거에 비해 성장률은 떨어졌으나 취업자 증가인원은 더 많아졌다.

	2006	2007	2008	2009	2010	2011	2012	2013	2014
경제성장률(%)	5.2	5.5	2.8	0.7	6.5	3.7	2.3	3.0	3.3
취업자증가인원(천 명)	295	282	145	−72	323	415	437	386	533

49) 2008년과 2013년의 직종별 임금을 비교해 보면 전 직종 평균이 같은 기간 중 1.17배 많아진 데 비해 평균 이하의 임금을 받는 서비스종사자는 1.10배, 단순노무자는 1.16배 각각 많아졌으며, 평균 임금을 상회하는 관리자는 1.27배, 사무종사자는 1.21배 많아진 것으로 조사되었다. 그리고 산업별 취업자 비중도 제조업 취업자가 2004년 18.5%에서 2014년 16.9%로 작아진 데 비해 서비스업 취업자의 비중은 같은 기간 중 65.3%에서 70.3%로 커졌다.

50) 주당평균근로시간은 1980년대, 1990년대에 각각 54.9시간 및 52.1시간에서 2000년대, 2010~2014년에 각각 48.4시간 및 44.1시간으로 줄어들었으며, 36시간 미만 근로자의 수는 2000~2009년 평균 11.8%에서 2010~2014년 평균 16.6%로 늘어났다.

51) 최근 미국의 산유량이 크게 늘어나 세계 2위의 산유국이 되었는데, 미국의 산유량이 늘어난 가장 큰 요인은 천연가스와 셰일가스의 증산이다. 셰일가스는 바다 밑 진흙이 퇴적돼 굳어진 암석층, 즉 혈암층(shale)에 들어 있는 천연가스를 가리킨다. 셰일가스는 중국, 아르헨티나, 알제리, 미국, 캐나다 등 세계 각지에 매장되어 있는데 넓은 지역에 얇게 퍼져 있어서 과거에는 추출하기 힘들어 채산성이 맞지 않았다. 그런데 수평시추기술과 수압파쇄공법 같은 새 기술들이 개발되면서 상황이 달라졌다. 여기에 국제 유가가 배럴당 100달러 이상 유지되면서 셰일가스 생산이 크게 늘어났다. 그러나 아무리 기술 혁명으로 셰일가스·오일 생산이 활발해졌다 하더라도 아직은 전통 가스·오일보다는 생산비가 높을 수밖에 없다. 한국석유공사의 보고서에 의하면 셰일오일의 생산비용은 배럴당 30~60달러 선이다. 중동의 석유 생산비용 4~10달러보다 최대 15배 높다. 이러한 상황에서 산유국이 감산으로 유가를 올려 대응하는 것은 셰일가스의 생산 증가를 초래하여 전통 산유국의 유가 결정력을 약화시킬 우려가 크다.

3장

재테크를 위한

시장경제

이해

3장 │ 재테크를 위한 시장경제 이해

부채비율이 100% 미만으로 낮으면서 매출액 대비 순금
융비용 부담률이 1% 미만으로 낮게 나타난 업종은 ①
방송업, ② 전자부품, 영상, 음향 및 통신장비, ③ 전문직
별 공사업, ④ 정보서비스업, ⑤ 자동차 및 트레일러 제
조업 등으로 나타났다. 이들 업종은 금리 상승기에 상대
적으로 유리한 업종이다.

재테크 수익률의 분석 – 2005년 이전

　흔히 재테크를 할 때에는 수익자산을 분산투자하라고 한다. 한쪽에만 집중 투자하다 보면 위험하기 때문이다. 모든 투자에는 위험이 따른다. 더구나 수익이 클수록 위험이 큰 것이 보통이다. 이러한 현상을 일컬어 '고위험 · 고수익(high risk, high return)'이라고 한다.

　그러면 자산을 어떻게 분산할 것인가? 보통 재테크 전문가들은 예금과 주식과 부동산에 분산투자하기를 권한다.

　여기서는 정기예금과 주식과 부동산에 분산투자한다고 할 때 미리 알아두어야 할 사항들을 비교하여 설명하겠다. 먼저 1986년부

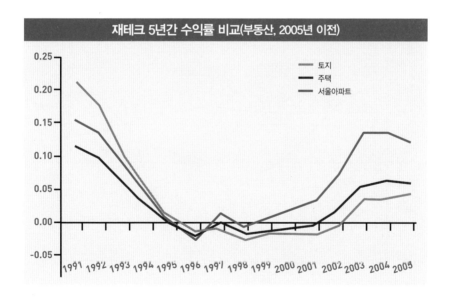

재테크 5년간 수익률 비교(부동산, 2005년 이전)

터 2005년까지 부동산에 투자한 경우를 살펴보자. 부동산에도 토지, 주택, 아파트 등이 있으므로 이들의 투자 수익률을 알아보겠다.

위의 그래프에서 보는 바와 같이 1993년 이전에는 토지가, 1997년 이후에는 서울아파트가 과거 5년간 투자한 경우의 수익률이 가장 높은 것으로 분석되었다. 여기서 특이한 점은 1990년에서 1995년 사이에 구입해서 5년간 보유한 후 1995년부터 2000년 사이에 매각한 부동산은 토지, 주택, 아파트를 불문하고 손해를 보았다는 점이다. 토지와 주택은 2001년까지도 손해였다.

다음에는 서울아파트의 수익률을 부동산수익률의 대표적인 투자대상으로 보고 이를 정기예금, 주식의 5년간 수익률과 비교해 보았다. 다음의 그래프에서 보는 바와 같이 1994년부터 2001년까지는 5년간 정기예금에 투자한 경우가 주식이나 서울아파트보다 높

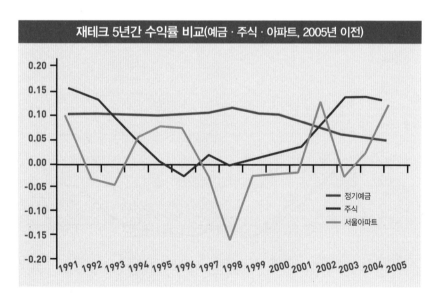

은 수익을 올렸다. 주식은 2002년까지의 5년간, 즉 1997년에 매입해서 2002년에 매도한 경우가 같은 기간 정기예금이나 서울아파트에 투자한 경우보다 높은 수익을 거둔 것으로 나타났다.

서울지역 아파트는 2003년, 2004년, 2005년까지 각각 5년간 보유하였다가 매각한 경우가 같은 기간 예금이나 주식에 투자한 경우보다 높은 수익률을 거둔 것으로 분석되었다.

이상의 분석은 어디까지나 각 투자자산의 평균적인 수익률을 비교한 것이다. 주식의 경우는 종합주가지수로, 토지나 주택은 전국 평균 가격지수로, 서울아파트는 서울지역 평균 가격을 적용한 것이다. 따라서 개별적으로는 자산의 종류나 입지에 따라 본 분석과 다른 수익률을 올릴 수 있다.

이번에는 1986년부터 각 투자자산에 3년간 투자한 경우의 수익

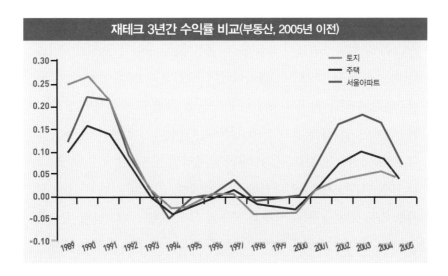

재테크 3년간 수익률 비교(부동산, 2005년 이전)

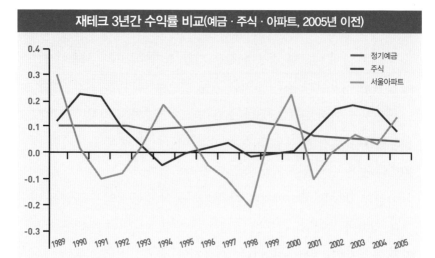

재테크 3년간 수익률 비교(예금·주식·아파트, 2005년 이전)

정기예금
주식
서울아파트

률을 비교해 보자. 먼저 토지, 주택, 서울아파트 등 부동산 투자의 3년간 수익률을 비교해 보면 그래프와 같이 세 투자자산이 거의 유사한 수익률 추세를 보이지만 1997년 이후 서울아파트의 수익률이 가장 높은 것으로 나타났다.

그러면 서울아파트의 수익률을 정기예금, 주식의 3년간 수익률과 비교해 보자. 여기서는 정기예금이 1993년과 1995~1999년에 과거 3년간 수익률 면에서 가장 높은 수익을 올렸고, 주식투자는 1989년, 1994년, 2000년, 2005년에 결산한 3년간의 수익률이 가장 높았다. 서울아파트는 1987년, 1988년에 매입해서 3년간 보유한 후 각각 1990년과 1991년에 매각한 경우가 같은 기간에 다른 자산에 투자한 경우보다 높은 수익률을 거두었으며, 2001~2004년에 결산한 3년간의 수익률도 서울지역 아파트에 투자한 경우가 가장 높았다.

재테크 수익률의 분석 – 2005년 이후

2005년 이후의 경제는 그 이전과 많은 점에서 달라졌다. 2007~2008년 미국발 금융위기가 세계경제에 충격을 주더니 연이어 2010년부터 그리스를 시작으로 아일랜드, 포르투갈이 EU와 IMF로부터 구제금융을 받는 유럽재정위기가 발생하였다. 이로 인한 여파는 아직도 세계경제와 한국경제의 발목을 붙잡고 있는 상황이다.

토지, 주택, 서울아파트의 3종 부동산을 5년간 보유한 후의 수익률을 보면 2005년부터 2010년까지는 서울아파트, 토지, 주택의 순으로 높아 2005년 이전의 서울아파트, 주택, 토지의 순서와 비교할 때 주택의 수익률이 크게 낮아진 것이 눈에 띈다. 주택의 5년 보유 후 매각 수익률은 이때 이후 최근까지 연 2% 미만에서 움직이고

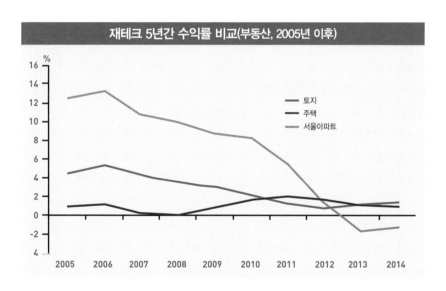

재테크 5년간 수익률 비교(부동산, 2005년 이후)

있다.

서울아파트와 토지의 5년 보유 수익률도 지속적으로 하락하였는데, 특히 서울아파트를 2008~2009년에 구입하여 2013~2014년에 매각한 경우는 손해를 본 것을 알 수 있다.

다음에는 서울아파트를 5년간 보유한 후 매각하였을 경우의 연 수익률을 정기예금과 주식의 같은 기간 수익률과 비교해 보면 2006년 이후 2011년까지 주식의 수익률이 가장 높고 정기예금의 수익률이 가장 낮은 것으로 나타났다. 이 기간은 풍부한 유동성을 배경으로 주가 상승이 높은 반면 예금 금리가 낮은 시기였다. 또한 서울아파트와 함께 주식의 수익률도 지속 하락하였는데 이는 미국발 국제금융위기와 유럽 재정위기의 여파로 세계경제가 장기 불황에 빠진 상황을 반영한 것이라 해석할 수 있다. 이러한 분석

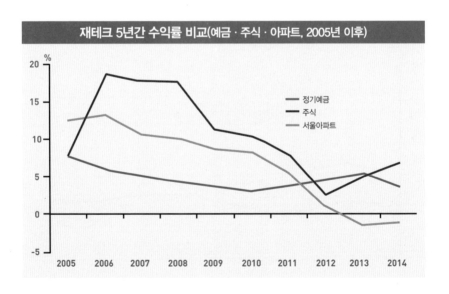

재테크 5년간 수익률 비교(예금 · 주식 · 아파트, 2005년 이후)

은 각 투자자산의 평균적인 수익률을 비교한 것이므로 어떤 특정 주식이나 특정 지역의 부동산 수익률과 비교할 수 없음은 말할 필요도 없다.

　다음은 토지, 주택, 서울아파트를 3년간 보유했을 때의 수익률을 비교해 보자. 서울아파트의 수익률이 가장 높았으나 2011년 이후 최근까지 손실로 나타난 것이 특이점이며, 주택의 경우 2009년과 2010년의 수익률이 토지를 소폭 상회한 것은 2007년 이후의 주택 가격 상승을 반영한 것으로 분석된다. 2011년 이후에는 토지와 주택의 수익률이 연 1% 내외에서 안정적인 것이 주목된다.

　다음으로 서울아파트의 3년간 보유 수익률을 정기예금, 주식과 비교해 보면 정기예금 수익률은 5%를 소폭 하회하는 수준에서 안정적인 수익률을 보였으나, 주식은 2006~2007년과 2011~2012

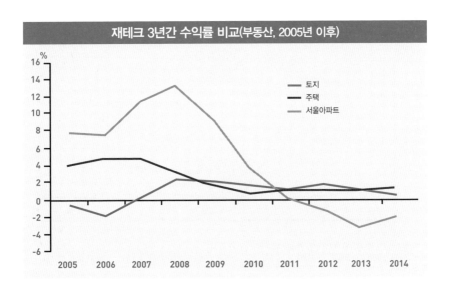

재테크 3년간 수익률 비교(부동산, 2005년 이후)

년에 비교적 높은 수익률을 나타낸 것을 알 수 있다. 서울아파트
는 2011년 이후 최근까지 최저 수익률을 보였다. 2005~2007년
간 주식의 수익률이 높은 것은 이 시기 부동산 투자 규제 강화로
투자자금이 주식시장으로 옮아갔기 때문으로 해석할 수 있으며,
2011~2012년간 다시 주식의 수익률이 높아진 것은 국제금융위기
로 인한 국내경기 침체에 대응한 금융 완화로 풍부해진 유동성의
영향이라 분석된다.

이상에서 우리는 2005년을 기준으로 전·후 기간의 투자 상품
수익률을 분석해 보았다. 여기서 나온 결론은 다음과 같다.

첫째, 각 투자상품의 수익률은 투자 환경, 즉 정부의 정책과 투
자 타이밍에 따라 다르며 일률적으로 어느 것이 가장 수익률이 높
다고 단정적으로 말할 수는 없다는 점이다. 부동산의 경우에는 5년

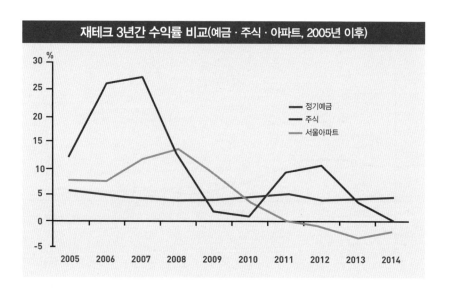

재테크 3년간 수익률 비교(예금·주식·아파트, 2005년 이후)

간 보유했든 3년간 보유했든 1990년대와 최근에는 손실을 본 경우가 많았다는 점을 알 수 있다. 따라서 투자 대상별로 투자 시점을 판단하는 것이 매우 중요하다고 할 수 있다.

둘째, 사전적으로 수익률이 가장 높을 만한 투자 대상을 찾아내는 것은 여간 어려운 일이 아니므로 분산투자가 필요하다는 점이다. 정기예금의 경우는 전 기간을 통하여 안정적인 수익률을 보장하고 있다는 점이 특히 눈에 띄며, 항상 가장 낮은 수익률을 기록한 것은 아니라는 점을 알 수 있다.

셋째, 주식의 수익률은 기복이 심해서 가장 낮은 수익률을 올린 경우가 많았다는 점을 알 수 있다.

금리와 주식 투자

금리는 주가에 큰 영향을 준다. 금리가 오르면 주가는 떨어지는 것이 보통이다. 어느 기업이든 정도의 차이는 있겠으나 차입금을 가지고 있다. 금리가 오르면 이자 부담이 커지므로 주가가 떨어지는 것이다. 뿐만 아니라 금리가 오르면 기업의 신규투자도 위축될 것이므로 주가 상승을 제약할 수 있다.

다음의 그래프에서 보는 바와 같이 외환위기 이후 금리가 크게 올랐을 때 주가가 폭락하였으며, 최근에는 경기 상황이 좋지 않음에도 불구하고 저금리[52]의 영향으로 주가는 상승하고 있다.

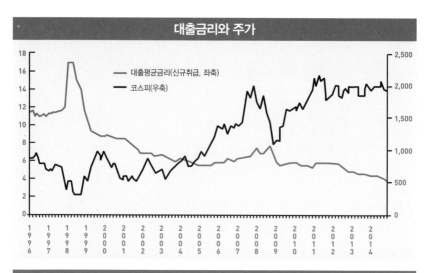

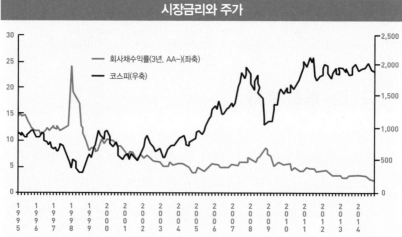

금리가 주가에 미치는 영향은 대출금리보다 시장 상황에 민감한 회사채수익률을 보면 더 확연해진다. 위의 그래프에서 보면 회사채 수익률이 대출금리보다 더 분명하게 주가에 약간 선행하면서 주가

와 반대로 움직이는 것을 확인할 수 있다.

따라서 금리가 하락할 때는 주식 투자를 할 기회가 되며 금리가 상승할 때는 주가에 불리한 영향을 줄 수 있으므로 종목 선택에 각별히 주의하여 투자하여야 한다.

금리가 오를 때 어떤 주식을 사야 하나

금리가 오르면 주가가 떨어지는 것이 보통이지만 그 정도는 개별 기업의 사정에 따라 다르다. 만약 어느 기업이 금융부채보다 금융자산이 많다면 금리 상승으로 금융수익이 증가할 것이다. 주요 업종별로 금리 상승의 영향을 분석해 보자.

금리가 상승할 경우 부채비율이 높은 업종일수록 금융비용 부담이 증가하며, 매출액과 비교하여 순금융비용(이자비용-이자수익)의 비율이 높은 산업일수록 기업수지가 악화될 것이다.

2013년 기준 기업경영분석 통계에서 부채비율이 200% 이상으로 높으면서 매출액 대비 순금융비용 부담률도 1% 이상으로 높아 금리가 상승할 경우 수지에 악영향을 많이 받는 업종은 ① 기타 개인서비스업, ② 수상운송업, ③ 항공운송업, ④ 부동산업, ⑤ 교육서비스업 등이었다.

그리고 부채비율이 100% 미만으로 낮으면서 매출액 대비 순금융비용 부담률이 1% 미만으로 낮게 나타난 업종은 ① 방송업, ②

전자부품, 영상, 음향 및 통신장비, ③ 전문직별 공사업, ④ 정보서비스업, ⑤ 자동차 및 트레일러 제조업 등으로 나타났다. 이들 업종은 금리 상승기에 상대적으로 유리한 업종이다.

외환위기 이후 기업의 부채비율이 크게 하락하는 등 재무구조가 좋아졌기 때문에 금리 인상의 부정적 영향을 비교적 크게 받는 업종 가운데 21세기 성장동력산업이라 할 IT, 자동차, 조선 등은 포함되지 않은 것으로 나타났다.

이상에서는 주요 산업별로 금리 변동에 따라 기업수익에 미치는

부채비율이 높은 산업(2013)			부채비율이 낮은 산업(2013)		
산업	부채비율 (%)	순금융비용 (대매출액, %)	산업	부채비율 (%)	순금융비용 (대매출액, %)
① 기타 개인 서비스업	817.03	1.12	① 방송업	53.86	0.31
② 수상 운송업	663.80	3.71	② 전자부품, 컴퓨터, 영상, 음향 및 통신장비	56.56	0.31
③ 항공 운송업	587.70	2.46	③ 전문직별 공사업	69.65	0.05
④ 부동산업	548.72	7.26	④ 정보서비스업	71.44	−0.27
⑤ 교육 서비스업	364.88	4.93	⑤ 자동차 및 트레일러	84.07	0.20
⑥ 예술, 스포츠 및 여가관련 서비스업	272.51	2.97	⑥ 화학물질 및 화학제품 (의약품 제외)	88.05	0.61
⑦ 기타 운송장비	235.00	1.13	⑦ 컴퓨터 프로그래밍, 시스템 통합 및 관리업	90.31	0.41
⑧ 금속 및 비금속 원료 재생업	216.68	1.37	⑧ 의료, 정밀, 광학기기 및 시계	90.75	0.88
⑨ 임대업; 부동산 제외	210.97	3.46	⑨ 출판업	96.75	0.25
⑩ 영상·오디오 기록물 제작 및 배급업	208.66	1.06			
⑪ 인쇄 및 기록매체 복제업	208.38	1.16			

자료 : 한국은행, 2014년 기업경영분석(2013년 자료)

영향을 살펴보았지만 이러한 분석은 개별 기업에도 적용할 수 있을 것이다.

상장기업의 경우 결산 자료가 공개되기 때문에 이를 가지고 분석해 보면 유익한 투자 자료를 얻을 수 있다. 이 결과를 이용하여 금리 상승기 또는 금리 하락기에 투자 전략을 세울 수 있을 것이다.

금리와 부동산 투자

금리가 오를 때에는 부동산 가격이 떨어지거나 상승이 멈추는 것이 보통이다. 금리가 상승한다는 것은 시중 유동성이 어려워지는 것을 의미하며, 시중 유동성이 어려워지면 부동산 시장도 자금 사정이 어려워 거래가 위축된다.

부동산 가격은 대체로 시중 유동성이 풍부할 때 오르게 된다. 금리가 오른다는 것은 시중 유동성이 줄어드는 현상을 반영하기 때문에 부동산 가격을 낮추는 효과가 있다.

다음 그래프에서 보는 바와 같이 2000년대 초기의 부동산 가격 상승은 금리의 지속적인 하락을 반영하고 있다. 이때에는 초기에 경기를 인위적으로 띄우기 위해 금융완화와 함께 부동산 경기 활성화 정책을 썼으며, 그 후에는 경기 침체에서 벗어나기 위해 금융완화정책을 씀으로써 결과적으로 부동산 가격 상승을 부추겼다. 이때 풀린 유동성은 2006~2008년의 금융긴축에도 불구하고 부동산

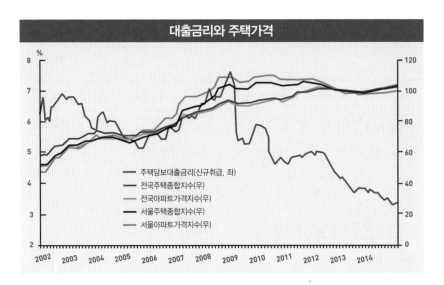

대출금리와 주택가격

- 주택담보대출금리(신규취급, 좌)
- 전국주택종합지수(우)
- 전국아파트가격지수(우)
- 서울주택종합지수(우)
- 서울아파트가격지수(우)

가격 상승을 초래하였으며, 국내외 경기가 침체 상태로 빠진 2009
년 이후에는 금융완화에도 불구하고 부동산 가격은 안정세를 유지
하였다.

결국 부동산 가격은 유동성 사정의 영향을 받지만 여기에는 약
간의 시차가 존재하며 경기 회복에 대한 기대감, 부동산에 대한 실
수요 등 실물경기의 영향도 받는 것으로 분석된다.

환율이 내릴 때 어떤 주식을 사야 하나

우리나라처럼 개방체제인 나라는 환율 변동이 국민경제에 미치
는 영향이 지대할 뿐만 아니라 개별 기업의 수지에도 큰 영향을 미

환율 10% 하락으로 기업수지가 호전되는 업종		환율 10% 하락의 영향이 작은 업종	
산업	생산비용하락률(%)	산업	생산비용하락률(%)
① 석탄 및 석유제품	8.61	① 부동산 및 임대	0.66
② 전력, 가스 및 증기	6.56	② 공공행정 및 국방	0.79
③ 1차 금속제품	5.95	③ 교육서비스	1.08
④ 화학제품	5.47	④ 금융 및 보험서비스	1.18
⑤ 전기 및 전자기기	4.82	⑤ 사업지원서비스	1.24
⑥ 섬유 및 가죽제품	4.41	⑥ 도소매서비스	1.61
⑦ 운송 서비스	4.33	⑦ 전문, 과학 및 기술서비스	1.61
⑧ 정밀기기	4.22	⑧ 광산품	1.70
⑨ 운송장비	3.95	⑨ 농림수산품	1.87
⑩ 금속제품	3.91	⑩ 정보통신 및 방송서비스	2.00
⑪ 비금속광물제품	3.86	⑪ 보건 및 사회복지서비스	2.01
⑫ 목재 및 종이, 인쇄	3.83	⑫ 문화 및 기타서비스	2.01
⑬ 기계 및 장비	3.75	⑬ 수도, 폐기물 및 재활용서비스	2.10

자료 : 한국은행, 2012년 산업연관표(30부문)

친다. 환율이 오르거나 내릴 때 어떤 업종의 기업이 유리하거나 불리한지를 잘 분석해야 주식 투자에 성공할 수 있을 것이다.

환율이 하락할 때 수입 원재료의 비용 하락으로 제조원가가 절감되어 기업수지가 호전될 것으로 예상되는 업종은 ① 석유 및 석탄제품, ② 전력, 가스 및 수도, ③ 1차 금속, ④ 화학제품, ⑤ 전기 및 전자기기인 것으로 나타났다.

이들은 수입 원재료의 비중이 높은 업종이다. 이들 업종은 환율 하락(원화의 대미 달러가치 상승)에 따른 수입 원자재(또는 소재, 부품) 가격 하락으로 제조원가가 낮아지므로 제품판매가격에 변동이 없더라도 기업수지가 호전되는 것이다.

한편 환율 하락의 영향을 거의 받지 않는 업종은 대부분 원재료의 대외의존도가 매우 낮은 서비스산업으로 ① 부동산 및 임대, ② 공공행정 및 국방, ③ 교육서비스, ④ 금융 및 보험서비스, ⑤ 사업지원서비스 등이다.

환율이 하락하면 수입품(중간재 등) 가격(원화 표시)이 하락하여 제조원가가 낮아지는 반면 수출은 불리하게 되므로 수입의존도(수입중간재투입액/총산출액)가 높고 수출의존도(수출액/총산출액)가 상대적으로 낮은 산업의 수익이 더 커질 것이다.

다음의 표는 환율 변동에 따른 수입 비용 부담뿐만 아니라 수출에의 영향까지 분석하기 위하여 그 산업의 순수입액을 수입액에서 수출액을 차감한 금액으로 정의하고, 이것이 그 산업의 총산출액에서 차지하는 비중이 큰 업종의 순으로 나열하여 본 것이다. 전력, 가스 및 증기업, 석탄 및 석유제품 제조업, 음식료품 제조업 등은 수출보다 수입의존도가 높아 환율 하락 시 이익을 보는 업종이다.

환율의 변동이 기업수지에 미치는 영향은 외채 부담의 정도에 따라서도 다르다. 우리나라 기업 중 외채 부담이 비교적 무거운 것으로 알려진 한전, 항공회사, 해운회사 등은 환율이 하락할 때 이익이 상대적으로 커질 것이다.

환율이 상승하는 경우는 반대로 적용할 수 있다. 즉, 환율이 상

환율 하락으로 기업수지가 호전되는 업종				환율 하락으로 기업수지가 악화되는 업종[4]			
산업	순수입액[1]의 총산출액 대비 비중(%)	수입 의존도(%)[2]	수출 의존도(%)[3]	산업	순수입액[1]의 총산출액 대비 비중(%)	수입 의존도(%)[2]	수출 의존도(%)[3]
① 전력, 가스 및 증기	50.31	50.43	0.13	① 운송장비	−39.01	14.20	53.21
② 석탄 및 석유제품	37.90	80.67	42.78	② 전기 및 전자기기	−28.82	28.23	57.05
③ 음식료품	8.99	17.60	8.61	③ 기계 및 장비	−25.22	12.54	37.76
④ 비금속광물제품	8.59	15.76	7.16	④ 섬유 및 가죽제품	−20.68	24.76	45.44
⑤ 목재 및 종이, 인쇄	6.40	17.79	11.39	⑤ 정밀기기	−17.56	23.64	41.20
⑥ 보건 및 사회복지 서비스	6.26	6.37	0.11	⑥ 사업지원서비스	−14.59	3.34	17.93
⑦ 건설	5.42	5.60	0.18	⑦ 광산품	−6.90	0.70	7.61
⑧ 정보통신 및 방송 서비스	5.15	8.44	3.29	⑧ 운송 서비스	−6.38	25.43	31.81
⑨ 1차 금속제품	2.61	23.77	21.16	⑨ 화학제품	−5.87	26.32	32.19
⑩ 수도, 폐기물 및 재활용서비스	2.54	2.87	0.33	⑩ 금속제품	−5.77	10.56	16.33

주 : 1) 수입중간재투입액−총수출액 2) (수입중간재투입액/총산출액) X 100
3) (총수출액/총산출액) X 100   4) 순수입액 비중이 상대적으로 낮은 업종
자료 : 한국은행, 2012년 산업연관표(30부문)

승하면 수입 부담이 커지므로 수입의존도가 낮고 수출의존도가 높은 업종이 유리하게 되는 것이다. 이들 업종에는 운송장비, 전기 및 전자기기, 기계 및 장비, 섬유 및 가죽제품, 정밀기기 등의 수출 비중이 높은 제조업이 포함되어 있다. 전력, 가스 및 증기, 석탄 및 석유제품, 음식료품 등은 상대적으로 불리해진다.

유가가 오를 때 어떤 주식을 사야 하나

유가 상승의 영향도 기업에 따라 다르다. 에너지 다소비 업종은 유가 상승 부담이 무거울 것이다. 반면에 에너지 저소비 업종은 유가 상승의 영향을 거의 받지 않을 것이며 유가 상승으로 상대적으로 유리한 기업 환경을 맞을 수 있다.

생산과정에서 석유투입 비중이 낮아 유가 상승의 영향이 미미한 업종은 ① 부동산 및 임대, ② 금융 및 보험 서비스, ③ 공공행정 및 국방, ④ 통신 및 방송 서비스, ⑤ 전문, 과학 및 기술서비스 등이다. 쉽게 말해서 유가가 상승할 때 매입을 검토해 볼 만한 업종이다.

한편 석유투입 비중이 높아 유가가 상승할 때 기업수지가 악화된다고 볼 수 있는 업종은 ① 운송서비스, ② 화학제품, ③ 비금속

유가 10% 상승으로 기업수지가 악화되는 업종		유가 10% 상승의 영향이 작은 업종	
산업	비용증가율(%)	산업	비용증가율(%)
① 운송 서비스	0.66	① 부동산 및 임대	0.07
② 화학제품	0.62	② 금융 및 보험 서비스	0.07
③ 비금속광물제품	0.47	③ 공공행정 및 국방	0.08
④ 1차 금속제품	0.41	④ 정보통신 및 방송 서비스	0.11
⑤ 광산품	0.37	⑤ 전문, 과학 및 기술서비스	0.11
⑥ 농림수산품	0.28	⑥ 전기 및 전자기기	0.12
⑦ 건설	0.25	⑦ 사업지원서비스	0.12
⑧ 금속제품	0.25	⑧ 교육서비스	0.13
⑨ 수도, 폐기물 및 재활용서비스	0.24	⑨ 정밀기기	0.14
⑩ 기타 제조업 제품 및 임가공	0.22	⑩ 섬유 및 가죽제품	0.16
석유 및 석탄제품*	4.97	⑪ 보건 및 사회복지 서비스	0.17

* 유가상승이 석유류 제품가격에 전가 가능한 업종
자료 : 한국은행, 2012년 산업연관표(30부문)

광물제품, ④ 1차 금속, ⑤ 광산품 등이다. 이들 업종은 유가 하락 시 수지가 개선되는 업종이라 볼 수 있다.

다만 석유가격을 인상하더라도 수요가 그렇게 감소하지 않는, 즉 수요의 가격탄력성이 낮은 산업(석유 및 석탄제품 등)은 유가 상승을 제품가격에 거의 100% 전가할 수 있으므로 기업수지가 악화되지 않는 것이 우리나라 현실이라는 점을 감안해야 할 것이다. 이들 업종의 제품인 휘발유, 경유, 등유 등의 가격은 출고가가 유가 상승에 거의 연동되어 있으므로 기업수지에 큰 영향을 미치지 않는 것이다.

52) 저금리는 풍부한 유동성을 배경으로 하므로 이때의 주식시장 호황을 유동성 장세라 한다.

4장 | 재테크를 위한 금융상품 이해

만약 1억 원을 벌고 싶다면 어떻게 해야 할지를 생각해
보자. 재테크에 대한 정보는 인터넷만 보아도 지천이다.
단지 필요한 것은 좋은 정보를 가려내는 지혜와 그 정
보를 적극 활용하는 부지런함이다. 경제 흐름을 읽을 수
있다면 금리나 주가의 흐름을 예측할 수 있어 이를 투자
에 활용할 수 있다. 오늘날과 같은 국제 투자 시대에는
외국 경제의 흐름과 환율에 관해서도 관심을 가질 필요
가 있다.

재테크의 원리–재테크 10계명

재테크에 관해서는 많은 전문가들이 원칙과 전략을 제시하고 있다. 여기서는 수많은 원칙들 중에서 열 가지를 선별하여 정리해 보았다.

> **재테크 10계명**
> ① 자기 자금으로 투자하라.
> ② 절약이 투자를 이긴다.
> ③ 부채관리도 재테크다.
> ④ 통장을 쪼개라.
> ⑤ 작은 금리 차이도 적극 활용하라.
> ⑥ 세테크가 재테크다.
> ⑦ 비상금을 준비하라.
> ⑧ 신용카드보다 체크카드가 좋다.
> ⑨ 가계 재무흐름을 파악하라.
> ⑩ 경제 흐름을 읽어라.

① 자기 자금으로 투자하라.

두 배로 투자하면 두 배의 수익을 올릴 수 있다는 고수익 투자처에 대한 유혹은 항상 존재한다. 그러나 부채는 공짜가 아니며 실패의 가능성을 너 높이는 몹쓸 물건이다.

② 절약이 투자를 이긴다.

재테크는 크게 절약, 저축, 투자로 구분된다. 남의 화려한 재테크 성공담에 현혹되지 말자. 저금리 시대에 최고의 수익을 내는 투자는 바로 절약이다. 자산을 늘리려면 지출이 수입보다 적어야 되므로 절약이 가장 확실한 투자이다. 수많은 부자들을 보면 그 배경에는 어려울 때부터 몸에 밴 절약 습관이 있음을 알 수 있다. 펑펑 쓰고도 부자가 되는 것은 사람이 바늘구멍에 들어가는 것보다 어렵다.

③ 부채관리도 재테크다.

요즘 각종 '푸어'족들이 양산되고 있다. 집 때문에 가난하게 된 하우스푸어, 의료비 때문에 가난하게 된 메디푸어, 교육비 때문에 가난하게 된 에듀푸어, 노후 대비가 없어 가난하게 노년을 보내는 실버푸어 등이다.

이러한 푸어족이 양산되는 원인은 여러 가지가 있지만, 공통적으로는 과도한 빚을 지고 있기 때문이다. 부채가 있는 가구는 저축보다 부채 상환이 먼저다. 대출금리가 예금금리보다 적어도 1~2% 포인트 높기 때문이다.

④ 통장을 쪼개라.

통장을 쪼개라는 말은 통장을 용도에 따라 몇 가지로 나누어 관리하라는 말이다. 즉, 통장을 급여통장, 소비통장, 투자통장, 예비통장 등으로 나누는 방법이다.

급여통장은 수입이 들어오는 통장이다. 여기에서 각종 공과금 등 고정 지출이 계좌이체를 통해 빠져나가도록 하라. 지급일은 가급적 집중시키는 것이 좋다.

소비통장은 고정지출 이외의 경상경비가 지출되는 통장이다. 급여통장에서 고정지출을 충당한 나머지를 계획된 경상경비에 충당하기 위해 만든 통장이다. 소비지출 계획에 의해 운영되어야 한다.

투자통장은 급여통장에서 계획된 소비지출에 충당하기 위해 일정액을 소비통장에 이체하고 난 후 남는 자금을 모아 두는 통장이다. 재테크를 확실히 하기 위해서는 소비통장보다 투자통장에 먼저 이체하는 것이 바람직하다. 이 통장에서 저축성예금, 펀드, 변액보험 등의 재테크를 위한 지출이 이루어진다.

예비통장은 위의 통장으로 이제하고 난 후 잔액을 넘겨두는 통장으로서 장래 일어날 수 있는 다양한 지출에 대비하기 위해 만든 통장이다.

이상에서와 같이 통장을 여러 가지로 구분해서 관리하는 것은 번거로운 일일 수도 있겠지만, 규모 있는 소비생활과 계획적인 재테크를 위해 효과적인 방법이다.

⑤ 작은 금리 차이도 적극 활용하라.

요즘처럼 저금리 시대에는 1% 차이도 큰 차이다. 예컨대 저축은행은 일반은행에 비해 1%라도 높은 금리를 주는 곳이다. 100만 원의 1%는 1만 원이지만 1억의 1%는 100만 원이다. 저축은행의 도산 위험 때문에 망설일 수도 있겠으나, 건전한 저축은행을 선택해서 예금자보호 혜택을 받을 수 있는 상품에 5천만 원 이하로 분산 투자한다면 금리의 유리점을 누릴 수 있을 것이다. 또한 금융상품 이용에 따른 각종 수수료인 ATM기 수수료, 인출수수료, 이체수수료, 인터넷뱅킹 수수료, 카드수수료, 펀드수수료 등 다양한 수수료도 무시해서는 안 된다.

⑥ 세테크가 재테크다.

월급 생활자는 각종 소득공제 제도를 적극 활용할 필요가 있다. 정기 또는 부정기 상여금은 전액 연금저축이나 주택청약저출에 가입하면 노후를 위해서는 물론 소득 공제를 통한 세테크도 된다.

⑦ 비상금을 준비하라.

가족 중 한 사람이 중병에 걸리거나 다친다면 어떻게 할까? 이러한 예상치 못한 사태로 인한 갑작스러운 지출은 언제든 발생할 수 있다. 돈을 아끼고 모으는 것도 좋지만 갑작스런 지출에는 반드시 대비해 놓아야 한다.

⑧ 신용카드보다 체크카드가 좋다.

월급을 받은 다음 지출하는 것이 가계살림의 기본이다. 그러나 요즘 이런 시스템이 정상적으로 작동하는 가계는 그리 많지 않다. 많은 가계가 일단 지출한 뒤 월급을 받아 청산하는 방식으로 경제활동을 계속하고 있다. 한마디로 말해 일상적으로 신용카드 구매대금만큼의 빚을 지고 있는 셈이며, 신용카드로는 지출에 대한 통제가 어려워진다. 필요 없는 신용카드를 줄이고 가능하면 체크카드를 이용하는 것이 부채관리의 일종이다.

⑨ 가계 재무흐름을 파악하라.

다른 말로 가계부를 쓰자는 것이다. 가계부를 쓴다는 것은 소비지출은 물론 소비패턴까지 스스로 파악할 수 있기 때문에 과소비를 제어하고, 재테크를 계획적으로 할 수 있게 하는 수단이 된다.

⑩ 경제 흐름을 읽어라.

만약 1억 원을 벌고 싶다면 어떻게 해야 할지를 생각해 보자. 재테크에 대한 정보는 인터넷만 보아도 지천이다. 단지 필요한 것은 좋은 정보를 가려내는 지혜와 그 정보를 적극 활용하는 부지런함이다. 경제 흐름을 읽을 수 있다면 금리나 주가의 흐름을 예측할 수 있어 이를 투자에 활용할 수 있다. 오늘날과 같은 국제 투자 시대에는 외국 경제의 흐름과 환율에 관해서도 관심을 가질 필요가 있다.

이상에서 재테크의 10계명을 숙지했다면 실천이 중요하다. 실천 없는 지식은 무용지물에 불과하다. 실천에 따르는 어려움은 각종 금융기관의 PB(private banking) 창구에서 친절히 상담 받을 수 있으며, 인터넷을 통해 유료 또는 무료 재무설계사와 접촉할 수 있다.

연령별 재테크 전략

재테크는 재물(財物)을 운용하는 기술(technology)이라고 할 수 있다. 이는 재테크가 아무 생각 없이 실천할 수 있는 분야가 아니라 전략적으로 접근해야 함을 뜻하며, 연령에 따라 수입과 지출이 다를 것이므로 연령별 전략이 필요하다.

인생을 크게 전반기와 후반기로 나눈다면 55~60세까지의 정년 퇴직 시기를 기점으로 그 이전과 이후의 시기로 나눌 수가 있다. 이렇게 나누는 이유는 55세 이전까지는 그래도 사회생활을 하면서 수입을 만들고 지출을 하는 시기이지만, 55~60세 이후부터는 고정

수입[53] 없이 노후라는 시기를 보내야 하기 때문이다. 즉, 이 시기는 수입보다는 지출이 많은 시기라고 할 수 있다.

　사람의 건강이 점점 좋아지고 수명이 길어지니 정년 이전과 이후의 기간 비율도 종전 30년 : 15~20년에서 30년 : 20~30년으로 은퇴 후 기간이 5~10년 길어져 은퇴 후 소요 자금도 크게 증가하였다. 따라서 20~50대까지 노후 준비 기간 동안의 재테크에 대한 필요성은 전보다 훨씬 커졌다고 할 수 있다.

　우선 20대의 재테크는 재테크 정보를 수집ㆍ습득하고 절약하는 습관을 만드는 것이 중요한 시기로, 종자돈(Seed Money)을 만들고 평생 재테크의 기반을 다지는 때이다. 재테크를 시작할 때는 종자돈을 만드는 것이 가장 중요하다. 종자돈을 만들려면 우선 두 눈 딱 감고 월급의 절반을 저축하는 과감성이 필요하다. 이를 위해선

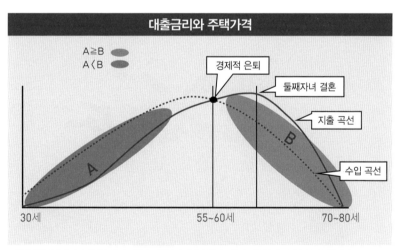

※장기 생활설계에 따라 경제적 은퇴 이전의 저축(A)이 경제적 은퇴 이후의 지출(B)과 같거나 많아야 합니다.

적립식 펀드[54]와 저축은행의 자유적금 등의 상품을 활용하는 것이 바람직한 전략이다. 은행권에서 판매하는 상품으로는 내 집 마련을 위한 청약저축과 함께 비과세상품인 장기주택마련저축이 있다. 18세 이상의 무주택자 또는 전용면적 $85m^2$(약 25.7평) 이하 1주택 소유자가 가입할 수 있다.

한편 20대는 투자에서 다소 실패를 겪더라도 회복할 수 있는 충분한 시간이 있기 때문에 재테크의 체험 학습이 중요한 시기이기도 하다. 세계경제 동향에 관심을 가지고 해외의 금융상품에 투자하는 펀드에 가입하거나 해외에 상장된 해당국 증시 연계 상장지수펀드(ETF)에 적립식으로 투자해보는 것도 방법이다. 30대는 대체로 결혼을 하고 자녀를 가지면서 가족을 이루는 시기이다. 재테크 전략도 개인보다는 가정을 고려해 설계해야 한다.

최우선 과제인 주택 구입은 자녀가 초등학교에 입학하기 전에 하는 게 여러모로 유리하다. 이를 위해선 20대에 가입한 청약통장을 활용, 분양아파트를 꾸준히 청약하는 게 좋다. 생애 최초주택 구입자금 등 정부의 주택 구입 지원 자금을 활용, 기존 주택을 구입하는 것도 노려볼 만하다. 또한 서서히 종자돈의 운용에 대해서도 관심을 가지고 준비해야 하며, 자녀출산과 교육, 내 집 마련이라는 몇 가지 과제에 구체적으로 준비하는 기간별 재테크 전략이 필요할 때이다. 따라서 이 시기는 단기상품인 종금사나 증권회사의 CMA나 MMF 등의 상품과 함께 인덱스 펀드나 우량주 펀드, 최근에 많은 인기를 끌고 있는 부동산이나 선박, 원유, 물, 곡물, 금 등에 투자하는 실물자산 펀드에 투자하는 방법도 고려해야 한다. 그리고 교통사고나 암 등 만일의 상황에 대비해 총 소득의 5% 범위에서 보장성 보험에 가입하는 것도 신중히 고려해야 한다. 그리고 퇴직 후를 대비해서 연금신탁 상품에도 관심을 가져야 한다. 처음에는 조금씩 돈을 넣다가 점점 여유가 생기면 금액을 높여나가는 것이 좋다. 이 시기는 확정금리형 상품보다는 좀 더 공격적인 상품에 투자하되, 직접투자보다는 전문가의 도움을 받아 주식형 펀드에 투자하는 것이 낫다. 주식형 펀드는 현재 수익률이 가장 좋은 상품보다는 오랜 기간 벤치마크 수익률을 넘어서며 꾸준히 좋은 수익률을 거둔 펀드에 가입해야 한다.

40대와 50대에는 자녀 교육비와 미래의 노후생활에 대비한 재산을 형성해야 할 시기이다. 보유재산, 월 수입 및 지출, 직장에서 근무 가능한 기간 등을 면밀히 분석한 뒤 재테크 투자계획을 세워야 한다. 또한 부동산과 금융상품의 보유비율을 적절히 유지해서 노후를 실제로 준비해야 하는 시기도 이때이다.

우선 등록금 등 자녀교육비와 같이 목돈이 들어갈 곳이 없는지를 꼼꼼히 따져봐야 한다. 이를 위해선 안정적으로 수익을 기대할 수 있는 혼합형이나 채권형 펀드에 가입하는 것이 좋다. 연금저축, 암 보험도 새로 가입하거나 가입한 것이 있다면 계속 유지해야 한다. 40대는 젊어서부터 재테크를 잘한 사람이라면 금융소득이 많아지는 시기이기도 하다. 따라서 금융소득종합과세에 대비한 전략도 세워야 한다.

세금우대상품과 비과세상품 등 절세 금융상품도 적극 활용해야 한다. 비과세상품 중에서는 정기예탁금이 추천 상품이다. 1인당 2,000만 원까지 비과세 혜택을 받을 수가 있기 때문에 저금리시대에 안정적인 목돈 운용에 꼭 추가해야 할 투자수단이다. 정기예탁금은 신용협동조합, 새마을금고 등에서 판매한다. 아울러 안정적인 자산 운용과 공격적인 자산 운용의 비율을 점점 안정적인 자산 쪽으로 이동시키고 자녀들의 경제, 금융 교육에도 서서히 신경을 쓰면서 종합 자산관리의 개념에서 접근해야 할 시기이다.

요즘 40대 직장인은 가진 것이라고는 대출 낀 주택뿐이다. 별다른 자산도 없고 월급은 교육비와 이자상환으로 지출하면서 남는 것이 없다. 특히 언제까지 직장생활이 가능할지에 대한 고민이 늘어나는 시기다. 아파트를 넓혀 중형규모로 갈아타면서 대출이 생겼고, 대출이자로 월 수십만 원을 지출하고 있다. 지금이라도 이 같은 생활을 유지할 경우 문제는 없는지 냉철하게 판단해 볼 필요가 있다. 보유 중인 아파트를 일부 손해를 보더라도 처분해 부채를 축소하는 것을 적극 검토해야 할 시기이다. 가까운 신도시 소형아파트로 갈아타면 대출금이 상당 부분 줄어든다. 대출이율 조정신청을 통해 대출이율도 줄여야 하고, 각종 보장성 보험도 실손 위주로 재편해 줄여야 한다. 여기서 나온 여유 자금으로 세제혜택이 있는 연금저축이나 퇴직연금에 투자해 은퇴 이후 삶을 준비해야 한다.

50대의 경우 본격적으로 은퇴자금에 대해 고민하고 준비할 시점이다. 아직 현역이고 연봉도 낮지 않지만, 은퇴자산을 준비하지 못한 위험을 안고 있다. 자산 증식보다는 은퇴 이후 생계비 지출이 더 고민되는 때이다. 은퇴 생활비를 마련하려면 안정적인 현금흐름이 있어야 한다. 수시입출금이 가능한 종합자산관리계좌(CMA)에 일부 자산을 넣어두고 예상치 못한 경우나 은퇴자산 포트폴리오를 조정할 수 있는 용도로 활용하면 좋다. 다행히 자녀 모두 독립시킨 만큼 은퇴자산 불리기에 집중할 수 있다. 앞으로 5년간 은퇴 이후 연금자산을 불리는 데 주력해야 한다. 이를 위해 연금저축계좌와 개인형퇴직연금(IRP)에 가입하는 것이 좋다. 연금저축계좌는 납입 기간이 10년에서 5년으로 짧아졌고, IRP도 55세 이후 퇴직자는 언제든지 수령할 수 있다. 또한 역모기지 상품인 주택연금[55]도 고려할 만하다. 가입 후 주택가격이 하락해도 정해진 연금을 받을 수 있다. 분당에 7억 원 아파트를 보유할 경우 월 190만 원의 주택연금을 받을 수 있다.

60대 이상이라면 새로운 투자원칙이 필요하다. 젊은 시절부터 다니던 직장을 떠나 재취업했거나 퇴직을 앞둔 경우가 많고, 소득이 줄었거나 감소하는 경우가 대부분이기 때문이다. 투자는 무엇보다 안전성에 바탕을 두어야 한다. 은퇴 후 추가 수입이 없는 상황에서 투자금액에 손실이 생기면 금전적인 손해는 물론이고 정신건강을 해칠 수 있다. 이때는 직접투자보다 간접투자가 유리하다. 투자 규모도 금융자산의 10%를 넘지 않는 것이 좋다. 신탁재산의 대부분을 우량 국공채 및 채권에 투자하는 채권형 펀드나 운용자산의 대부분을 채권 등 안전자산에 투자하는 원금 보존형 펀드를 추천할 만하다. 그리고 일정액의 생활비를 얻을 수 있는 금융상품에도 관심을 가져, 1년제 정기예금이나 은행권의 후순위 채권도 활용할 수 있다. 또한 세금을 줄이는 절세형 금융상품이 추천 상품이며 남녀 공히 60세 이상이면 1인당 3천만 원까지 비과세 혜택이 있는 생계형 비과세 저축을 활용할 만하다. 아울러 연금보험이나 저축성 보험의 활용에도 관심을 가져야 할 시기이다.

금융상품의 선택 기준

금융상품 선택 시 일반적으로 적용하는 기준으로는 수익성, 안전성, 환금성 등을 들 수 있다. 이 세 가지 기준을 모두 충족하는 금융상품이 있다면 두말할 것 없이 최적의 투자대상이 될 것이다. 그러나 불행하게도 이런 상품은 이 세상에 존재하지 않는다. 왜냐하면 수익성이 좋으면 안전성이 낮고, 환금성도 떨어지기 때문이다. 따라서 투자자는 이 세 가지 기준을 적절히 조합하여 상품을 선택하여야 한다.

현실적으로는 이 세 가지 기준 외에도 투자목적, 투자기간과 거래에 따른 세금 등도 고려하여 금융상품을 선택해야 한다.

수익성은 금융상품의 가격 변동이나 배당금, 이자수입에 의해 결정된다. 이자는 지급하는 방식에 따라 복리와 단리가 있다. 단리는 단순히 원금에 대해서만 이자가 발생하는 방식인데 비해 복리는 이자에서 발생하는 이자도 원금에서 발생하는 이자와 함께 계산하는 방식이다. 금리에는 또한 고정금리와 변동금리[56]가 있다. 변동금리는 시간이 경과함에 따라 적용금리가 어떤 기준금리의 변동에 연동하여 변동하는 금리이다.

안전성은 금융상품 또는 금융기관의 위험 수준을 말한다. 금융상품의 안전성, 즉 위험을 판단하는 기준 중 첫째는 예금자보호법의 적용 대상이 되는가의 문제이다. 금융상품의 안전성을 판별하기 위해서는 우선 금융기관이 파산하여 예금을 지급하지 못할 상황이 되더라도 예금자보호법에 의해 보호되는지 여부를 확인하여야 한다. 예금상품은 이 법에 의해 예금자 1인당 원리금 합계 5천만 원까지 지급이 보장되는 것이 원칙이다. 둘째는 투자 원금의 손실 가능성을 확인하여야 한다. 실적배당상품은 대체로 원금이 보상되지

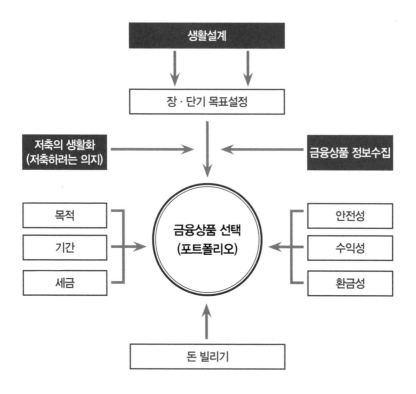

않으며 예금자 보호 대상에서도 제외된다. 셋째는 금융기관의 건전성을 살펴보아야 한다는 점이다. 마지막으로는 분산투자를 통해 위험을 감소시키고 안전성을 확보할 필요가 있다.

환금성은 금융상품을 중도 해지하더라도 별다른 손해 없이 현금화할 수 있는 유동성의 문제이다. 장기적금이나 정기예금 등은 중도 해지할 경우 수수료를 부담해야 하므로 환금성이 떨어진다. 일반적으로 환금성이 높은 상품은 수익성이 떨어진다.

금융상품을 선택할 때에는 투자목적과 투자기간, 그리고 세금부과 유무 등도 감안하여 선택하여야 한다. 투자목적에는 목돈 만들기와 주택 구입 자금, 노후 보장, 교육비 등이 있을 것이므로 투자자의 목적에 따라 적절한 금융상품을 선택하여야 할 것이다. 그리고 투자기간은 자금이 필요한 시기에 맞추어 결정하면 될 것이다. 수익률은 장기일수록 높은 것이 보통이다.

금융상품을 선택할 때에는 비과세, 소득공제, 세액공제 등의 절세 혜택이 주어지는 상품을 우선적으로 선택할 필요가 있다. 비과세는 이자에 적용되는 이자소득세 14%와 지방소득세 1.4%, 합계 15.4%의 세금이 면제되니 실효수익률이 높아진다. 투자액의 일정 부분이 과세표준에서 공제되는 소득공제제도나 세액공제제도도 활용하는 것이 좋다.

재테크를 위한 금융상품 종류

시중에는 수많은 금융상품이 나와 있다. 이들 중 재테크에 이용할 만한 금융상품을 정리하기에 앞서 은행, 증권사, 보험사 등에서 판매하는 상품의 장단점을 살펴보겠다.

우선 은행에서 판매하는 금융상품인 예금과 적금의 장점으로는 안전성을 들 수 있다. 그러나 안전한 만큼 상대적으로 수익성이 낮다는 단점이 있다.

증권사에서 판매하는 상품은 대부분 투자형 상품으로 다른 상품

에 비해 수익성이 높다는 점이 장점이다. 하지만 투자 실패 시 원금손실의 위험성이 존재한다는 것이 단점이다.

보험사에서 판매하는 금융상품은 위험보장이 되고 연금상품 종류에 따라 노후보장이 가능하다는 점이 장점이다. 그러나 장기상품이라 중도해지가 어렵고 중도해지 시 손실이 발생할 수 있다는 것이 단점이다.

각 금융사별로 장단점이 존재하기 때문에 개인의 재무상황과 투자성향을 고려하여 재테크에 이용해야 한다.

① 예금과 정기적금

저축의 가장 대표적인 상품으로, 보통 1~3년 정도의 투자기간을 필요로 하고 원금보장의 안전성과 2~3%의 수익을 얻을 수 있는 금융상품이다.

정기적금은 주로 투자경험이 없고 안정적인 성향을 가진 분들께 추천하는 상품이다. 아직 목돈을 만들지 못한 사회 초년생들도 정기적금을 통해 1년 단위로 목돈을 만들 수 있다. 정기적금으로 어느 정도의 목돈을 만든 후 만기가 되었을 때 정기예금, 채권투자 등으로 재투자하는 방법을 추천한다.

② MMDA, CMA, MMF 등 수시입출식 예금

MMDA(시장금리부 수시입출식예금, money market deposit account), CMA(종합자산관리계좌 또는 어음관리계좌, cash management account), MMF(단기금융상품펀드, money market fund)는 각각 예금은행, 증권사, 자산운용사 등에서 고객이 예치한 자금을 어음이나 채권 등에 투자하여 그 수익을 돌려주는 상품이다. 6개월 미만 500만 원 이상의 단기 유동 자금이 있을 때 활용하는 것이 좋으며, 수시 입출이 가능하면서도 단기 예치에 이자가 지급되어 인기가 높은 상품이다. MMDA는 예금보호의 장점이 있는 반면 CMA, MMF보다 소폭 낮은 1% 내외의 확정이자율이 지급된다. MMF는 은행에서도 판매하며 예금보호 대상이 아니다.

③ 펀드

펀드는 불특정 다수의 투자자로부터 모금하여 운용하는 실적배당형의 투자기금으로, 투자자를 대신하여 자산운용사가 투자를 대신해주는 대표적인 간접투자상품이다.

일반적으로 펀드에는 국내의 주식, 채권 등에 투자하는 국내펀드와 해외 주식이나 채권 등에 투자하는 해외펀드가 있다. 투자비중을 기준으로 나누면 주식을 60% 이상 운용하는 주식형, 채권을 60% 이상 운용하는 채권형과 혼합형이 있고, 투자 대상에 따라 부동산, 특별자산(선박, 도로 등), 실물자산(금, 은, 구리, 철, 원유 등)으로 나뉜다. 펀드는 또한 일정 금액을 추가 적립할 수 있는 적립식 펀드와 한꺼번에 목돈을 투자하는 거치식펀드가 있다. 적립식 펀드는 매입 시점에 따라 매입원가가 다르므로 일반적으로 거치식펀드에 비해 위험을 분산할 수 있고, 당장의 목돈이 없더라도 장기적으로 꾸준히 투자하면서 목돈을 만들 수 있다는 장점이 있다. 따라서 펀드는 종류에 따라 수익률이 천차만별이다.

④ 주택청약종합저축

주택청약종합저축은 민영주택과 공영주택의 청약이 가능한 청약저축, 청약부금, 청약예금 등 기존에 구분되었던 주택청약 관련 금융상품 기능을 합친 종합통장이다.

누구든지 1인 1계좌로 가입 가능하고, 납입금액을 월 20~50만 원 안에서 자유롭게 선택할 수 있다. 총 급여가 연 7천만 원 이하인 무주택 세대주인 근로자일 경우 연 납입액 중 소득공제 가능금액인 240만 원의 40%인 96만 원까지 소득공제가 가능하며 아파트 청약권이 부여된다.

⑤ 지수연동상품 ELD, ELS, ELF

ELD(주가지수연동예금, equity linked deposit)는 수익이 주가지수 변동에 따라 결정되는 은행에서 판매하는 예금으로, 고객이 투자한 원금은 정기예금에 넣어놓고 여기서 발생하는 이자를 파생상품에 투자하여 추가 수익을 내는 구조이다. 단, 중도해지를 할 경우 원금에 손실을 입을 수 있다. ELD의 장점은 원금보장과 예금자 보호를 동시에 받을 수 있는 정기예금이며 투자 전에 수익의 하한선과 상한선을 정하기 때문에 시중 금리보다 3% 정도 높은 수익률을 기대할 수 있다는 점이다.

ELS(주가연계증권, equity linked securities)는 증권사의 지수연동상품이다. 투자금의 70~90%는 안정적인 국고채 등 우량채권에 투자하

ELD, ELS, ELF 비교			
	ELD	ELS	ELF
정식명칭	Equity Linked Deposit	Equity Linked Securities	Equity Linked Fund
발행처	은행	증권사	자산운용사/투신사
투자형태	예금	증권 매입	펀드 매수
판매처	은행	증권사	증권사/은행/운용사
수익상환	사전에 정한 조건에 따라	사전에 정한 조건에 따라	운용실적 배당
상환보장	초과수익 지급 보장	발행사 지급 보장	운용성과에 따라
예금자보호	5천만 원 한도 보호	없음	없음
과세여부	이자소득세	배당소득세	소득원천에 따라 배당 또는 이자소득세
상품다양성	100% 원금보장형	매우 다양 (원금보장형–원금비보장형)	매우 다양 (원금보존추구형–원금비보장형)

여 원금을 보장하도록 하고 남은 투자금을 옵션 등 파생금융상품에 투자하는 방식으로, 리스크는 존재하지만 높은 수익률을 기대할 수 있는 상품이다.

ELF(주가연계펀드, equity linked fund)는 상품을 펀드에 편입하거나 자체적으로 원금보장형(원금보장이 아닌 원금보장형) 펀드를 구성해 판매하는 형태의 상품으로 ELS와 비슷한 구조를 가지고 있다. 은행이나 증권사에서 발행·판매하고 운용은 자산운용사에서 담당한다.

⑥ 개인연금[57] 상품

보험사의 대표적인 재테크 상품으로 노후에 대한 준비를 하기에 좋은 금융상품이다. 대표적으로 일반연금보험, 연금저축보험, 변액연금보험, 주택연금이 있다.

일반연금보험은 공시이율에 따라 연금수령액이 결정되며 예금자 보호까지 받는 안정적인 보험상품이지만 큰 이익을 기대하긴 힘든 것이 단점이다.

연금저축보험은 요즘 직장인 사이에서 큰 인기를 끄는 상품으로 복리이자에 유일하게 소득공제혜택을 주는 상품이다. 세제적격연금이라고 불리는 연금저축보험은 리스크의 최소화를 추구하는 안정성 위주의 투자자나 공격성 투자를 줄여야 하는 장년층이 이용하면 좋은 상품이다.

변액연금보험은 펀드투자 수익에 따라 연금 수령액이 결정되는 보험이다. 일반연금보험보다 좀 더 공격적인 투자가 가능하며 변액유니버셜보험처럼 리스크가 크지 않기 때문에 전략적으로 운영할 수 있다. 최근에는 수익률이 마이너스가 되더라도 연금으로 수령 시 원금의 200%까지 보증하는 상품이 출시되기도 하였다.

주택연금은 역모기지론이라고도 하며 60세 이상의 고령자가 9억 원 이하의 주택을 담보로 금융기관이 제공하는 노후 생활자금을 매월 연금 식으로 지급받는 대출을 말한다. 역모기지론은 주택을 소유하고 있으나 소득원이 없는 고령자에게 생활자금을 조달해 주는 주택담보 대출상품의 일종이다.

53) 사람에 따라서는 은퇴 이후에도 임대수입이나 연금수입이 있는 경우도 있다.

54) 은행의 정기적금과 같이 일정 기간 동안 투자 펀드에 자금을 적립하여 만기에 목돈을 찾는 형태의 투자상품이다. 펀드는 투자자가 직접 투자상품을 선택하는 것이 아니고 여러 투자자로부터 자금을 모아 전문적인 자산운용회사가 주식이나 채권에 투자 운용 후 그 수익을 분배 받는 것이므로 간접투자라고 볼 수 있으며 ① 적은 돈으로 투자할 수 있다는 점, ② 분산투자로 위험을 줄일 수 있다는 점, ③ 전문가가 투자해 준다는 점 등의 장점이 있다.
이러한 펀드 중에서 일정 기간 동안 정기적 또는 부정기적으로 자금을 적립하여 투자하는 방식이 적립식 펀드이다. 적립식 펀드는 정액적립식과 자유적립식이 있다. 자유적립식의 경우 불입액을 조절함으로써 매입단가를 낮추어 수익률을 높일 수 있다. 즉, 주가나 채권의 가격이 떨어졌을 때는 투자자금을 늘리고 가격이 올라갔을 때에는 투자자금을 줄여 평균적인 매입단가를 낮출 수가 있는 것이다.
적립식 펀드는 주식에 주로 투자한다든지, 채권에 주로 투자한다든지 하는 주된 투자 대상에 따라 주식형과 채권형, 혼합형으로 나누어진다. 여기서 주의할 것은 적립식 펀드라고 해서 항상 수익이 보장되는 것은 아니라는 점이다. 주식이나 채권의 가격이 등락하므로 투자 시점에 따라서는 손해를 볼 수도 있다는 점을 명심해야 한다.

55) 고령자가 소유주택을 담보로 맡기고 평생 혹은 일정 기간 동안 매월 연금방식으로 노후생활자금을 지급받는 역모기지 방식의 금융상품이다. 60세 이하 부부의 9억 원 이하 1가구 1주택을 담보로 주택금융공사가 발행하는 보증서로 시중은행에서 매월 연금을 받는 방식이다. 연금 가입자가 사망할 경우 은행이 담보 주택을 매각하여 그동안 지급한 연금의 원리금을 정산하고 잔액이 있으면 상속인과 정산하는 방식이다.

56) 이자율이 고정되어 있지 않고 변동하는 것을 변동금리(變動金利)라 한다. 특정 금융상품이나 특정 시장의 금리는 자금 수급 상황에 따라 시시각각으로 변하는데 이들 변동금리를 인용해 이루어지는 금융거래를 '변동금리거래'라 한다. 이때 차입자나 금융상품의 신용도에 따라 그 기준 금리에 일정한 마진을 가산하게 되는데 이를 '스프레드(spread)'라 한다. 대표적인 변동금리로는 LIBOR, TB, BA 등이 있다.

57) 국민연금은 국가가 시행하는 보험제도인데 반해 개인연금은 개인 가입자가 임의로 금융기관의 연금상품을 구입해 연금 혜택을 받는 것이다. 정부는 기존의 국민연금제도가 가입자의 노후생활 보장에 미흡하다고 보고 이를 보완하기 위해 가입자에게 세제 혜택을 부여하는 것을 주 내용으로 하는 개인연금제도를 1994년 5월에 도입하였다. 세제 혜택에는 불입액에 대한 소득공제와 연금 급여 수령분에 대한 소득세 면제가 있다. 소득공제는 연금저축 불입액의 40%를 당해 연도 소득에서 공제함으로써 소득세의 과세 표준을 경감시켜 주며, 연간 공제액은 72만 원을 한도로 하고 있다. 개인연금은 저축형, 보험형, 신탁형의 세 가지 유형으로 나눌 수 있으며 은행, 보험회사, 투신, 우체국에서 취급하고 있다. 가입 대상은 20세 이상, 적립 기간은 10년 이상, 적립 한도는 분기 300만 원 이내로 제한하고 있다.

부록

알아두면

유익한

경제용어

부록 │ 알아두면 유익한 경제용어

국내총생산은 우리 국내의 생산액, 즉 우리 국내에서 발생한 소득을, 국민총소득은 우리 국민의 생산액, 즉 우리 국민의 소득액을 집계한 것이다.

가격경쟁력

 1장 주 7) 참조.

가계부채

가계부채란 가계가 주택을 구입하거나 소비지출을 하기 위해 제도 금융권이나 비제도 금융권으로부터 차입한 자금 등 장래에 상환해야 하는 빚을 말한다. 여기서 가계라 함은 도시나 농어촌에 거주하고 있는 순수 가계에다 사업자등록증 없이 자영업을 영위하는 소규모 개인 사업자도 포함된다.

가계부채를 금융기관 입장에서 볼 때는 가계에 대한 대출, 즉 가계신용이 된다. 한국은행에서는 1997년부터 매분기마다 가계신용 통계를 발표하고 있다.

가계신용은 금융기관(신용카드사 등 여신전문기관 포함)과 판매회사(백화점, 자동차사, 가전사 등)의 가계에 대한 대출금 및 판매신용 총액으로 정의되며, 계수 파악이 불가능한 사채(私債) 등 비제도 금융권으로부터의 차입금은 제외된다.

2014년 9월 말 현재 우리나라의 가계신용 잔액은 1,060조 원으로 지속적으로 증가하고 있어, 주택금융이나 금리정책의 제약 요소로 작용하고 있다.

가계부채가 문제가 되는 것은 가계부채 규모가 과다해 가계가 파산되는 경우가 늘어나기 때문만은 아니다. 과다한 가계부채로 인해 가계의 소비가 늘지 못하고 있으며, 이는 기업의 투자 부진과 더불어 우리 경제 회복의 걸림돌이 되는 내수 침체의 원인이 되고 있기 때문이다. 2001년과 2002년에 크게 늘어난 가계부채로 인해 가계가 더 이상 소비할 여력이 없어졌다는 것이 이후 2~3년간 경기 회복을 가로막는 원인의 하나로 지적되었다. 최근에는 앞으로 경기가 회복될 경우 금리

가계부채 잔액 추이(연말 기준)							
	2008	2009	2010	2011	2012	2013	2014
가계신용잔액(조 원)	723.5	776.0	843.2	916.2	963.8	1,021.4	1,087.7
가계대출	683.6	734.3	793.8	861.4	905.9	963.0	1,027.5
판매신용	39.9	41.7	49.4	54.8	57.9	58.5	60.2
가구당 부채(백만 원)[1]	43.1	45.5	48.6	51.8	53.7	56.1	58.9

주 : 1) 가계신용잔액/가구 수
자료 : 한국은행, 통계청

인상을 제약할 것이라는 우려도 제기
되고 있다.

가처분소득(처분가능소득)

가처분소득(DI : Disposable In-
come)은 처분가능소득을 말하며, 국
민처분가능소득(NDI : National Dis-
posable Income)과 가계처분가능
소득(PDI : Personal Disposable In-
come)이 있다.

우선 국민처분가능소득은 국민총
소득에서 고정자본 소모분을 뺀 국민
순소득(NNI : National Net Income)에
대외순수취경상이전을 더해 산출된
다. 이는 전 국민이 지출에 충당할 수
있는 소득이라고 할 수 있다.

여기에 비해 가계처분가능소득은
생산에 참여한 피용자와 기업에게
분배되는 좁은 의미의 국민소득(NI :
National Income) 중 기업이나 개인
으로부터 정부에 이전되는 소득세 및
정부재산소득과 대외교포송금 등 이
전지급을 차감하고 정부로부터 개인
에게 지급되는 사회보장비와 해외로
부터의 이전소득을 합쳐서 계산하는
데, 이 가계처분가능소득이 결국 개인
의 소비와 저축에 충당되는 부분이다.

국민순소득(NNI) = 국민총소득(GNI) – 고
정자본소모

국민처분가능소득(NDI) = 국민순소득
(NNI) + 대외순수취경상이전

국민소득(NI) = 국민순소득(NNI) – 순간접
세 + 보조금 = 피용자 보수 + 영업잉여

가계처분가능소득(PDI) = 국민소득(NI) –
소득세 – 정부재산소득 – 기타이전지
급 + 이전소득

개인연금

🔗 4장 주 57) 참조.

거품경제

🔗 2장 주 9) 참조.

건전성 규제

금융기관도 일반 기업과 마찬가지
로 영리를 목적으로 기업 활동을 한
다. 다만 금융업은 자금 잉여 주체로
부터 자금 부족 주체에게 자금을 중개
해 주는 기능을 가지며, 특히 은행은
불특정 다수인을 상대로 예금을 받아
들이고 각 경제 주체에게 필요한 자금
을 공급하는 자금중개 기능과 함께 경
제 주체 간의 지급과 결제를 대행해주
는 기능을 수행함으로써 국민경제 내

에서 없어서는 안 될 중추적인 역할을 담당하고 있다는 점에서 일반 기업과는 달리 공공성을 지닌다.

그러나 만일 경영 부실로 한 금융기관이 도산하게 될 경우에는 그 금융기관에 예금한 사람이 손해를 입게 될 뿐만 아니라 그 영향이 다른 건전한 금융기관에게까지 미쳐 결과적으로 금융권 전반에 피해를 확산시킬 수 있다. 이렇게 되면 금융제도의 안정성이 저해되고 신용질서가 무너지게 되는 등 국민경제 전체에 큰 혼란을 야기하게 될 것이다.

이러한 점에서 금융감독 당국은 금융기관으로 하여금 자기자본을 충실히 하고 적정한 유동성을 유지하는 등 경영의 건전성을 확보하도록 규제하고 있는데 이를 '건전성 규제(健全性 規制, prudential regulation)'라고 한다.

금융감독 당국은 최저자본금 및 자기자본 등에 대한 규제, 자산운용에 대한 규제, 적정 유동성에 대한 규제 및 편중여신 억제 등의 규제수단을 이용해 금융기관의 건전 경영을 지도하고 있다. 우리나라의 경우 최근 일련의 금융국제화 및 금융기관 경영의 자율화에 상응해 금융기관에 대한 건전성 규제를 한층 더 강화하는 추세에 있다.

경상수지

한 나라의 대외거래는 '경상거래'와 '자본거래'로 나눌 수 있다. 경상거래는 재화와 용역의 거래를, 자본거래는 대차거래를 각각 기록한다.

경상거래는 다시 재화의 국가 간 거래를 기록하는 '상품거래'와 서비스의 거래를 기록하는 '서비스거래', 국가 간 임금, 이자, 배당 등 생산요소소득의 거래를 기록하는 '본원소득거래', 그리고 국제 간 재화 용역의 무상거래를 기록하는 '이전소득거래'로 나누어진다.

그리고 상품거래의 수지, 즉 수출과 수입의 차를 '상품수지'라 하고 서비스거래의 수지 차를 '서비스수지'라 하며, 본원소득거래의 수지 차를 '본원소득수지', 이전소득수입과 이전소득지급의 차이를 '이전소득수지'라 한다. 따라서 경상수지란 상품수지, 서비스수지, 본원소득수지, 이전소득수지의 합을 말한다.

경상수지 = 상품수지 + 서비스수지 + 본원소득수지 + 이전소득수지

경제활동인구
실업률(p. 257) 참조.

우리나라의 경상수지 추이							(억 달러)
	2007	2008	2009	2010	2011	2012	2013	2014
경 상 수 지	117.9	31.9	335.9	288.5	186.6	508.4	811.5	892.2
상 품 수 지	328.4	122.0	478.1	479.2	290.9	494.1	827.8	926.9
상 품 수 출	3,827.9	4,328.9	3,639.0	4,637.7	5,871.0	6,035.1	6,181.6	6,213.0
상 품 수 입	3,499.5	4,207.0	3,160.9	4,158.5	5,580.1	5,541.0	5,353.8	5,286.1
서 비 스 수 지	−132.5	−65.4	−95.9	−142.4	−122.8	−52.1	−65.0	−81.6
서비스수입	716.5	913.3	727.5	832.6	909.0	1,035.3	1,037.4	1,068.6
서비스지급	849.0	978.8	823.4	975.0	1,031.8	1,087.5	1,102.4	1,150.2
본원소득수지	−34.1	−12.0	−24.4	4.9	65.6	121.2	90.6	102.0
본원소득수입	209.5	216.9	153.7	227.4	274.4	301.6	301.1	349.0
본원소득지급	243.6	228.8	178.1	222.5	208.8	180.4	210.5	247.1
이전소득수지	−43.9	−12.7	−21.9	−53.2	−47.2	−54.7	−41.9	−55.0

자료 : 한국은행

고령화사회(고령사회, 초고령사회)
🔗 2장 주 21) 참조.

고용률
🔗 실업률(p. 257) 참조.

고용보험

고용보험은 고용을 안정시키고 실업자를 지원하기 위한 일종의 사회보험으로 산재보험, 의료보험, 국민연금과 함께 4대 사회보험제도를 이룬다. 우리나라는 1995년 7월에 고용보험제도가 부분적으로 도입되어 우선 고용안정사업과 직업능력개발사업만 시행되었는데, 1996년 7월 실업급여가 시행됨으로써 고용보험제도가 본 궤도에 올랐다고 할 수 있다.

피보험자의 실업 예방, 재취직 촉진 등 고용안정을 위한 사업을 지원하는 고용안정사업은 1998년 10월부터 종업원 1인 이상의 전 사업장에 적용되었다. 구체적으로는 휴업수당이나 전

직훈련비를 지급한 기업, 업종 전환으로 인력을 재배치한 경우에 재배치된 근로자에게 지급한 임금의 일정분, 지정 지역으로 사업을 이전하거나 신·증설한 경우 새로이 고용한 인력에 지급한 임금의 일정분, 그리고 고령자 고용이나 육아휴직자에 대한 급여의 지원 등이 있다.

직업능력개발사업은 사내직업훈련비, 교육기관에의 위탁교육 소요비용, 유급휴가훈련비 및 직업훈련시설 설치비 등에 대해 일정액을 지원하는 제도이다.

실업급여는 기본급여와 취직촉진수당으로 구분 지급된다. 기본급여는 소정의 요건을 만족시키는 실직자의 생활 안정을 도모하기 위해 실직 전 임금의 50%를 피고용기간 및 연령 등에 따라 90~240일간 지급하는 급여이고, 취직촉진수당은 실직자의 재취직을 촉진하기 위해 조기 재취직자에게 지급되는 조기재취직수당, 직업훈련 관련 경비를 지원하는 직업능력개발수당 및 구직활동비 등으로 구성되어 있다.

고용보험의 보험료는 고용안정사업과 직업능력개발사업, 실업급여로 구분되어 있다. 실업급여는 근로자와 사업주가 균등하게 근로자 급여의 0.65%씩 부담하고 있으나 고용안정사업 및 직업능력개발사업에 대한 보험료는 사업장 규모에 따라 0.25%(150인 미만)~0.85%(1,000인 이상)를 사업주가 부담하고 있다.

공개시장조작

공개시장조작(公開市場操作, open market operation)은 중앙은행이 일반 국채와 기타 유가증권을 금융시장에서 매매함으로써 금융기관과 민간의 유동성을 증감시켜 통화공급량을 조절하는 동시에 유가증권의 가격을 변경시켜 수익률, 즉 시장금리를 조절하고자 하는 정책수단이다.

예를 들면 중앙은행이 보유하고 있는 증권을 매각하면(매출 오퍼레이션) 통화가 중앙은행으로 환류해 금융은 긴축되고, 반대로 시장에서 거래되는 증권을 중앙은행이 사들이면(매입 오퍼레이션) 통화가 방출되어 금융은 완화된다. 이때 중앙은행의 증권 매매액은 거액이므로 시장에 유통되는 증권의 가격을 변동시키게 된다. 공개시장조작은 정책효과가 금융시장의 가격 메커니즘을 통해 나타나고 중앙은행이 필요에 따라 조작 시기 및 규모를 신축적으로 결정할 수 있다는 점에서 중앙은행의 정책수단 중에서 가장 선진적인 것으로 알려져 있으며, 오늘날 대부분의 선진국이 주된 통화정책수단으로 활용하고 있다.

우리나라의 경우 시장에 유통되는 국채의 양이 충분치 못해 주로 국채 외에 한국은행이 발행한 통화안정증권도 매매 조작 증권으로 사용하고 있다.

구축효과

구축효과(crowding out effect)란 공공부문의 자금수요 증대로 인해 금융시장과 자본시장에서 민간의 자금수요 충족이 곤란해지는 현상을 말한다. 국채가 대량 발행되면 공적자금 수요와 민간자금 수요가 경합하게 되고, 그 결과 재정이 금융시장과 자본시장의 자금을 흡수해 민간자금 수요자를 밀어내는(crowding out) 효과가 발생하는 것이다.

이렇게 되면 채권시장 전반에 걸쳐 수익률이 상승할 뿐만 아니라 민간의 채권 발행금리도 상승하게 될 것이다. 이러한 현상이 지속되면 실물경제도 영향을 받아 민간투자가 억제될 것이며, 나아가 공급부족형 인플레이션을 유발할 수도 있게 된다.

만약 이러한 구축효과로 인한 금리 상승이나 인플레이션 현상을 해소하기 위해 통화공급을 증가시킨다면 통화증발형 인플레이션이 초래될 것이다.

국내총생산(GDP)

🔗 다음의 국민소득 참조.

국민소득(NI)

국민소득(national income) 통계는 한 나라 안에 있는 가계, 기업, 정부 등의 모든 경제주체가 일정 기간에 새로이 생산한 재화와 서비스의 가치를 시장가격으로 평가해 합산한 것으로, 국내총생산(GDP)을 국민소득의 대표 개념으로 하고 있다. 종전의 국민총생산(GNP : Gross National Product)은 새로운 2008년 국민소득체계(SNA : System of National Accounts)에서는 사용되지 않는다.

국민소득에서 새로이 생산한 재화와 서비스라는 말은 어떤 경제주체의 판매수입인 산출액을 의미하는 것이 아니라 여기에서 원재료비(중간투입액이라고 한다)를 차감한 부가가치, 즉 그 경제주체에 의해 가치가 추가된 부분을 의미한다.

총 산출(gross output) − 중간투입액 = 국내총부가가치 = 국내총생산액(GDP)

또한 국민소득은 이를 파악하는 방법에 따라 생산 · 분배 · 지출국민소득으로 나눌 수 있다.

먼저 생산국민소득이란 기업이 노동, 자본, 토지, 경영 등의 생산요소를 투입해 생산한 부가가치를 말한다. 이러한 생산국민소득은 급여, 이자, 임료 및 이윤으로 생산요소 제공자에게 모두 분배되게 마련인데, 국민소득을 이러한 요소소득으로 파악한 것이 분배국민소득이다. 그리고 생산요소 제공자에게 분배된 분배국민소득은 다시 가계소비나 기업의 투자로 지출되어 최종생산물에 대한 수요로 나타나는데 이를 지출국민소득이라고 한다.

이러한 세 가지 국민소득은 동일한 생산물을 생산, 분배, 지출의 세 측면에서 파악한 것이므로 그 양이 일치하게 된다. 이를 '국민소득 3면등가의 원칙'이라 한다.

국민소득은 생산의 범위나 평가방법에 따라 다음과 같이 몇 가지 개념으로 구분된다.

국내총생산과 국민총소득

국내총생산(GDP : Gross Domestic Product)은 국내에 거주하는 생산자가 생산한 부가가치의 합을 말한다. 이는 국내총소득(GDI)과 개념상 같은 금액이다. 모든 부가가치 생산액은 그 생산에 기여한 경제주체의 소득으로 모두 분배되기 때문이다.

국내총생산, 즉 국내총소득에는 외국의 자본이나 노동 등에게 생산요소의 대가로 지급한 요소소득이 포함되어 있는데, 국민총소득(GNI)은 국내총생산에 포함된 이러한 대외지급요소소득을 차감하고 대신 해외에서 우리 국민의 자본이나 노동을 통해 생산한 대가로 받은 수취요소소득을 추가해 계산한다.

이를 정리해 보면 국내총생산은 우리 국내의 생산액, 즉 우리 국내에서 발생한 소득을, 국민총소득은 우리 국민의 생산액, 즉 소득액을 집계한 것이다.

이러한 국민계정 체계는 2008년 UN에서 나온 SNA에 기초하고 있다. 종전에 흔히 국민소득의 대표적인 지표로 사용되던 국민총생산(GNP)은 이제 더 이상 사용하지 않고 소득지표인 국민총소득 개념으로 대체되었다. 명목 국민총소득을 인구로 나눈 것이 1인당 국민총소득인데 이를 국제비교하기 위해 흔히 달러 표시로 나타낸다.

국민총소득과 국민순소득

총 산출에서 원재료 투입분을 차감한 것이 부가가치임은 앞에서 알아보았다. 그런데 재화나 용역의 생산에는 원재료만 투입된 것이 아니고 기계 설비도 원재료와 마찬가지로 투입되어 소모되었다. 국민순소득은 생산에 투입된 기계 설비의 소모분, 즉 고정자

본소모를 국민총소득으로부터 차감해
산출한다.

> 국민순소득(NNI) = 국민총소득(GNI) − 고
> 정자본소모

국내총생산과 국민총소득(명목)				(10억 원)
	2010	2011	2012	2013
국내총생산에 대한 지출(GDP)	1,265,308.0	1,332,681.0	1,377,456.7	1,428,294.6
최종소비지출	819,821.2	873,522.6	911,938.2	942,109.1
민간	636,712.7	679,141.5	707,614.0	728,910.1
정부	183,108.5	194,381.2	204,324.2	213,199.0
총자본형성	405,188.0	439,236.1	427,028.5	414,042.6
총고정자본형성	385,923.6	403,045.3	407,306.9	423,582.0
건설투자	200,618.3	205,667.8	201,699.2	215,635.2
설비투자	121,621.4	127,711.2	128,284.6	123,451.9
지식재산생산물투자	63,684.0	69,666.3	77,323.1	84,495.0
재고증감 및 귀중품 순취득	19,264.4	36,190.8	19,721.6	−9,539.4
재화와 서비스의 수출	625,308.8	742,936.0	776,062.4	770,202.6
(공제)재화와 서비스의 수입	585,010.0	723,013.8	737,572.4	697,888.7
통계상불일치	0.0	0.0	0.0	−171.0
국외순수취요소소득	1,271.9	7,848.8	14,138.8	12,768.9
국민총소득(GNI)	1,266,579.8	1,340,529.8	1,391,595.5	1,441,063.5
국내총생산(억 달러)	10,943.0	12,027.0	12,224.0	13,043.0
국민총소득(억 달러)	10,954.0	12,097.0	12,349.0	13,160.0
1인당 국민총소득(만 원)	2,563.4	2,692.9	2,782.9	2,869.5
1인당 국민총소득(달러)	22,169.7	24,302.1	24,696.0	26,204.7

자료 : 한국은행

GDP디플레이터

국민총소득이나 국내총생산액은 각 국에 통용되는 화폐단위로 집계되므로 그 해의 경상국내총생산은 그 해의 경상가격에 의한 그 해의 생산물 금액이 된다. 각 연도의 경상국내총생산액에는 생산물의 수량 변화와 물가 변동이 혼합되어 있다. 불변국내총생산은 경상국내총생산에서 물가의 변동이 제거된 것이다.

불변국내총생산은 실질국내총생산이라고도 하는데 실제 추계할 때에는 거래단위가 다른 수많은 생산물을 단순히 합산하는 것, 예컨대 개인용컴퓨터 1대 10kg과 빵 10kg을 합해 20kg이 생산되었다고 집계하는 것이 무의미하기 때문에 어떤 기준연도의 생산품별 경상생산액에서 출발해 매년의 생산량을 추계한 다음 이를 각 생산품별 항목별로 집계하는 방식을 채택하고 있다.

경상국내총생산액을 이렇게 추계된 불변국내총생산으로 나눈 물가지수가 GDP디플레이터이다. GDP디플레이터는 국민경제가 생산한 전반적인 재화와 용역의 물가 변동을 측정한다는 점에서 여러 가지 이론적 분석에 사용된다.

> GDP디플레이터 = 경상국내총생산 : 불변국내총생산

경제성장률

경제성장률은 물가 상승분을 차감한 실질생산의 증가를 나타내기 위해 불변국내총생산액의 증가율로 계산한다. 보통 전년대비 증가율로 계산하나 분기 통계치의 경우 전분기대비 증가율을 쓰기도 한다.

처분가능소득과 국민소득

처분가능소득은 국민처분가능소득과 가계처분가능소득이 있다. 국민소득이라는 말은 국민계정 중 국민경제를 총괄적으로 파악할 수 있는 GDP, GNI 등의 지표를 나타내나, 좁은 의미로는 경상요소비용으로 파악한 국민순생산에서 여기에 이미 포함된 순간접세를 차감한 것으로 피용자 보수와 영업잉여로 구성된다.

국민연금

국민연금제도는 일반 국민의 노후소득기회 상실에 대비해 소득의 일정액을 축적하였다가 일정 조건에 달한 가입자에게 급여를 지급하는 사회보험제도의 일종이다.

국민연금은 일반 국민을 대상으로 하는 연금으로서 저소득층에 보험료를 지원해 연금 혜택을 상대적으로 크게 하는 등의 방법을 통해 소득재분배 기능을 수행하고 있으며 공무원연금,

군인연금, 사립학교교직원연금 등의 특수직연금과 함께 공적연금으로 분류할 수 있다. 여기에 비해 사적연금은 기업연금과 개인연금을 포괄한다.

우리나라의 국민연금제도는 1988년에 도입 실시되었으며 원칙적으로 18세 이상 60세 미만의 전 국민을 대상으로 하고 있다. 당연 가입 대상은 도입 초기에 10인 이상의 사업장이던 것이 1992년부터 5인 이상 사업장으로 확대되었으며, 1995년 7월부터는 농어촌지역에도 실시되었다. 그리고 1999년 4월에는 도시지역에까지 국민연금제도를 실시함으로써 전 국민 연금시대가 열렸고, 2006년 1월부터는 근로자 1인 이상 사업장 전체로 적용범위를 확대함으로써 전 국민연금 시대를 완료하였다.

보험료는 1998년부터 9%로 인상되어 사업주와 근로자가 4.5%씩 부담하도록 되어 있다. 사업장에 고용되어 있지 않은 사람은 지역가입자 평균소득월액을 기준으로 해 보험료 전액을 본인 부담으로 가입할 수 있다.

보험 급여는 노령연금, 장애연금, 유족연금, 반환일시금, 사망일시금 등 다섯 가지로 나눌 수 있다. 노령연금은 20년 이상 가입자가 60세(1969년 이후 출생자는 65세)일 때부터 지급하며, 유족연금은 가입자가 사망했을 때 상속자에게 지급하고, 장애연금은 질병 및 장애로 퇴직한 경우에 지급한다.

국민총생산(GNP)

🔗 국민소득(p. 206) 참조.

국제금융위기

🔗 미국발 국제금융위기(p. 130) 참조.

국제수지

국제수지란 일정 기간 동안 자기 나라와 다른 나라 사이에 일어난 모든 경제적 거래를 체계적으로 기록한 통계표이다. 국제수지에 기록되는 대외거래는 경상거래와 자본거래 및 금융계정으로 나눌 수 있는데 경상거래를 기록하는 경상계정에는 재화와 용역의 실물거래를, 자본거래를 기록하는 자본계정에는 자본 이전과 비생산·비금융자산의 취득과 처분이 기록되며, 금융거래를 기록하는 금융계정에는 재화와 용역 또는 자금의 국제 간 대차거래를 기록한다.

또한 경상거래의 수지 차를 경상수지, 자본거래의 수지 차를 자본수지라 한다. 금융계정에는 직접투자, 증권투자, 파생금융상품, 기타투자의 수지와 준비자산의 변동이 기록된다. 복식부기 원리에 의해 기록되는 국제수지는 경상수지, 자본수지 및 금융계정의 합이 0, 즉 균형이 된다. 따라서 국제수지가 '균형이다', 또는 '흑자(+)다', 또는 '적자(-)다'라는 말은 경상수지의 균형 여부로 판단하고 있다.

경상계정에 기록되는 실물거래에는 상품거래와 서비스거래, 본원소득거래, 이전소득거래가 있다. 수출과 수입의 차이를 상품수지 또는 무역수지라 하고, 서비스수출과 서비스수입의 차이를 서비스수지, 소득수입과 소득지급의 차이를 본원소득수지, 경상이전수입과 경상이전지급의 차이를 이전소득수지라 부른다.

따라서 경상수지는 상품수지와 서비스수지, 본원소득수지, 이전소득수지의 합이 되지만 상품수출과 서비스수입, 본원소득수입, 이전소득수입을

우리나라의 국제수지 추이									(억 달러)
	2006	2007	2008	2009	2010	2011	2012	2013	2014
경상수지	35.7	117.9	31.9	335.9	288.5	186.6	508.4	811.5	892.2
상품수지	251.7	328.4	122.0	478.1	479.2	290.9	494.1	827.8	926.9
서비스수지	−132.1	−132.5	−65.4	−95.9	−142.4	−122.8	−52.1	−65.0	−81.6
본원소득수지	−40.1	−34.1	−12.0	−24.4	4.9	65.6	121.2	90.6	102.0
이전소득수지	−43.8	−43.9	−12.7	−21.9	−53.2	−47.2	−54.7	−41.9	−55.0
자본수지	−0.7	0.1	0.3	−0.7	−0.6	−1.1	−0.4	−0.3	−0.1
금융계정	−125.5	−174.9	65.9	−288.8	−231.9	−243.2	−515.8	−801.0	−903.8
직접투자	−36.1	−132.5	−84.5	−84.1	−187.8	−199.3	−211.4	−155.9	−206.6
증권투자	−233.9	−270.8	−24.2	494.7	423.6	131.4	67.5	−93.4	−336.1
파생금융상품	4.8	54.4	−143.7	−30.9	8.3	−10.3	26.3	44.1	37.0
기타투자	360.8	325.2	−246.2	18.2	−206.3	−25.4	−266.4	−432.8	−219.4
준비자산	−221.1	−151.3	564.5	−686.7	−269.7	−139.5	−131.8	−163.0	−178.9
오차 및 누락	90.5	56.9	−98.1	−46.4	−56.0	57.7	7.9	−10.2	11.7

자료 : 한국은행

합친 경상수입에서 상품수입과 서비스지급, 본원소득지급, 이전소득지급을 합친 경상지급을 차감해서도 구할 수 있다.

자본계정에는 자산 소유권의 무상 이전 거래가 기록되며, 국제수지 매뉴얼 5판(BPM5)의 자본거래는 6판(BPM6)에서 금융계정으로 변경되었다.

금융계정에는 외국인의 한국에 대한 투자나 우리 기업의 해외 차입 등과 같은 자본의 유입과 우리 기업의 해외투자 등 자본의 공여나 유출, 그리고 대외 자산 부채의 변동이 기록된다.

금융계정에서 채무 증가가 채권 증가보다 많을 때를 '도입 초'라 하고, 채무 증가보다 채권 증가가 많을 때 이를 '지급 초'라 한다.

국제통화기금(IMF)

국제통화기금(IMF : International Mo-netary Fund)은 1945년에 국제무역의 확대 균형, 환율의 안정 등을 목적으로 브레튼우즈 협정에 의해 설립되었으며 본부는 미국 워싱턴에 있다. 2005년 9월 말 현재 가맹국은 184개국이며 우리나라는 1955년에 가입하였다.

국제통화기금은 가입국의 출자금을 기초로 SDR(Special Drawing Right :

특별인출권)이란 통화를 만들어내었으며, 이 SDR과 차입금을 재원으로 해서 자금이 필요한 가맹국에게 금융지원을 해주기도 한다. 또한 국제통화기금은 매년 가맹국을 방문·협의해 그 나라의 경제를 분석·평가하고 경제정책을 권고하는 보고서를 내며 세계경제 전망을 1년에 두 번씩 발표한다.

환율이 급하게 오르고 외환보유액이 모자라 위기에 처했던 우리나라는 1997년 11월 21일 국제통화기금에 긴급자금 지원을 요청하였다. 국제통화기금은 우리나라에게 자금을 지원해주는 대신 여러 가지 정책 조건을 달았는데 이것이 정책 이행 프로그램이다. 2010년 유럽 재정위기 시에는 유럽중앙은행(ECB)과 함께 구제금융을 지원하였다.

금리선물거래

금리선물거래(金利先物去來)란 시장금리 변동에 따라 가치가 변동되는 채권 및 금융상품을 대상으로 하는 선물계약을 말한다. 금리와 채권가격 간에는 '금리 상승=채권가격 하락', '금리 하락=채권가격 상승'이라는 역(-)의 관계가 있고, 금리선물은 채권가격을 대상으로 하므로 금리가 하락할 때는 선물매수(long) 전략, 금리가 상승할 때는 선물매도(short) 전략이 유효

하다.

금리선물의 유용성은 낮은 비용과 간편한 절차를 통해서 금리 변동 위험을 관리할 수 있다는 점이다. 현재 채권을 보유하고 있는 투자자는 향후 금리 상승 시 채권가격 하락 위험이 있으므로 금리선물 매도를 통해 금리 상승 위험을 줄일 수 있으며, 일정 기간 이후 자금운용 계획이 있는 투자자는 금리선물 매수를 통해 금리 상승으로 인한 투자수익의 감소 가능성에 대비할 수 있다.

또한 합리적인 금리 전망을 토대로 하는 투기거래(speculation trading)도 현물에 비해 적은 비용과 간단한 절차를 통해 할 수 있다. 금리 하락 예상 시에는 선물매수 포지션, 금리 상승 예상 시에는 선물매도 포지션을 취함으로써 투자자 입장에서 복잡하고 비용이 많이 드는 채권현물 투기거래의 단점을 보완할 수 있다. 또한 위험회피도가 높은 투자자는 현·선물 간의 차익거래를 통해서 무위험수익을 추구할 수 있다.

시장 전체적으로 볼 때 금리선물은 현·선물 간 차익거래의 피드백 과정을 통해 채권 유통시장의 효율성을 높일 수 있으며, 헤지거래를 통해 채권 인수 위험을 회피할 수 있게 함으로써 채권 발행시장의 안정과 확대를 가능하게 한다.

금융선물거래

금융선물거래(financial futures contract)란 장래의 특정 시점에 상품을 인수·인도하고 대금을 결제하기로 계약하는 선물거래를 금융상품에 응용한 것으로 1970년대 급격한 금리 변동에 대응해 금리 리스크의 관리가 금융자산 및 부채 관리에 주요한 요소가 됨에 따라 생겨난 것이다.

금융선물거래에는 회피하고자 하는 리스크의 종류에 따라 금리 리스크를 회피하기 위한 금리선물(interest rate futures), 통화 교환에 따른 환 리스크를 회피하기 위한 통화선물(currency futures), 주가 변동에 따른 리스크를 회피하기 위한 주가지수선물(stock index futures) 등으로 나누어진다.

금융선물거래가 이루어지는 동기는 다음의 세 가지로 요약할 수 있다.

첫째, 금융상품의 가격 하락이 예상될 때 가격 하락에 따른 리스크를 회피하기 위하여 미리 시장에 형성된 선물가격에 금융상품을 매각한다.

둘째, 도중에 반대 거래를 통해 가격 변동에 따른 이익을 노릴 경우에 금융선물상품을 매매할 수 있다. 즉 시장에 형성되어 있는 선물가격보다 더 크게 하락할 것으로 예상되는 상품이 있다면 선물매도 거래 후 적절한 시점에 현물을 매입하는 반대 거래를 통해 이익을 실현할 수 있다.

셋째, 현물을 매입하고 같은 금액의 선물매도 계약을 체결해 두면 일정 기간이 경과한 후 처음 현물로 매입해 둔 금융상품을 예정된 선물가격에 매도하게 되므로, 현물가격과 선물가격 간의 기간수익률을 사전적으로 확정하는 효과가 있다.

금융선물거래는 1972년에 시카고상업거래소(CME : Chicago Mercantile Exchange)가 프리드만(Milton Friedman) 교수 등에 의뢰한 연구 결과를 바탕으로 산하에 국제통화시장(IMM : International Monetary Market)을 개설해 처음으로 통화선물을 거래하면서 도입되었는데, 1975년에는 세계 최대의 선물시장인 시카고상품거래소(CBOT : Chicago Board of Trade)가 최초의 금리선물인 정부주택저당증서의 거래를 시작하고 시카고상업거래소도 1976년 재무성단기증권선물거래를 개시함으로써 본격화되었다.

1980년대 이후에는 런던국제금융선물거래소(LIFFE : London International Financial Futures Exchange), 싱가포르국제통화거래소(SIMEX : Singapore International Monetary Exchange) 등 여러 나라에 금융선물거래소가 개설되고 국제금융시장이 활성화되면서 금융선물거래가 활발히 이루어져 최근에는 선물시장 거래의 대부분을 금융선물거래가 차지하고 있다. 우리나라에서는 1999년 4월 부산에 선물거래소가 개설된 이후 금융선물거래가 점차 활성화되고 있다.

금융소득 종합과세

우리나라에 종합소득세 제도가 도입된 것은 1975년이다. 이전에는 소득세가 소득 발생 시점에 따로따로 부과되었다. 종합소득세제는 1년간의 여러 소득을 종합한 종합소득에다 소득세율을 적용해 과세하는 제도이다. 그런데 소득세율은 일반적으로 누진율로 짜여 있어 고소득자는 고율의 세율을, 저소득자는 저율의 세율을 적용하도록 되어 있다. 이를 통해서 소득재분배라는 정책 목표를 달성할 수 있는 것이다.

금융소득 종합과세는 이자, 배당, 그리고 금융상품의 매매 차익 등 금융소득을 근로소득이나 사업소득 등 여타의 소득에 합산해 누진 소득세율을 적용하자는 것이다. 이 제도가 실시되기 전에는 과세 기술 문제나 금융시장에 미칠 충격 등을 감안해 각 소득의 발생 시점에 분리과세하거나 면세하였다. 이후 1996년 귀속 소득분부터 적용되었으나 외환위기로 시행이 일시 중단되었다가 2001년부터 다시 시행된 이 제도의 개요는 다음과 같다.

종합과세 대상

연간 금융소득 4천만 원 초과분에 대해 적용되었으나 2013년부터 2천만 원 초과분으로 개정되었으며, 타 소득과 합산해 6~38%의 5단계 누진세율을 적용하고 있다. 금융소득이 2천만 원 이하인 경우에는 원천징수세율 15.4%를 적용한다.

종합과세 적용 예외

모든 금융소득에 대해서 종합과세하는 것이 원칙에 맞기는 하나 이렇게 할 경우 금융자산 운용자는 세 부담을 회피하기 위해 세 부담이 없거나 작은 쪽으로 거액의 자금을 이동시킬 것이며, 또 과세 기술상으로도 모든 금융소득을 완벽하게 포착할 수단이 없기 때문에 약간의 예외를 두고 있다. 이 예외는 비과세 대상인 금융 소득과 분리·종합과세 중 택일할 수 있는 금융소득의 두 가지로 구분된다.

비과세 대상은 10년 이상의 개인연금저축 및 장기주택마련저축과 5년 이상 유지된 장기저축성보험의 보험차익, 그리고 주식 및 채권 등 유가증권의 양도차익으로 정하였다. 그리고 만기 5년 이상인 장기채권의 이자는 분리 또는 종합과세를 선택할 수 있도록 하였다. 따라서 만기가 5년 미만인 유가증권과 5년 이상 장기채권의 만기 전 매매 시의 이자소득은 종합과세대상이 된다. 여기에는 양도성예금증서(CD), 신탁증권, 기업어음(CP) 등도 해당되는데 이들 유가증권의 거래 관행은 이자와 양도차익을 구분해내기가 간단하지 않을 뿐만 아니라 조세 회피를 위한 자금 이동이 금융시장에 미치는 영향이 매우 크며, 종합과세로 신분 노출을 꺼리는 거액 금융소득자들의 저항도 만만찮아 논란을 불러일으킨 바 있다.

금융실명제

금융실명제란 금융기관과의 금융거래를 가명이나 차명이 아닌 실제 자기 이름으로 하도록 강제하는 것이다. 우리나라에서는 대통령 긴급재정경제명령에 의거 1993년 8월 12일 20시부터 실시되었다.

금융실명제 실시를 전후해 정부에서 발표한 이 제도 도입의 의의를 보면 우선 금융거래의 정상화를 들고 있다. 금융거래가 실명화 됨으로써 금융기관을 통한 자금의 흐름이 투명해져 음성 불로소득이나 불건전 자금거래가 없어져 금융시장에 금리자유화 기반이 조성되며 금융산업의 효율성이 제고된다는 것이다.

다음으로는 조세 형평이 제고될 것으로 보았다. 금융거래가 실명화되면 금융 소득 발생이 포착되기 때문에 금융 소득에 대한 종합과세는 물론 가명·무기명 거래에 의한 상속세·증여세의 회피를 방지할 수 있게 되기 때문이다.

이 밖에도 금융실명제는 정치, 사회, 일반 국민생활에 광범한 파급효과를 가져올 것으로 전망했다. 정치적으로는 정치자금의 조성 과정이 투명해지고 정당 활동이나 선거가 보다 공명해지고 선진화되는 데 기여할 것이며, 사회적으로는 부정한 자금의 거래가 차단되어 사회 부조리를 제거할 수 있게 될 것이고, 자산 축적의 도덕성과 정당성이 회복될 것으로 보았다. 기업경영 측면에서도 공명정대한 경쟁체제 확립과 함께 음성적 소비성 경비의 지출이 줄어들고 기업 소유의 투명성이 확보될 것으로 예측했다.

금융위기

금융위기(financial crisis)란 기업이나 금융기관 등 경제주체들의 신용 체제가 급격히 붕괴함으로써 금융시장 전반에 걸쳐 금융거래가 어려워지는 등 혼란이 야기되는 상태를 말한다. 금융위기는 그 유형에 따라 대체로 다음과 같이 구분할 수 있다.

첫째는 외환위기 또는 통화위기(currency crisis)로 ① 자국통화에 대한 투기적 공격으로 급격한 평가절하가 발생하거나, ② 통화당국이 통화가치 방어를 위해 외환시장에 외환보유액을 과도하게 매각하거나 국내 금리를 인상함으로써 경제 혼란이 야기되는 경우이다.

둘째는 은행위기(banking crisis)로 ① 은행부실화 또는 이에 대한 우려로 은행예금의 지급정지사태가 발생하거나, ② 정부가 대규모 자금 지원을 통해 은행부문에 개입하는 경우이다.

셋째는 금융시스템위기(systemic financial crisis)로 금융시스템의 심각한 교란으로 금융시장이 제대로 기능하지 않아 실물경제에 악영향이 파급되는 상태이다.

넷째는 외채위기(foreign debt crisis)로 국가 또는 민간부문이 대외채무의 상환 불능 상태에 빠지는 경우이다.

금융위기는 반드시 한 가지 유형으로만 발생하는 것이 아니며 한 유형의 위기가 다른 유형으로 파급되기도 한다. 1996~1998년의 동아시아 금융위기, 1994~1995년의 멕시코 금융위기는 외환·은행·외채위기가 동시에 발생한 경우이며, 1992~1993년의 ERM 위기는 기본적으로 외환위기로 발생하였으나 일부 국가의 경우 은행위기로 발전하였다.

반면에 1990년대 중반 터키와 베네수엘라에서는 은행위기가 발생한 후 통화위기로 발전하였으며, 1981~ 1982년 아르헨티나와 칠레의 경우에는 은행위기가 외채위기로 파급되었고, 1982년 콜롬비아, 멕시코, 페루 및 우루과이의 경우에는 외채위기에서 출발해 은행위기로 확산되었다. 2008년의 미국발 금융위기는 서브프라임 모기지 사태와 이로 인한 파생금융상품의 과도한 확산이 촉발한 은행위기였는데 이 위기가 유럽재정위기에도 일정 부분 원인을 제공하여 수년간 세계적인 경기침체를 불러왔다.

이와 같이 금융위기는 어떤 단일 요인보다는 다양한 요인의 복합적인 작용에 의해 금융산업의 내재적 취약성이 확대되고 표면화되면서 발생하였다. 금융위기를 겪은 나라들의 사례를 보면 국가별로 특수한 요인이 있기는 하지만 대체로는 거시경제 여건의 급변동, 부적절한 경제정책, 금융자유화 진전에 따른 위험노출도 증가, 책임경영체제의 미비, 비효율적인 금융감독 등과 같은 요인이 복합적으로 작용한 것으로 분석되었다.

금융위기를 미연에 방지하기 위해 국제통화기금(IMF)이 주축이 되어 각 회원국의 무역적자, 국내총생산, 외환보유액, 외채 등 주요 경제지표를 공개하고 이들 지표를 이용해 사전 경보체제를 구축하는 방안이 논의되고 있다.

금융자유화

금융자유화는 다른 말로 표현하면 금융 규제의 완화를 의미한다. 금융부문에 오랫동안 지속되어 왔던 각종 경쟁제한적 규제가 완화된 것은 금융산업의 환경이라 할 수 있는 실물경제가 선진국을 중심으로 안정 성장 기조로 진입함에 따라 금융기관의 자금운용 수익률이 낮아져 경쟁이 격화된 사실을 배경으로 하고 있다. 또한 금융부문 내에서도 은행과 비은행 부문 간에 규제의 정도가 서로 달라 증권회사나 보험회사가 상대적으로 유리한 여건에서 자금을 조달하고 운용할 수 있게 된 점도 은행업무에 대한 규제와 금리 규제를 완화하게 한 요인이 되었다.

일반적으로 금융의 자유화는 금융업무의 자유화와 금리자유화로 구분된다. 금융업무의 자유화는 금융제도 면에서의 업무 영역 확대와 맥락을 같이 하고 있다. 지금까지 어떤 금융업무는 특정 금융업 금융기관만이 취급할 수 있는 고유 업무로 인정되어 왔으나, 금융자유화로 인해 다른 업종의 금융기관에게도 그 업무를 취급할 수 있도록 인정하기에 이른 것이다.

예를 들면 보험회사가 국채를 판매할 수 있게 한다든지 증권회사가 외환업무를 취급할 수 있게 하며, 은행으로 하여금 보험업무를 취급하게 하거나 금을 판매할 수 있게 하는 등 금융업 상호 간의 업무 장벽을 하나하나 허물어뜨리게 된 것이다.

금리자유화는 지금까지 정책당국에 의해 결정되던 금리를 시장에서 자금 수급에 따라 결정되도록 허용하는 것을 의미한다.

은 국내 금융시장에 대한 외국인의 참입을 허용하는 것이다. 금융자율화를 좁은 의미로 본다면 아래 도표의 금융 자유화, 즉 규제 완화와 같은 범위가 될 것이다. 금융의 해외진출 자유화와 금융 개방은 금융국제화의 영역이 되기도 한다.

금융자율화

금융자율화의 의의나 포괄 범위에 대해서는 사람에 따라 견해가 다를 수 있겠으나 금융자율화의 의의를 가장 넓은 의미로 본다면 여기에는 규제 완화, 즉 금융자유화와 금융 개방이 포함된다.

규제 완화는 다시 금리자유화나 수수료의 자유화 등 영업에 대한 규제를 완화 내지 철폐하는 것과 내부 경영의 자유화로 나눌 수 있으며, 금융 개방

기관투자가

증권시장에서 투자자는 개인, 기업, 금융기관, 증권 관련 기관 및 기금 등으로 구성되어 있다. 이 중 개인과 기업은 '개인투자자'라 볼 수 있고 나머지의 기관, 즉 은행, 종합금융회사, 투자금융회사, 상호신용금고, 증권회사, 투자신탁회사, 투자자문회사, 기금 등을 '기관투자가'라 한다. 기관투자가는 개인투자자에 비해 투자 규모가 크

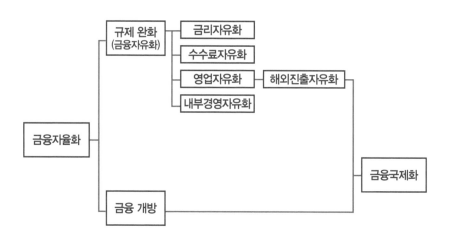

므로 증권시장에 미치는 영향이 크다.

참고로 2013년 말 현재 우리나라의 주식 보유 상황을 주체별로 나누어 보면 기업, 민간이 약 48%, 외국인이 약 33%를 보유하고 있으며 나머지 19%를 정부와 금융기관 등의 기관투자가가 보유하고 있는 것으로 나타났다. 채권의 경우에는 60%가량이 기관에 의해 보유되고 있다. 금융기관의 과도한 유가증권 투자는 금융기관의 건전성을 해칠 우려가 있으므로 투자 한도를 법령으로 제한하고 있다.

기술금융

기술금융(技術金融)이란 기업이 보유하고 있는 기술 자체의 가치를 금액으로 환산해 이를 담보로 자금을 빌려주는 금융행위로, 기술력은 있으나 물적 담보가 부족한 중소기업을 위한 융자제도다. 기술은 있지만 설립된 지 얼마 안 되고 매출액이 적은 창업기업이나 벤처기업 등은 기술금융이 큰 힘이 된다. 담보로 제공이 가능한 기술은 지적재산권뿐만 아니라 기업이 보유하고 있는 총체적인 기술력, 연구개발 인력 및 조직, 기술의 제품화 및 판매력, 지적재산권의 사업화 능력도 포함된다.

현재 기술력을 담보로 대출을 시행하고 있는 금융기관은 신기술금융회사인 한국종합기술금융과 산업은행, 중소기업은행 등이 있다. 지금까지 이들 금융기관의 기술금융 실적은 그리 활발하지 않았다. 기술력 자체의 가치를 정확하게 평가하기 어려웠기 때문이다. 전문 기술평가기관이 설립되어 제 기능을 다할 때 기술금융이 점차 활성화될 것이다.

소유 주체별 주식 보유 비율(시가총액 기준)						(%)
	정부 및 정부관리기업	기관투자자	일반법인	개인	외국인	합계
2000	13.2	16.4	19.9	23.5	27.0	100.0
2005	3.7	18.6	18.0	22.6	37.2	100.0
2010	3.3	13.5	28.0	24.1	31.2	100.0
2013	3.3	16.1	24.1	23.6	32.9	100.0

자료 : 한국거래소

기업어음

기업어음(CP : Commercial Paper)이란 상거래에 수반해 발행되고 융통되는 상업어음(commercial bill)과는 달리 단순히 단기자금을 조달할 목적으로 신용상태가 양호한 기업이 발행하는 약속어음을 말한다. 종합금융회사와 증권회사는 각기 적격 업체에 의해 발행된 기업어음을 할인해 줌으로써 여신업무를 수행하며, 이를 투자자에게 매출함으로써 자금을 조달한다. 이때 취급금융기관이 보증해 매출한 어음을 '담보부기업어음'이라고 하며, 지급에 대한 보증 없이 매출한 어음을 '무담보기업어음'이라고 한다. 통상 신용평가등급이 B급 이상인 적격 기업이 증권사나 종합금융회사에서 할인, 자금을 조달하기 위해 발행하는 융통어음이다. 만기일은 1년 이내이며 최저 발행 한도는 폐지되었으나 증권회사는 1억 원, 종합금융회사는 통상 100억 원 이상의 기업어음을 각각 할인해 주고 있다. 발행금리는 발행기업과 할인기관 및 매수기관에 의해 시장금리, 발행기업의 신용등급, 할인기간 등을 감안해 결정된다.

증권회사나 종합금융회사는 할인자금을 조달하기 위해 기업어음을 투자자에게 매출한다. 이때 개인은 기업어음의 발행단위가 거액인데다가 예금자보호대상에 포함되어 있지 않아 매수를 기피하므로 주로 투신운용회사나 은행의 신탁자산에서 매수한다.

기업합병

기업합병이란 두 기업이 하나의 기업으로 통합되는 것을 말하지만 흔히 기업 인수 · 합병(M&A : Merger& Acquisition)을 지칭하기도 한다. 기업 인수 · 합병이란 한 기업이 다른 기업을 매수하거나 합병하는 것을 말한다.

기업이 새로운 사업에 진출하거나 특정 사업 분야를 강화하고자 할 때는 기업이나 사업부문을 신설하는 방법과 기존의 기업을 인수하는 방식이 있는데, 신설하는 방법에 비해 기존의 기업을 인수하는 것이 유리할 경우 인수 · 합병이 행해진다. 사람에 따라서는 합병과 인수를 구분해 인수된 기업의 실체가 존속하는 경우에는 '인수'라 하고, 인수되어 통합될 경우에는 '합병'이라 하기도 한다.

기업합병에는 장 · 단점이 있다. 우선 장점으로는 신규 사업에 진출하는 시간을 단축할 수 있다는 점이다. 특히 해외에 진출할 경우 기업 인수 · 합병의 이익은 극대화될 것이다. 다음으로는 상품의 브랜드 가치, 경영 및 판매망 등 기존의 사업 기반을 활용할 수 있어 신규 사업 설립에 따른 위험을 회피하고 신규 투자의 안정성과 확실성을 높여 준다.

또 다른 장점은 기존의 인력, 기술, 경영 노하우를 활용할 수 있으며 인수 기업과 피인수 기업이 갖고 있는 경영 자원을 결합함으로써 시너지효과를 창출할 수 있다. 그리고 기존 경쟁 업체와의 마찰을 회피할 수 있으며 공급 과잉의 가능성을 줄일 수 있고, 기업 인수·합병으로 인한 세제와 회계상의 이점도 누릴 수 있다.

기업합병의 단점으로는 우선 막대한 인수 자금이 필요하다는 점이다. 기존 기업의 상업권이 있다면 이를 반영한 프리미엄을 지불해야 할 것이며, 인수 경쟁자가 있다면 인수 가격이 더 올라갈 것이다. 기업 인수 자금 부담은 현금 매수 방식에서 보다 분명하지만, 주식 교환 매수 방법이라 하더라도 직접적인 매수 자금 부담으로 나타나지는 않으나 궁극적으로는 주주의 손익에 영향을 미칠 것이다.

기업합병의 또 다른 단점은 기존 기업의 부실 문제가 해결되어야 한다는 점이다. 이는 자산가격 실사와 함께 인수가격을 결정하는 핵심 요소가 된다. 마지막으로 이질적인 조직과의 합병에 따른 종업원 사기 저하와 경영 갈등을 어떻게 해소하느냐 하는 문제이다.

기업합병은 흡수합병과 신설합병으로 나눌 수 있다. 흡수합병은 피합병 회사가 해산되고 그 자산, 부채가 존속회사에게 이전 계승되는 방법의 합병을 말한다. 신설합병은 두 개 이상의 회사가 기존회사를 해산시켜 새로운 회사를 설립해 그 신설회사가 해산회사의 자산, 사업 및 부채를 인수하는 합병을 말한다.

기업합병은 당사자 간의 합의에 의해 이루어지는 것이 보통이지만 경우에 따라서는 적대적 기업합병도 있다. 시장에서 주식을 매입해서 그 기업을 인수하는 방식이다. 이 방식은 경영자가 시장의 평가를 반영하는 주가를 중시하고 긴장시키는 장점은 있으나 경영 목표를 단기적 이익 추구에 집중토록 하는 단점도 있다.

기준금리

🔗 1장 주 1) 참조.

내구소비재

재화를 분류하는 방법의 하나로써 장기간 사용함에 따라 그 사용으로부터 얻어지는 편익의 흐름이 서서히 소모되어 가는 재화를 '내구재'라고 하며, 단기 사용으로 소모되어 버리는 것을 '비내구재'라고 한다. 통상 이 분류는 주로 소비재에 대해 행해지는 것으로 가정용 재봉틀, 전기냉장고, 자동차, TV 등이 전자에 속하고, 식료품, 비누, 담배 등이 후자에 속한다. 비내구재 중에서도 일회 사용으로 소멸되어 버리는 식료, 담배 등을 '단용재'라고도 한다.

그러나 이를 엄밀하게 규정할 수 있는 잣대는 없다. 왜냐하면 의류, 서적 등은 몇 년을 두고 사용할 수 있지만 보통 비내구재로 분류된다. 그러므로 오히려 경기순환 과정에서 기계설비 등의 생산과 유사한 경기변동요인으로 작용하는 소비재를 지칭해 특히 '내구소비재(耐久消費財, durable consumer goods)'라고 할 때가 많다. 내구소비재의 생산이나 출하 또는 소비에 관심을 가지는 것은 이들이 비교적 고가인데다 많은 부품을 필요로 하기 때문에 경제에 미치는 파급 효과가 크기 때문이다.

즉, 내구소비재의 출하가 늘었다는 사실은 가까운 장래에 소득이 늘어나거나 적어도 줄지 않을 것이라는 소비자들의 신뢰를 반영한 것으로 볼 수 있으며 경제 전반적으로 호경기를 예고하는 지표로 해석할 수 있다.

단기금융시장

금융시장은 거래 금융상품의 만기를 기준으로 단기금융시장(money market)과 장기금융시장으로 구분된다. 단기금융시장은 보통 만기 1년 이내의 금융자산이 거래되는 금융시장을 말하며, 장기금융시장 또는 자본시장(capital market)은 만기 1년 이상의 장기채권이나 만기가 없는 주식이 거래되는 시장을 의미한다.

단기금융시장은 단기자금의 수요자와 공급자 간의 자금수급 불균형을 조절하기 위해 통상 1년 이내의 단기금융상품이 거래되는 시장이다. 주로 정부, 금융기관, 우량기업 등 자금거래 규모가 크고 신용도가 높은 거래자들이 일시적으로 현금이 부족하거나 과잉상태에 있을 때 자금 과부족을 조절하는 시장으로, 자금 도매시장의 성격이 강하다.

우리나라의 단기금융시장으로는 콜시장, 기업어음시장, 양도성예금증서(CD)시장, 환매조건부채권매매(RP)시장, 통화안정증권시장, 무역어음시장 등이 있으며, 자본시장에는 주식이 거래되는 주식시장과 국채, 회사채 및 금융채가 거래되는 채권시장이 있다.

단기금융시장은 경제주체들의 여유자금 운용 및 차입이 원활하게 이루어지도록 함으로써 금융효율을 증대시키는 한편, 거래되는 금융상품의 성격상 자본의 원본이 줄어들거나 긴급 시 회수할 수 없는 등의 위험이 적어 자금을 안전하게 운용하는 기회를 제공할 뿐만 아니라 중앙은행이 시장 개입을 통해 통화신용정책을 수행하는 시장으로서의 기능도 수행하고 있다.

단기금융시장의 금리는 시장 참여자들의 자금사정을 반영해 수시로 변동하는데 이러한 금리 변동은 금융기관의 자금조달 비용 등에 영향을 미쳐 금융기관의 대출액이나 대출금리를 변동시키며, 장기금융시장 금리까지 움직여 금융시장 전체에 영향을 준다.

당좌대출

당좌대출은 은행과 당좌거래를 하고 있는 업체와의 사이에 미리 약정된 대출한도 내에서 당좌예금 잔액을 초과해 당좌수표나 약속어음을 발행할 수 있도록 허용하는 일종의 여신거래를 말한다.

다시 말해 은행과 당좌대출 약정을 맺은 업체는 자기의 당좌계정에 잔액이 없더라도 어음이나 수표를 발행할 수 있고, 은행은 이 어음이나 수표를 가지고 온 사람에게 돈을 내주는 것이기 때문에 당좌대출 약정을 맺은 사람에게 대출을 해주는 결과가 된다. 이때 적용되는 금리가 바로 당좌대출금리이다.

일반적으로 당좌대출이 기업의 단기 부족자금을 조달하는 수단인 데다 자금이 필요한 때에는 언제든지 인출할 수 있다는 점에서 당좌대출금리가

일반자금 등 다른 대출금리에 비해 높은 것이 특징이다.

대외채무, 대외채권

대외채무(외채)란 일정 시점에서 거주자가 비거주자(외국인)에 대해 미래의 특정 시점에 원금 또는 이자의 형태로 지급해야 하는 확정된 금융부채 잔액을 의미하며, 대외채권이란 일정 시점에서 거주자가 비거주자로부터 미래 특정 시점에 원금 또는 이자의 형태로 회수하게 될 확정된 금융자산 잔액을 의미한다. 따라서 지분성 금융상품과 파생금융상품은 대외채무와 대외채권에서 제외된다. 대외채권에서 대외채무를 차감한 것을 '순대외채권'이라 한다.

우리나라는 국제통화기금(IMF) 등 국제기구가 권고한 외채통계편제기준(debt guide)에 따라 2003년 3월 국제투자대조표(IIP : International Investment Position)를 새로이 편제하면서 대외채권 및 채무통계도 이 기준에 맞추어 개편 공표하였다.

대외채권 및 채무통계는 부문별로는 일반정부, 통화당국, 은행부문, 기타부문 등 4개 부문으로, 기간별로는 단기(계약기준으로 만기가 1년 이내)와 장기(1년 초과)로 구분되어 작성된다.

대외채권을 주요 상품별로 보면 일반정부의 경우 해외예치금, 국제기구출자금·증권, 원화차관공여 등이 있으며, 통화당국의 경우 외환보유액, 국제기구출자금·증권 등이 있다. 은행부문은 현금, 예치금, 대출금, R/P매입, 외화증권, 매입외환, 국외본지점 등의 항목으로 구성되며, 기타부문은 예치금, 외화증권, 수출신용 등으로 구성된다.

대외채무를 주요 상품별로 보면 일반정부의 경우 공공차관, 원화증권(국고채, 지방채 등) 등이 있으며, 통화당국의 경우는 차입금(IMF 신용인출 등), 외화증권(외화 및 원화표시외평채), 비거주자원화예수금 등이 있다. 은행부문은 예수금, 차입금, R/P매각, 외화증권발행, 국외본지점 등으로 구성되며, 기타부문은 차입금, 외화증권발행, 수입신용, 수출신용(선수금), 채권해외매각, 국제금융리스, 현지금융(본사차입분) 등으로 구성된다.

우리나라의 외채는 외환위기 이후 감소해 왔으나 2002년부터는 단기외채를 중심으로 증가세를 보였으며, 2007년 미국발 국제금융위기와 2010년 유럽재정위기를 거치면서 장기외채가 크게 증가해왔다. 대외채권은 외채의 증가폭을 상회하고 있는데 순대외채권은 2000년부터 플러스를 기록해 우리나라가 대외채권국임을 과시하고 있다.

대표소송

대표소송이란 소수 주주가 회사를 위해 이사의 책임을 추궁하기 위해 제기하는 소송을 말한다. 대표소송에 의

우리나라의 대외채권 · 대외채무							(억 달러)
	1996	1997	1999	2000	2005	2010	2014
대외채권	1,034	979	1,382	1,601	3,165	4,506	6,789
대외채무	1,448	1,616	1,398	1,352	1,620	3,559	4,254
장기외채	746	1,032	1,013	914	950	2,195	3,102
단기외채	703	584	385	438	669	1,365	1,153
(단기외채비중, %)	(48.5)	(36.1)	(27.5)	(32.4)	(41.3)	(38.3)	(27.1)
순대외채권	−414	−637	−16	249	1,545	947	2,535

자료 : 한국은행

해 추궁할 수 있는 이사의 책임은 손해배상책임, 자본충실책임뿐만 아니라 회사와의 거래관계에서 부담하는 일체의 책임을 포함한다고 본다. 또 이사의 책임인 이상 이사가 취임 전에 부담한 책임에 대해서도 인정되며, 재임 중에 부담한 책임은 퇴임 후에라도 대표소송에 의해 추궁할 수 있다.

대표소송을 제기할 수 있는 자는 발행주식총수의 100분의 1 이상에 해당하는 주식을 가진 주주이며 소송 대상, 즉 피고는 이사 또는 이사였던 자가 된다. 다만 대표소송을 제기하려면 먼저 회사에 대해 서면으로 이사의 책임을 추궁하는 소의 제기를 청구해야 한다. 그리고 회사가 청구를 받은 날로부터 30일 내에 소를 제기하지 않는 때에 비로소 주주가 직접 회사를 위해 당해 이사에 대해 소를 제기할 수 있다.

그러나 이러한 절차를 밟고 있다가는 회사에 회복할 수 없는 손해가 생길 염려가 있는 때(예컨대 이사가 재산을 은닉하거나 무자산이 될 염려가 있을 때)에는 예외적으로 즉시 소를 제기할 수 있다. 소수주주의 대표소송은 실질적으로는 주주가 회사의 이익을 위해 대표기관적 지위에서 진행시키는 것이지만, 형식상은 회사의 대표자로서 소송을 하는 것이 아니라 원고 자신의 이름으로 타인인 회사의 이익을 위해 소송을 한다.

판결의 효력은 당연히 회사에 미친다. 원고인 소수 주주가 승소하면 소송비용은 패소한 피고인 이사가 부담하게 된다. 그러나 변호사에게 지급할 보수와 같이 소송비용에 포함되지 않는 비용은 원고가 부담할 것이 아니라 재판에 의해 이익을 얻는 회사가 부담하는 것이 타당하다. 따라서 소수 주주인 원고에게 회사에 대한 소송비용을 실비액의 범위 내에서 청구할 수 있게 하였다. 원고가 패소한 경우에는 악의가 없는 한 과실이 있다 하더라도 회사에 대해 손해배상책임을 지지 아니한다.

도매금융

도매금융(wholesale banking)이란 은행, 금융회사로부터 대기업 등 기관투자가가 차입하는 거래단위가 큰 금융거래를 말한다. 그러므로 도매금융은 기업금융(corporate banking)의 성질을 가지고 있다.

런던의 전통적 금융시장을 도매금융시장이라고 하는데 이는 동 시장에서의 거래단위 및 규모가 크다는 데서 연유한다. 이에 대응해 일반 상업은행의 말단 점포에서 행해지는 소액예금의 수취 및 이를 재원으로 하는 당좌대월 및 개인대출 등을 '소매금융

(retail banking)'이라고 한다.

도매금융과 소매금융은 나름대로의 금융 기법과 전략이 있는 만큼 각 금융기관이 어느 한 분야에 특화해야 한다는 논의가 있는 반면 오늘날의 금융 조류가 전업보다는 겸업화로 나가고 있으므로 양자를 모두 취급해야 한다는 견해도 있다.

돈세탁

돈세탁(money laundering)이란 일반적으로 마약거래, 탈법정치자금, 불법 무기거래 등 각종 불법 활동으로부터 얻은 음성적인 수익을 금융기관 등 제도금융권을 통해 합법적인 자금으로 전환하는 과정을 말한다.

그 방법으로는 다음의 세 가지가 있다.

첫째, 여러 금융기관으로 돈을 옮기면서 소액으로 분산해 거래한 다음 현금으로 인출하는 것이다. 이 과정에서 이용되는 은행계좌는 대부분 가명이다.

둘째, 무기명이나 가명으로 매입할 수 있는 양도성예금증서(CD)나 종합금융회사의 투자신탁 등에 투자한 뒤 매도해 수표로 찾아가는 방법이다. 이때 종합금융회사나 투자신탁은 수백 장의 수표를 기록 없이 인출해주기 때문에 수표 추적이 어렵다.

셋째, 국제 무역거래에서 사용되는 송장, 신용장 등의 위조행위 등이 있다. 국제적인 돈세탁은 주로 국가 간의 규제와 제도 차이를 이용해 이루어지므로 근본적인 돈세탁을 방지하기 위해서는 국제기구 등을 통한 국제적인 공조 체제의 구축이 긴요하다. 실제로 국제연합(UN), 국제결제은행(BIS), 경제협력개발기구(OECD) 등은 돈세탁을 방지하기 위한 협약을 체결거나 원칙을 제시하고 있으며 각 국가별로도 금융기관에 대해 거액 현금거래를 관계 당국에 보고하게 하거나 실명 확인토록 하는 등의 조치를 취하고 있다.

디폴트

디폴트(default)는 채무자가 차입계약서상의 의무를 이행하지 않는 것, 즉 채무불이행을 말하며 일반적으로 공사채의 이자 지불이 지연되거나 원금 상환이 불가능해지는 상태를 일컫는다. 이때 디폴트가 발생했다고 채권자가 판단해 채무자나 제3자에게 통지하는 것을 '디폴트 선언'이라고 하며, 디폴트 선언을 당한 채무자는 채무에서 기한의 이익을 잃게 된다. 다시 말해서 본래의 상환 기일이 도래했을 때 원금을 상환하는 채무자의 권리를 잃게 되고 채권자는 상환 기일이 도래하기 전에 채권을 모두 회수할 수 있는 권한을 가진다.

1979년 가을 미국의 상업은행이 이란에 대해 디폴트를 선언했을 때는 미국 은행에 맡겨진 이란의 예금을 상쇄시키는 것으로 채권을 회수했다. 또한 하나의 융자 계약에서 디폴트 선언을 당한 채무자에 대해서는 다른 융자에 대해서도 채권자가 일방적으로 디폴트를 선언할 수 있는데 이를 '크로스 디폴트'라고 부른다.

디플레이션

디플레이션(deflation)이란 한 국가의 물가가 일반적이고 지속적으로 하락하는 현상을 의미한다. 인플레이션과는 반대로 물가가 지속적으로 하락하므로 좋은 것 아닌가 하고 생각할 수 있겠지만 물가가 떨어졌다는 것은 결론에 불과하고, 그 과정을 살펴보면 인플레이션보다 더 무서운 것이 디플레이션이다.

물가가 하락한다는 것은 돈의 가치가 오른다는 것이다. 기본적으로 경제는 인플레이션을 전제로 설계되어 있어서 돈을 굴리고 이자를 받아 서로 살 수 있는 구조이다. 그런데 돈의 가치가 오르게 되면 우선 돈을 쓰지 않게 된다. 물가가 떨어질 것으로 예상되니 물건을 사지 않고 기다릴 것이

다. 이런 상황은 디플레이션을 가속시킬 것이다.

디플레이션은 또한 대차대조표 위기를 통해 디플레이션을 가속화시키고 경기 침체를 초래할 것이다. 즉 전반적인 물가 하락은 자산 가격 하락을 유발할 것이며, 금융 부채의 부담을 무겁게 할 것이다. 실물자산 감소-금융부채 증가는 미국의 서브프라임 모기지 사태에서 보듯 금융 부실을 통해 금융시스템의 위기를 초래할 수 있으며, 채무 부담 과다로 민간 수요 부진을 초래할 것이다.

이러한 디플레이션이 일어나는 원인으로는 통화량 수축 이외에도 몇 가지를 더 들 수 있다. 통화량 수축의 경우는 통화당국이 정책적으로 통화량을 흡수하는 경우가 있으나, 민간경제에서 터지는 뱅크런으로 인한 디플레이션도 있다. 세계 대공황 때 계속 터지는 뱅크런으로 인해 미국의 통화량이 1929~1936년간 40%나 줄어버렸다. 민간이 모두 현금을 찾아 보유하게 되면 신용창조가 불가능해져 통화량이 줄어들게 되는 것이다.

또한 미래 경제 상황에 대한 불안감도 수요를 위축시켜 디플레이션을 초래할 수 있으며, 과다 부채도 수요 부진을 통해 디플레이션을 초래할 수 있다.

세계적인 산업구조 변화를 원인으

로 드는 사람도 있다. 경제의 소프트화 진전으로 소비와 투자의 수요가 제조업에서 서비스산업으로 바뀌면서 제조업의 공급 과잉이 물가 하락을 초래한다는 것이다.

지금 우리나라의 상태는 물가가 전반적으로 하락하는 디플레이션 상태는 아닌 것으로 판단된다. 그러나 물가가 상승하지만 그 폭이 계속 둔화되는 디스인플레이션 상황인 것은 틀림없어 보인다. 어떤 전문가는 현 상황이 매우 낮은 물가상승을 뜻하는 '광의의 디플레이션'에는 해당한다고 말한다. "한국 경제는 이미 디플레이션에 진입했으며 앞으로 저물가 상황 속에서 저성장 현상이 심화될 가능성이 크다"고 진단한다.

최근 우리나라 저물가 현상의 원인은 수요와 공급 측면으로 나눌 수 있다. 수요 측면에서는 세계적인 경기침체가 근본적인 원인이다. 경기침체로 소비가 살아나지 않으면서 물건 값이 오르지 않는 것이다. 공급 측면에서는 원자재, 에너지 가격의 하락을 들 수 있다.

저물가가 우려되는 이유는 지금과 같은 추세가 오랫동안 이어지면 저성장의 늪에 빠질 수 있어서다. 수요 침체와 생산, 고용 위축의 악순환이 반복될 우려가 크다.

라이보

라이보(LIBOR : London Inter-Bank Offered Rate)란 런던금융시장에서 은행 간 대출시 자금 공여 은행이 제시하는 금리(offered rate)를 가리키는 것으로 '리보'라고도 하며, 런던 금융시장에 있는 은행, 그중에서도 신뢰도가 높은 일류 은행들이 자기들끼리의 단기 자금거래에 적용하는 단기금리를 말한다. 이때 자금이 필요한 은행이 제시하는 금리를 LIBID(London Inter-Bank Bid Rate)라고 하는데, 실제 거래는 거래 상대방이 제시하는 금리에 응하는 방식으로 거래되므로 LIBOR와 LIBID의 어느 한쪽 또는 그 사이에서 결정된다.

라이보는 우량 은행 간 거래뿐만 아니라 현지 은행 간, 현지 은행과 외국 은행 간 및 은행과 우량고객 간 거래에도 적용된다. 라이보금리가 유명해진 것은 런던금융시장이 역사적으로 세계에서 가장 전통이 깊고 규모가 큰 금융시장 중의 하나였기 때문이다. 라이보금리는 세계 각국의 국제 간 금융거래에서 기준금리로 활용되고 있으며, 세계금융시장의 단기적인 상태를 판단할 수 있는 주요 지표가 된다.

흔히 국제적인 융자계약에서의 금리는 라이보에 몇 %를 가산하느냐로 결정된다. 따라서 라이보는 유러달러의 예탁 비용에 상당하고, 가산금리

(spread)는 금리 마진에 해당한다.

라이보 중에서는 유러달러 라이보가 특히 중요하다. 유러달러시장은 같은 달러를 사용하는 미국금융시장과 경쟁관계에 있기 때문에 금리 수준은 흔히 미국의 대출 및 예금리에 상응해 결정된다. 유로뱅크(Eurobank)들은 미국 은행과의 경쟁에서 이기기 위해 대출금리는 미국 대출금리보다 낮게 책정하고, 예금리는 미국 대출금리보다 높게 책정하는 경향이 있다.

리디노미네이션

리디노미네이션(redenomination)은 통화단위의 명칭 절하를 의미한다. 예를 들면 1962년에 10환을 1원으로 변경한 예가 그것이다. 리디노미네이션은 심한 인플레이션으로 금액의 표시가 방대해지고 계산·기장·지불 등이 매우 불편해졌을 경우 이 불편을 제거하기 위해 행해진다.

우리나라에서는 1953년에 100원을 1환으로, 1962년에 10환을 1원으로 변경한 바 있다. 흔히 같은 의미로 디노미네이션이라는 용어를 써 왔으나, 원래 디노미네이션은 화폐나 채권, 주식 등의 액면금액을 뜻하는 용어이기 때문에, 화폐단위의 변경은 화폐의 액면금액 변경이라는 의미에서 리디노미네이션이라 부르는 것이 타당하다는 의견이 제기되어 리디노미네이션이 사용되게 되었다.

리디노미네이션은 통화의 가치를 절하하는 평가절하(devalu-ation)와는 전혀 다르며, 화폐단위로 표시되는 물가·임금·채무채권액 등의 경제제량(經濟諸量) 간의 관계는 변하지 않고 다만 모든 금액의 단위가 일률적으로 바뀌는 데 불과하다. 따라서 다소의 심리적인 영향을 제외하면 실질적으로는 아무런 영향도 없다고 할 수 있다.

리디노미네이션은 기본적으로 인플레이션의 진전에 따라 경제량을 화폐적으로 표현하는 숫자가 많아서 초래되는 계산, 회계 기장 또는 지급상의 불편을 해소할 목적으로 실시된다.

그러나 일부 선진국의 경우에는 자국 통화의 대외적 위상을 제고할 목적으로도 실시되며 과거 중남미 제국과 같은 나라에서는 급격한 인플레이션 상황 하에서 국민의 인플레이션 기대심리를 불식시킬 목적으로 실시되기도 했다. 반면 화폐단위 변경으로 인해 물가가 불안해지고 새로운 화폐의 제조비용, 화폐 교환 및 컴퓨터 시스템 교환에 따른 비용이 소요된다는 단점이 있다.

리스

리스(lease)는 기업이 필요로 하는 기계 설비를 장기간(통상 5~7년) 빌려주는 제도이다. 기계 설비의 종류, 규격, 가격 등을 기업이 결정하면 리스회사는 기계 설비 제조회사에 제조비용을 융자해 주는 형식으로 자금을 공급한다. 이 방식으로 기계 설비를 도입 설치한 기업은 1~6개월마다 설비 사용료에 해당하는 리스료를 납부한다.

리스를 이용하면 기업이 필요로 하는 설비 전액에 대해 융자해 주는 효과가 있으며, 지불하는 리스료는 세법상 전액 손비 처리되어 비용을 절감할 수 있다. 또한 물건을 임대차 방식으로 사용하기 때문에 부채비율을 높이지 않고 설비를 조달할 수 있는 이점이 있다.

우리나라에는 1973년 리스업이 상륙했으며 현재 20여 개의 리스전업회사와 종합금융회사 등의 겸업사가 리스업무를 취급하고 있다.

리스트럭처링

리스트럭처링(restructuring)은 M&A(합병 및 인수) 외에도 인수할 회사 자체를 담보로 금융기관에서 대출을 받아 기업을 인수하는 LBO(leveraged buyout)와 기업 간 제휴 전략까지 포괄하는 개념의 경영학적 용어로, M&A를 적극적으로 활용하는 사업단위의 재구축을 의미한다. '사업 재구축'이라는 말로 표현되는 리스트럭처링은 비전, 즉 미래의 모습을 설정하고 그 계획을 수립·시행하는 것이다.

리스트럭처링은 조직구조상의 문제 외에 산업구조상의 문제에도 적용된다. 요즘 시중에 유행하는 '구조조정'이라는 말이 리스트럭처링에 해당한다고 볼 수 있다. 사회적으로 보면 경쟁력이 없는 기업과 산업을 과감히 정리하고 유망한 산업 분야에 집중 투자하는 것을 의미한다. 기업에서는 소득 수준이 변화할 때 미래에 살아남기 위해 무엇을 생산할 것인가라는 문제의식이 리스트럭처링으로 연결된다. 그렇지만 흔히 보다 광범위하게 경영합리화, 사업의 축소나 철수, 인원 삭감 등의 의미로 사용되기도 한다.

리스트럭처링의 시행 절차는 ① 비전 및 미래목표의 잠정적 설정, ② 전략사업단위의 설정, ③ 리스트럭처링 방향 설정 작업, ④ 리스트럭처링 계획 확정 집행, ⑤ 비전 및 미래목표의 수정, ⑥ 비전 및 미래목표의 확정 등 6단계로 구성된다.

명목금리

금리는 돈을 빌려준 대가로 받는 돈으로 우리가 보통 말하는 이자가 바로 명목금리(名目金利)이다. 돈을 빌려주는 사람의 입장에서는 돈을 빌려준 기간 동안 돈의 가치가 하락하였으므로 이 손실을 보상받으려고 할 것이다.

만약 어떤 사람이 집 살 돈을 5년 동안 남에게 사업자금으로 빌려주었다고 하자. 5년이 지나 원금을 돌려받아 집을 사려고 하는데 그 사이 집값이 올라 5년 전에 살 수 있었던 집을 살 수 없게 되었다면 어떻게 될까?

이 경우 돈을 빌려주는 사람이나 빌리는 사람은 5년 동안 집값이 오를 것을 어느 정도는 예상할 수 있으므로 빌려주는 사람은 그만큼 이자를 받고자 할 것이다.

돈을 빌리는 사람 입장에서도 5년 동안 사업해서 벌 수 있는 돈은 사업 수익에다 물가 상승분을 더한 만큼이 될 것이다. 제조업을 하더라도 제품값이 오를 것이며, 그냥 땅을 사둔다 하더라도 땅값이 오른 만큼은 벌 수 있을 것이기 때문이다.

이처럼 돈을 빌려주는 사람이나 빌리는 사람이나 다 같이 이자 속에 실질 수익과 물가 상승분을 합쳐서 주고받고자 할 것이다. 이때 물가 상승분을 제외한 부분을 '실질금리'라 하고, 이를 포함한 부분을 '명목금리'라고 한다.

통상 실질금리는 명목금리에서 물가상승률을 차감해 계산한다. 따라서 우리가 보통 말하는 금리, 즉 명목금리를 낮추기 위해서는 물가를 안정시키는 것이 중요하다.

모기지론

모기지론(mortgage loan)이란 일반적으로 당해 대출채권을 담보로 주택저당채권(MBS : Mortgage Backed Security)을 발행하는 것을 전제로 해 취급하는 10년 이상의 장기주택담보대출로서, 일반적으로 고정금리 및 원리금 분할상환 조건으로 취급된다.

모기지론을 취급하는 은행의 입장에서는 주택저당채권 매각 등을 통해 대출금 보유에 따른 대손발생 등 신용위험과 금리위험을 제거할 수 있고, 이용자는 장기주택담보대출을 받아 집을 산 뒤 장기간에 걸쳐 원리금을 분할상환하게 되므로 목돈이 없어도 주택을 구입할 수 있다는 장점이 있다.

이 제도는 미국 등에서 널리 이용되고 있는데 우리나라에서도 2004년 3월 한국주택금융공사가 출범하면서 본격적인 모기지론 시장이 형성되었다. 한국주택금융공사의 모기지론

일반 주택금융과 모기지론의 비교						
	대출기간	금리	대출비율	상환방법	금리상승 시	소득공제
일반대출	단기(주로 3년 이하)	변동금리	집값의 70%	만기 시 일시 상환	이자부담 가중	대부분 없음
모기지론	10~30년	고정금리[1]	집값의 70%	매월 균등 분할 상환	추가 이자부담 없음	만기 15년 이상 시 가능

주 : 1) 2015년 2월 현재 3.0~3.25%

은 만 19세 이상의 무주택자 또는 1주택 소유자에게 집값의 70%까지 5억 원 범위 내에서 취급하도록 규정하고 있다.

모라토리엄

모라토리엄(moratorium, 지불유예)이란 경제 환경이 극도로 불리해 대외채무의 이행이 불가능할 때 전반적인 파산이나 신용의 파탄을 방지하기 위해 취해지는 긴급 조치로서, 특정 형태 또는 모든 형태의 채무에 대해 일정 기간 상환을 연기시키는 정부의 조치를 말한다. 외국 정부 및 금융기관 등 채권기관과 채무의 상환 기간을 연장시키기 위한 교섭을 '모라토리엄 교섭'이라고 한다.

모라토리엄 교섭에는 채무상환연기(rescheduling), 채무재협상(rene-gotiation) 등이 있다. 모라토리엄 선언이 불가피한 조치로 채권자들에게 받아들여질 때는 모라토리엄 교섭을

통해 채무의 상환 기일이 연장되겠지만, 채무국이 일방적이며 적대적인 방법으로 모라토리엄을 선언했다고 인식될 때에는 채권국은 물론 채무국에게 심각한 손실을 초래하게 된다.

어떤 이유에서건 일단 모라토리엄을 선언하게 되면 국제금융시장에서 신뢰를 회복하기까지 값비싼 대가를 치러야 할 것이다. 1997년 우리나라의 외환 사정이 위기로 치닫고 있을 때 모라토리엄을 선언해야 한다는 논의가 있었고 지금도 그때 모라토리엄을 선언하는 것이 나았다고 말하는 사람들이 있다.

여기서 당시에 만약 모라토리엄을 선언했다면 상황이 어떻게 전개되었을지에 대해 생각해 보기로 하자.

우선 모라토리엄 선언 이후 우리 경제의 전반적인 상황은 IMF 체제인 당시와 크게 다름이 없었을 것이다. 결국은 IMF가 개입해 채무상환연기 협상이 이루어지고 IMF 체제와 유사한 정책 프로그램을 실천해야 했을 것이

다. 다른 점이라고 한다면 상품 수입이 불가능해 상당 기간 동안 주요 물자 품귀 현상을 겪어야 했을 것이라는 점이다.

모라토리엄 선언 이후 채무상환연기 협상이 타결되기까지는 해외에 예치된 예금의 인출은 물론 수출 대전의 회수도 불가능하도록 동결되었을 것이며, 국제적인 금융거래가 사실상 불가능할 것이기 때문에 당분간 현금으로 물자를 수입하든지 물물교환 방식의 무역을 이용해야 했을 것이다. 이렇게 되면 물자 부족과 물가 앙등, 생산 침체 및 실업 증가가 가장 심각한 상황이 되었을 것이며, 전시 상황이나 동구에서 볼 수 있었던 주요 물자 배급 체제의 시행이 불가피하게 되었을 것이다. 한편 2010년 7월 12일에 대한민국 역사상 최초로 지방자치단체인 경기도 성남시가 지불유예 선언을 한 바 있다.

무역수지

무역수지란 수출과 수입의 차를 말한다. 무역수지에는 통계적으로 두 가지가 있다. 통관 기준으로 본 무역수지와 국제수지 기준 무역수지가 그것이다. 통관 기준 무역수지는 통관 수출에서 통관 수입을 차감해 산출하며, 국제수지 기준 무역수지와 구분하기

위해 '수출입차'라 부르기도 한다. 관세선 통과 여부를 기준으로 작성되는 통관 수출입과 소유권 이전 여부를 기준으로 작성되는 국제수지 기준 수출입은 주로 수입 통계에서 차이가 크게 난다.

통관 기준 수입은 운임과 보험 포함 가격(CIF)으로 집계하는 데 반해 국제수지 기준 수입은 여기에서 우선 운임과 보험을 차감해 수출과 같이 본선인도가격(FOB)으로 통일한다. 양쪽 통계는 이 밖에도 작성 목적에 따라 차이가 있으므로 국제수지 기준 수입은 통관 이전이나 이후에라도 소유권이 이전되는 시점을 파악해 집계한다든지 하는 약간의 조정을 거쳐 작성된다.

무역수지는 재화의 수출입 차이를 측정한 것이므로 '상품수지'라고도 불린다. 이와 달리 무역외수지는 용역, 즉 서비스거래의 수출입 차이를 측정한 것이다.

무역외거래

서비스의 수출입거래를 말하며, 상품의 수출입거래인 무역거래와 구별된다. 무역거래가 상품의 국제 간 거래라면 무역외거래(invisible trade)는 상품 이외의 용역, 즉 운수, 기술, 이자, 여행, 교육, 광고, 수수료 등 각종

서비스의 국제 간 거래를 말한다. 우리나라 선박이 외국 상품을 실어주고 받는 대가가 무역외수입이 되며, 우리나라가 지급하는 로열티나 이자 등이 무역외지급이 되는 것이다.

무역외거래의 결과 발생하는 수지, 즉 무역외수입에서 무역외지급을 차감한 잔액을 '무역외수지'라 한다. 그리고 무역거래의 수지 차인 무역수지와 무역외수지를 합친 것을 '경상수지'라 한다.

무역외거래는 IMF의 국제수지 편제기준 제4판까지의 개념이며 제5판과 제6판에서는 이를 서비스거래와 소득거래로 구분하고 있는데, 소득거래에는 이자, 배당, 임금 등의 거래를 계상한다.

우리나라는 2014년 3월부터 IMF의 국제수지 편제기준 제6판에 따라 국제수지표를 작성하고 있다.

뮤추얼펀드

뮤추얼펀드(mutual fund)란 주식을 발행해 투자자들로부터 모은 자본금을 전문가(자산운용회사)에게 맡겨 주식, 채권, 선물, 옵션 등 유가증권에 투자토록 한 뒤 그 운용수익을 배당금 형태로 투자자에게 돌려주는 회사형 투자신탁을 말한다.

펀드 자체는 주식회사로 설립되나 이는 서류상의 회사(paper company)로서 실체가 없고, 실제 뮤추얼펀드의 자산운용은 자산운용전문회사가 담당하며 투자자는 회사의 주주로 참여하게 된다는 점에서 수익증권과는 다르다.

우리나라에서는 1998년 9월 증권투자회사법이 제정되면서 뮤추얼펀드 설립 근거가 마련되었으나 동 법은 2004년 1월 증권투자신탁업법(수익증권), 신탁업법(은행의 불특정금전신탁), 보험업법(변액보험) 등과 함께 간접투자상품을 기능별로 일괄 규제하기 위해 제정된 간접투자자산운용업법으로 통합되었다.

한편 상품별로는 초기에는 환매가 불가능한 폐쇄형만 허용되었으나 2001년 2월부터는 완전개방형이 허용되었다.

미TB

미TB(treasury bill : 미재무성증권)는 미국 재무성이 할인식으로 발행하는 만기 1년 미만의 단기증권이다. TB는 단기금융시장의 여타 투자대상보다 수익률은 낮지만 이자 소득에 대해 주세(州稅) 및 지방세가 면제되며, 파산 위험이 거의 없고 공급량도 많을 뿐더러 상환 기간도 1년 이내에서 세분화되어 있어 소액 개인투자자에게

수익증권과 뮤추얼펀드 비교		
구분	수익증권	뮤추얼펀드
설립형태	신탁계약	펀드 자체가 주식회사
발행증권	수익증권	주식
투자자의 법적지위	수익자	주주
설립규제	자산운용사	설립이 자유로움 (자본금 10억 이상)
중도환매방법	추가형 : 중도환매 가능 (환매수수료 징수) 단위형 : 불가능	개방형 : 가능 준개방형 : 가능(3개월 경과 후) 폐쇄형 : 불가능(상장 시 주식매각을 통해 현금화 가능)
판매기관	은행, 증권회사, 종금사, 보험회사, 자산운용사[1], 선물회사[2], 증권금융	은행, 증권회사, 종금사, 보험회사, 자산운용사[1], 선물회사[2], 증권금융
관련법	간접투자자산운용업법	간접투자자산운용업법
자산운용근거	신탁약관	회사정관

주 : 1) 자사 설정상품에 한해 2006년 1월부터 판매 가능
2) 파생상품펀드만 취급 가능

안전성과 유동성이 매우 높은 증권으로 인기가 높다. 특히 세계 금융시장이 불안할 때에는 단기금융시장에서 투자가들에게 가장 안전한 투자 수단의 하나로 이용되고 있다.

미 재무성에서 발행하는 채권에는 이 밖에도 만기 1~10년이며 이표(쿠폰)식으로 발행되는 재무성 중기증권(T-Notes : treasury notes)과 만기가 10년을 초과하는 재무성 장기증권(T-Bond : treasury bond)이 있다.

방카슈랑스

방카슈랑스(bancasurance)는 은행이나 보험사가 다른 금융부문의 판매망을 이용해 자사상품을 판매하는 마케팅전략이다. 프랑스어의 은행(banque)과 보험(assurance)의 합성어로, 1986년 프랑스의 크레디아그리콜 은행이 생명보험사인 프레디카를 자회사로 설립해 전국 46개 은행창구에서 보험상품을 판매하면서 시작되었다. 기존 은행과 보험회사가 서로 연결해 일반 개인에게 광역의 금융 서

비스를 제공하는 시스템 또는 보험회사가 은행 지점을 보험상품의 판매 대리점으로 이용해 은행원이 직접 보험상품을 파는 영업형태를 가진다. 금융기관의 대고객 유대관계는 갈수록 느슨해지는 반면 개인의 저축 동기가 다양화됨에 따라 고객에게 보다 광범위한 서비스를 제공해야 할 필요성에 의해 등장하였다.

유럽에서는 비교적 보편화되어 생명보험상품의 20% 이상이 은행을 통해 판매되고 있으며, 프랑스와 스페인에서는 보험 가입의 70% 정도가 방카슈랑스 형태로 이루어진다. 미국도 생명보험상품의 13%가 은행을 통해 고객에 전달된다.

우리나라에서는 1997년 한국주택은행과 한국생명보험(지금 현대생명보험)이 '단체신용생명보험'의 형태로 처음 도입하였으나 은행업과 보험업의 겸업이 금지되어 있어 본격적으로 시행되지 못하다가 2003년 8월부터 시행되었다.

고객은 한 번의 금융기관 방문으로 다양한 금융서비스를 받을 수 있고 은행을 통해 보다 싼 보험상품을 구입할 수 있으며, 은행상품과 보험상품을 이상적으로 조합해 효율적인 리스크 관리가 가능하다는 점 등이 장점으로 꼽힌다.

법인세

개인의 소득에 대해 소득세가 부과되는 것과 같이 주식회사와 같은 법인 조직에 대해 그 사업에서 생긴 소득에 부과하는 세금을 '법인세(法人稅)'라 한다. 법인세는 부과권자가 국가인 국세이며 세금을 납입하는 납세자와 실제 부담하는 담세자가 동일한 직접세이나, 소득에 대해서 부과된다는 점에서 소비세인 주세나 특별소비세와는 다르며 법인 소득의 크기에 따라 세율이 높아지는 누진세이다.

우리나라의 현행 법인세는 각 사업 연도의 소득에 대한 법인세, 청산소득에 대한 법인세, 토지 등의 양도차익에 대한 법인세특별부가세 등 세 가지로 구성되어 있다. 2012년부터 인하된 현행 법인세의 세율은 과표 금액 2억 원 이하 10%, 2억 원 초과 200억 원 이하 20%, 200억 원 초과 22%이다.

법정관리

법정관리는 회사정리법에 의한 회사정리절차를 말하는 것으로, 재정적 궁핍으로 도산에 직면하였으나 갱생 가능성이 있는 주식회사에 대해 법원이 선임한 법정관리인이 모든 채무 지급과 자산 처분을 동결시키고 경영이 정상화될 때까지 경영 전반을 책임지고 회사를 정리 재건하는 절차이다.

회사 정리는 다음의 절차를 거친다.

① 정리절차 개시 신청(회사, 주주, 채권자)
② 정리절차 개시 결정(법원)
③ 법정관리인 선임(법원)
④ 정리계획안 작성(관리인)
⑤ 정리계획안 가결(관계인 집회)
⑥ 정리계획 인가(법원)
⑦ 정리계획 수행(관리인)
⑧ 정리절차 종료(관리인 신청)

법정관리는 회사, 주주 및 채권자가 신청할 수 있는데 주주는 발행 주식 총수의 10% 이상을 가진 자, 그리고 채권자는 자본금의 10%에 상당하는 채권을 가진 자로 제한되어 있다.

정리절차가 개시되면 회사의 경영과 재산의 관리·처분에 관한 권한이 대표이사에서 관리인으로 바뀌고, 회사에 대한 채권자 및 주주는 그 권리를 신고해야 한다. 법정관리인은 향후 회사의 운영 방법, 채무변제 방법 등을 기술한 정리계획안을 법원에 제출하고 이를 정리채권자, 정리담보권자, 주주 등 각 조의 관계인 집회에서 동의를 얻고 법원의 인가를 받아 정리계획을 수행한다.

법정관리가 개시되면 회사에 대한 채권자의 개별적인 권리행사가 금지되므로 이를 악용해 갱생 가망이 없는 업체의 경우에도 부도 회피 또는 채무 변제 지연을 목적으로 법정관리를 신청하는 사례가 있다.

벤처캐피털

벤처캐피털(venture capital)이란 장래성이 있는 새로운 기술이나 아이디어를 가지고 있는 개인 또는 중소기업에 대해 기업 설립 자금 또는 사업화 자금을 지원해 그 기업이 성공한 후에 자본을 회수하는 모험자본 또는 투자회사를 말한다.

변동금리

🔗 4장 주 56) 참조.

본원통화

본원통화(reserve base, high-powered money)라 함은 시중에 공급되는 통화의 원천이 되는 통화로서 한국은행의 화폐발행액과 예금은행이 예금지급 준비를 위해 한국은행에 맡겨 놓은 예치금을 합한 것을 말한다.

한국은행이 발행한 화폐발행액은 민간이 현금통화로 보유하고 있거나 은행이 시재금으로 보유하고 있게 된다. 또한 은행은 고객으로부터 받은 예금 중 한국은행에 일정 금액을 예치하거나 시재 현금으로 보유하여 예금인출 요구에 대비하고 있으므로 예금은행의 지급준비 예치금과 시재 현금을 합해 예금에 대한 지급준비총액이라고 한다.

따라서 본원통화는 민간이 보유하고 있는 현금통화와 예금은행이 보유하고 있는 지급준비총액의 합으로도 표시할 수 있다. 이를 식으로 간단하게 나타내어 보면 다음과 같다.

본원통화 = 화폐발행액 + 금융기관의 지급준비 예치금

본원통화 = 민간보유현금 + 금융기관 보유 시재금 + 금융기관의 지급준비 예치금

본원통화 = 민간보유현금 + 금융기관의 총지급준비금

부도

부도(不渡)란 어음이나 수표를 갖고 있는 사람이 지급인, 인수인 또는 발행인에게 어음 대금의 지급을 요구하며 그 어음이나 수표를 제시했을 때 지급이 거절된 상태를 말한다. 지급을 거절하는 사유는 예금 부족인 경우가 일반적이다. 즉, 어음을 발행한 기업의 은행 계좌에 잔고가 부족하면 그 기업은 부도가 나는 것이다.

따라서 기업의 영업 활동이 크게 위축되거나 자금사정이 나빠지면 이 같은 부도 사태를 맞게 된다. 제시된 어음에 인감이 누락됐거나 위조 · 변조되는 등 형식적인 요건을 갖추지 못할 경우에도 부도가 난다. 부도어음(수표)의 발행자는 상거래 질서를 어지럽히고 경제를 혼란시킨 만큼 일정 기간 은행거래가 정지되는 등 법적 처벌을 받게 된다.

어음시장에서 부도어음이 얼마나 발생하느냐 하는 것은 시중의 자금사정을 볼 수 있는 척도가 된다. 이 목적으로 계산되는 지표가 어음부도율이다. 어음부도율은 어음교환소를 통해 교환 회부된 약속어음, 당좌수표, 가계수표, 자기앞수표 등 각종 어음 및 수표 중 지급되지 않고 부도가 난 금액을 교환 금액으로 나누어 계산한다.

🔗 어음교환(p. 262) 참조.

부동산실명제

부동산실명제는 부동산에 관한 물권(소유권, 전세권, 지상권 등)을 반드시 실제 권리자의 이름으로만 등기하도록 하는 제도로서 1995년 7월 1일에 발효된 '부동산 실권리자명의 등기에 관한 법률(부동산실명법)'에 근거하고 있다. 동 법은 '명의신탁(名義信託)'과 '장기미등기(長期未登記)'를 규제하고 있는데, 이를 규제함으로써

부동산 투기를 억제해 부동산 가격을 안정시키는 한편 부동산 거래질서를 바로잡아 각종 부정·부조리를 제거하기 위한 것이다.

이 제도의 도입은 오늘날 자본주의 국가에서도 토지 등 부동산이 공공재로 인식되면서 토지소유권 절대사상에도 변화가 요구되고 있어, 이에 따라 우리나라 헌법에서도 국가는 토지소유권에 대해 법률이 정하는 바에 따라 제한과 의무를 과할 수 있을 뿐만 아니라 개인의 소유권이라도 권리를 남용하지 못하도록 하고 정당한 이익이 있는 범위 내에서 행사해야 한다고 규정하고 있는 데 바탕을 두고 있다.

부실채권

부실채권(不實債權)이란 금융기관 보유자산 중 기업부도, 가계파산 등으로 채권회수에 상당한 위험이 발생하였거나 회수가 불가능하다고 판단되는 자산으로, 우리나라에서는 금융감독원의 자산건전성 분류기준(정상, 요주의, 고정, 회수의문, 추정손실)에서 정상, 요주의를 제외한 고정 이하(substandard and below) 채권을 말한다.

외국의 경우에는 부실채권을 무수익여신(non performing loan)으로 발표하고 있는데, 이는 3개월 이상 연체여신과 이자 미계상 여신(부도업체 등에 대한 여신 및 채무상환능력 악화여신) 등으로 구성된다.

외환위기 직후 부실채권 규모가 크게 확대되면서 한국자산관리공사(KAMCO)가 부실채권정리기금의 부담으로 금융기관의 부실채권을 대거 인수한 바 있는데, 이로 인해 부실채권 비율이 크게 하락하였다. 한국자산관리공사는 인수자금 조달 또는 상환자금 마련 등을 위해 부실채권 매각, ABS 발행, 법원 경매 등의 방법으로 이를 정리해 왔다.

최근에는 은행들이 경쟁력 강화를 위해 대손상각, 매각 등을 통해 부실채권을 적극적으로 감축한 데다가 여신 심사를 강화해 신규발생 부실채권

은행권 부실채권 추이(연말 기준)										
	2000	2005	2006	2007	2008	2009	2010	2011	2012	2013	2014
부실채권잔액(조 원)	42.1	9.7	7.8	7.7	14.7	16.0	24.8	18.8	18.3	25.8	23.8
부실채권비율(%)	8.0	1.22	0.84	0.72	1.14	1.24	1.90	1.36	1.33	1.79	1.53

자료 : 금융감독원

을 줄여나간 데 힘입어 부실채권 규모가 줄어들고 부실채권 비율이 하락하고 있다.

부외거래

거래 시점에서 현물의 이동이 발생하지 않기 때문에 장부상에 기재되지 않는 거래를 부외거래(簿外去來, off-balance transaction)라 한다. 금융거래에서 부외거래란 일반적으로 전통적 업무인 예금 대출업무 이외의 거래를 말하는데, 이 중에는 파생상품거래 외에도 보증 및 약정 형태, 자산 매각 형태, 기타 부외거래 등으로 나눌 수 있다.

보증 및 약정 형태

보증 형태 부외거래의 대표적인 예로는 무역거래 관련 신용장을 들 수 있다. 한편 일정 시점 또는 일정 조건의 대출 실행을 약속하고 그 대가로 수수료를 받는 거래인 약정 형태의 부외거래는 당좌대월 약정이 대표적인 거래이다.

자산 매각 형태

대출 채권의 유동화와 관련된 것으로 금융기관이 자산의 일부 또는 전부를 증권으로 전환해 이를 매각할 때 부외자산화하는 것이다.

기타 부외거래

증권 인수 업무, 대리 업무, 증권의 보호 예수 등이 있다.

부채비율

🔗 2장 주 17) 참조.

불공정거래

공정한 경쟁을 저해할 우려가 있는 경제적 거래를 불공정거래(不公正去來)라 한다. 자본주의 경제사회가 발전해 가는 과정에서 나타난 부작용은 자본이 집중되고 자유방임적 이윤 추구 행위가 팽배해 생산이나 소비가 최적 효율성을 보장해주지 못한다는 점이었다. 이에 미국을 비롯한 각국은 공정 경쟁을 보장하기 위해 불공정거래를 규제하게 되었는데, 규제 범위는 각국이 처한 사회경제적 상황에 따라 다르게 나타났다.

미국에서는 초기에 중소기업의 보호, 경제력 분산 등 비경제적 목적이 존중되었으나 점차 경제적 효율성을 중시하는 방향으로 변화되었다.

우리나라는 초기부터 비경제적 목적이 중시되었으며 점차 비경제적 목적이 강화되는 방향으로 공정거래제도가 발전되어 왔다. 예컨대 '독점규제 및 공정거래에 관한 법률'의 규정에 의하면 불공정거래행위를 독과점, 경제력 집중, 담합, 기타 경쟁제한적 불공정거래 행위의 네 가지로 구분 규제하고 있듯이 우리나라는 상당히 광범위한 규제 체계를 가지고 있다.

공정거래제도는 이제 국제적인 문제로 인식되고 있다. 이제는 각국이 국제적인 기준에 적합한 공정거래제도를 갖추도록 요구받고 있는 것이다.

비은행금융기관

비은행금융기관(non-bank financial intermediaries)이란 전통적인 상업은행과는 달리 일반은행법의 적용을 받지 않으면서 은행과 유사한 금융중개기능을 담당하고 있는 각종 금융기관을 말한다. 우리나라에서는 흔히 제2금융권이라는 말과 혼용되는데 문자 그대로 은행이 아닌 금융기관을 총칭하는 말이다. 여기에는 종합금융회사, 상호신용금고, 보험회사, 투자신탁회사, 우체국 등이 있으며 그밖에 한국산업은행을 비롯한 개발금융기구와 특수은행업무 중 재정자금 및 채권발행을 통한 자금조달 등도 이 범주에 속한다고 볼 수 있다.

우리나라의 비은행금융기관은 일본이나 미국에서 사용되는 논뱅크와는 구별되는 개념이다. 일본에서 논뱅크라 하면 예금 등을 받지 않고 여신 업무를 영위하는 회사를 말하는데 여기에는 주택금융회사, 소비자신용회사, 사업자신용회사 등이 포함되며 일반적으로 금융업으로 분류되는 은행, 신용금고, 신용조합, 증권회사, 보험회사 등을 제외한 여신 전문 금융기관을 말한다.

미국에서는 논뱅크 은행(non-bank bank)이라고 부르는 금융기관이 있는데 이는 증권, 보험 등 은행 이외의 금융기관이 은행업무에 진출할 수 있도록 하기 위해 인가된 종합금융회사의 성격을 띤 금융기관이다. 그런데 미국에서도 우리나라에서와 같은 개념의 비은행금융기관이 따로 있다. 여기에는 저축기관, 보험회사, 기금, 금융회사, 투자회사, 신탁회사, 리스회사, 증권회사, 투자은행, 정부계 금융기관 등 다양한 형태의 금융기관이 포함된다.

사외이사

사외이사(社外理事, outside director)는 통상 이사로 불리는 상근사내이사(inside director)와 대칭되는 말로, 주주총회에서 선임되며 업무집행결정권 및 이사의 직무집행에 대한 감독권을 가지는 이사회의 한 구성원으로서 법률상 상근이사와 같은 권한과 책임을 가지는 비상근이사를 말한다.

우리나라에 사외이사제도가 도입된 것은 IMF 외환위기 이후 기업경영의 투명성을 제고하고 투자자의 이익을 반영하는 방향으로 기업의 지배구조를 개선하기 위한 정책적인 배려가 반영된 결과이다.

종전 우리나라 기업은 지배주주가 감사와 이사회의 전권을 장악해 이사의 직무 집행 및 회계에 대한 감사 기능이 제대로 수행되지 못해 기업경영이 불투명하고 일반 주주의 이익이 보호되지 못하였다. 이에 1998년 증권거래소의 '유가증권상장규정'이 개정되어 정부 주도 하에 사외이사제도를 도입하게 된 것이다.

사외이사의 기능은 독립적인 위치에서 지배주주를 비롯한 이사의 직무 집행에 대한 감시 · 감독 직무를 객관적으로 수행해 경영의 투명성을 제고하고, 정책사항의 결정을 위한 조언 및 전문지식의 제공 등 회사의 건전한 발전을 위한 내부 통제 직무를 수행하는 데 있다.

1998년 2월에 개정된 상장규정에는 상장법인의 사외이사를 이사 총수의 1/4 이상으로 의무화하였다. 이어 2001년에는 증권거래법에 동 규정을 도입해 사외이사제도를 법제화하는 한편 자산규모 2조 원 이상 상장법인의 경우 이사 총수의 1/2 이상 및 3인 이상의 사외이사를 두도록 하였으며, '사외이사 후보 추천위원회' 설치를 의무화해 위원 총수의 1/2 이상을 사외이사로 구성토록 하였다.

또한 2001년 3월에는 소수 주주가 추천한 사외이사 후보에 대해서는 사외이사 후보 추천위원회가 주주총회에 이를 반드시 추천하도록 의무화하였다. 그리고 사외이사로는 당해 회사의 대주주이거나 주요 주주, 임직원 및 그 관계인이 선임되지 못하게 해 직무 수행의 독립성이 보장되도록 하고 있다.

사회보장비

사회보장제의 운영을 위해 국민이 부담하는 비용을 말한다. 사회부조제도와 사회보험제도로 나누어지는 사회보장제도 중에서 사회부조를 위한 경비는 주로 국민의 세금으로, 사회보험을 위한 경비는 주로 수혜자가 부담하게 되는데 사회보장비는 실업, 질병, 연금 등을 위해 수혜자가 부담하는 보험료를 말한다.

사회보장제

사회의 구성원인 개인이 부상, 질병, 출산, 실업, 노쇠 등의 원인에 의해 생활이 어려워지면 공공의 재원으로 최저생활을 보장해 주는 제도를 사회보장제라 한다.

사회보장제는 크게 사회부조제도와 사회보험제도로 나눌 수 있다. 사회부조는 국가 또는 공공단체가 생활이 어려운 사람들에게 생활비의 일부 또는 전부를 도와주는 제도이며, 사회보험은 본인 또는 본인을 대신하는 자가 보험료를 적립해 위에서 열거한 여러 가지 사유가 발생한 경우에 연금 또는 일시금을 보험금으로 지급하는 제도이다. 사회보험은 대개 국가나 소속 직장이 일정액의 보조금을 지원해주고 있다.

사회보장제도는 유럽의 영국이나 스웨덴 등 복지국가에서 발달되어 왔다. 사회보장제는 자본주의 제도에서의 지나친 경쟁으로 파생되는 부작용과 불의의 사고에 대비한 보험제도로 발전되어 왔으나 한편으로는 도덕적 해이(moral hazard)에 의한 경쟁력 약화와 재정 적자의 누적이라는 문제점이 지적되어 왔다.

즉, 사회보장제가 발달한 나라에서는 일을 하지 않아도 실업수당이나 의료비 등이 최저생활 수준을 보장해 주기 때문에 힘들여 마음에 들지 않는 노동을 할 필요가 없다고 생각하는 사람의 수가 늘어나는 도덕적 해이 현상이 사회에 만연해 국민경제의 효율이 떨어지는 현상이 발생했다.

또 인간 수명 연장에 따른 노령 인구의 증가로 사회보험료를 내는 사람보다 보험금을 타는 수혜자의 수가 급속도로 늘어 사회보장제가 발달한 국가에서는 보험기금이 고갈되거나 이를 보전하기 위한 재정 적자가 누적되어 국가 재정의 파산이 우려되는 지경까지 이르게 되었다. 이에 각국에서는 최근 재정 개혁과 함께 사회보장제 개혁을 추진하는 움직임이 활발하게 나타나고 있다.

사회보험

🔗 2장 주 20) 참조.

사회적기업

사회적기업(social enterprise)이란 영리기업과 비영리기업의 중간 형태로, 사회적 목적을 우선적으로 추구하면서 재화 · 서비스의 생산 · 판매 등 영업활동을 수행하는 기업을 말한다. 여기서 사회적 목적이란 취약계층에게 사회서비스 또는 일자리를 제공하여 지역주민의 삶의 질을 높이는 사업을 말한다. 사회적 목적은 영리기업이 주주나 소유자를 위해 이윤을 추구하는 것과 구별된다. 사회적기업은 취약계층을 도우고 지역사회에 공헌함으로써 지속가능한 경제, 사회통합을 구현하는 데 의의가 있다. 사회적

기업은 설립 시부터 자립할 여건을 갖출 수 없으므로 지자체와 관련 단체에서 인건비, 경영컨설팅, 전문인력, 공공구매, 판로개척 등을 일정 기간 지원하고 있다.

생산자물가

생산자물가(生産者物價, producer price)란 국내시장의 제1차 거래단계에서 기업 상호 간에 거래되는 모든 상품과 전기, 가스, 수도 등 일부 서비스의 평균적인 가격을 말하는데, 생산자물가의 변동을 지수로 나타낸 것이 생산자물가지수이다.

생산자물가지수는 대상 품목의 포괄범위가 넓어 전반적인 상품의 수급 동향이 반영된 일반적인 물가수준의 변동을 측정할 수 있기 때문에 보통 일반물가지수라고 불린다. 지수작성에 사용되는 가격은 제1차 거래가격, 즉 국내 생산품의 경우는 부가가치세를 제외한 생산자판매가격(공장도 가격)을 원칙으로 하고 있고 수입상품의 가격은 수입상 판매가격을 기준으로 조사되고 있다. 우리나라의 생산자물가지수는 한국은행에서 조사하고 있다.

서브프라임 모기지

🔗 2장 주 38) 참조.

석유파동(오일쇼크)

🔗 2장 주 33) 참조.

선도거래

선도거래(先渡去來, forward contract)란 거래 당사자들이 통화, 채권, 주식 등의 자산을 미리 약정한 가격으로 미래의 일정 시점에 인수도(引受渡)하기로 약정하는 거래를 말한다. 이런 점에서는 선물거래와 다름이 없다.

그러나 선도거래는 선물거래와는 달리 거래형식이 규격화되어 있지 않고 거래 당사자들의 협의에 의해 계약 규모 및 만기일이 결정되므로 거래 당사자들의 다양한 요구에 적합한 거래가 가능하다는 장점이 있는 반면, 선물거래에서의 청산소(clearing house)와 같은 거래 이행을 보증하는 기관이 별도로 없기 때문에 거래 상대방이 계약을 불이행할 위험(default risk)이 있다는 단점이 있다. 따라서 선도거래는 신용도가 높은 은행 및 딜러 등 기관투자가와 기업이 주로 이용하고 있다.

선물거래와 선도거래		
	선물거래	선도거래
거래 상대방	거래소	거래 상대방
거래조건	표준화	당사자 간 합의
거래시간	정해진 시간 내	시간제한 없음
중도청산	반대거래를 통해 가능	상대방과 합의하지 않는 한 만기일 결제
선물가격 결정	다수 간 경쟁호가 방식	쌍방 간의 협상
거래보증	청산소	없음

선물거래

선물거래(futures contract)란 수량, 품질, 거래단위 등이 규격화되어 있는 상품 또는 금융자산을 미래의 특정 시점에 특정 가격에 매매하기로 약정하는 거래를 말한다.

선물거래는 일본, 영국, 미국 등지에서 나름대로의 역사적 배경을 가지고 생겨났다. 일본에서는 에도(江戶) 막부(幕府) 시대 이후 막부 주위에 체재하던 지방 제후들이 쌀의 출하 중간기에 필요한 자금을 마련하기 위해 발행한 물표(物標)가 상업적으로 유통되기 시작해 오늘날의 상품거래소로 발전하였다.

영국에서는 19세기 웨일즈산 석탄을 선박에 실어 남미로 수출하고 돌아오는 길에 칠레에 들러 구리를 싣고 오는 무역이 성행하였다고 한다.

이때 선박이 칠레로부터 구리를 싣고 출발해 케이프 혼을 돌아 영국으로 오는 항해기간이 3개월이었는데, 칠레를 출발하면서 친 무선통신을 받은 수입자가 국내 거래자를 상대로 3개월 후에 인도하는 조건의 구리 선물계약을 런던금속거래소(LME : London Metal Exchange)에서 체결한 것이 근대적인 LME 3개월 선물 계약의 효시가 되었다.

미국에서는 1800년대 중서부의 곡물이 교통 사정과 창고 부족, 풍흉으로 가격 등락이 극심해 농민과 소비자 모두 큰 피해를 입게 되자 시카고의 상인들이 1848년 4월에 세계 최초의 근대적인 상품선물거래소를 설립한 것이 시카고상품거래소(CBOT)이다.

선물거래는 계약과 인도 간에 시차가 있다는 점에서는 선도거래와 유

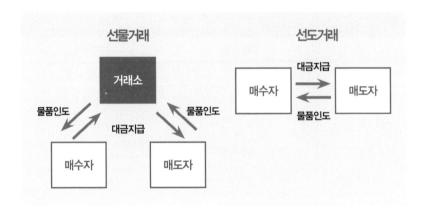

사하나, 가격 변동에 따른 채무불이행 위험을 제거하기 위해 다양한 제도적 장치를 두고 있는 점에서 차이가 있다.

거래증거금제도
(margin requirement system)

거래자가 일정액의 증거금을 청산소에 예입하고 가격 변동에 따라 증거금이 매일 일정 수준 이상 유지되도록 하는 제도이다. 이를 통해 계약의 이행을 보증하는 역할을 한다.

공개호가(open outcry) 방식 거래

선물거래는 거래소 내 중개인의 공개호가에 의해 경쟁입찰 방식으로 이루어진다. 따라서 선도거래가 거래 상대방을 알 수 있는 장외거래인 데 비해, 선물거래는 거래 상대방을 알 수 없는 장내거래이다.

표준화된 계약
(standardized contracts)

선도거래의 경우 상품의 거래 단위, 만기일 등을 거래 쌍방이 정하는 데 비해, 선물거래에서는 이런 것들이 거래소에 의해 표준화되어 있다. 따라서 선물상품은 유동성이 풍부하다.

인수도

선도거래는 거래 쌍방이 합의한 만기일에 실물이 인수도 되어야 하지만 대부분의 선물거래는 만기일 이전에 동일 만기일의 선물이나 현물을 반대매매해 차액 정산함으로써 계약이 종료되며, 일부만이 거래소가 정한 인수도일에 실물 인수도 된다.

선물거래의 대상에는 농산물, 축산물, 에너지, 금속 등의 실물상품과 통화, 금리, 주식, 주가지수 등의 금융상품이 있다. 실물상품을 대상으로 하는

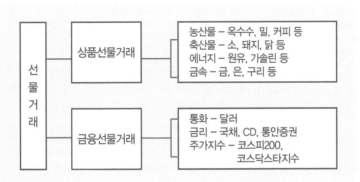

선물거래를 '상품선물거래'라 하고 금융상품을 대상으로 하는 선물거래를 '금융선물거래'라 한다.

선물환거래

거래 당사자들이 통화, 채권, 주식 등의 자산을 미리 약정한 가격으로 미래의 일정 시점에 인수도하기로 약정하는 거래인 선도거래에 포함되는 개념으로, 계약일로부터 일정 기간 후(대개 1주일 내지 6개월)에 약정통화를 인수도하기로 약정한 환거래를 선물환거래라고 한다. 이는 매매계약과 동시 또는 2영업일 이내에 인수도가 이루어지는 현물환거래에 대비되는 거래로 장래의 약정한 시기는 보통 2영업일 이후인 것이 일반적이다. 우리나라의 원화와 외화 산 세대도 계약으로부터 2영업일 이후에 인수도 되

는 거래는 선물환거래로 분류되고 있다. 선물환거래는 보통 둘 이상의 통화를 매개로 한 거래에서 발생하는 환리스크를 회피하기 위한 목적으로 이용된다.

예를 들어 6개월 이후에 달러로 대금을 수령할 예정인 수출기업은 은행과 6개월 후 달러를 일정 환율(선물환율)로 매각하는 선물환계약을 체결함으로써 원화와 달러 간 환율 변동에 따른 환 리스크를 헤지(hedge)할 수 있다. 수입업자나 외채를 상환해야 하는 경우에도 일정 기간 후에 외화를 선물환율로 매입하는 계약을 체결함으로써 환율 변동에 따른 위험을 회피할 수 있다.

셰일가스

2장 주 51) 참조.

소득재분배

자본주의 사회에서는 교육 수준의 차이, 개인적 특성의 차이 등으로 인해 경제적인 격차가 발생할 수밖에 없는데, 이러한 격차를 어느 정도 해소하고 결과적으로 사회 전체의 효용 수준을 향상시키기 위해 시행되는 정책을 소득재분배정책이라 한다.

소득재분배정책은 경제적 동기보다는 정치적 동기에서 생겨났다고 볼 수 있으므로 이에 대한 찬반 논의는 여전히 계속되고 있지만, 시대적 흐름과 정치적 현실을 반영해 현대 정부는 대부분 소득재분배정책의 필요성을 인정해 이를 시행하고 있다.

적극적인 소득재분배정책의 대표적인 예로는 소득이 높아짐에 따라 조세율이 높아지는 누진세제도와 빈곤층을 대상으로 실시하는 공공부조(public assistance)제도를 들 수 있다. 이외에 국민연금, 실업보험 등의 사회보험제도, 의료보험제도 등은 소극적인 소득재분배정책이라 할 수 있다. 최근에는 미국, 유럽 등의 선진국에서 복지정책으로 인해 재정 적자가 누적되고 사회의 생산성이 정체하는 등의 부작용이 나타나면서 과도한 소득재분배정책에 대한 비판도 대두되고 있다.

소매금융

은행의 업무는 거래 대상 고객을 기준으로 해서 볼 때 개인을 대상으로 하는 소매금융거래와, 기업이나 정부기관 등을 대상으로 하는 도매금융거래로 구분할 수 있다.

전통적으로 은행은 기업을 대상으로 하는 도매금융에 주력하고 가계 고객을 대상으로 하는 소매금융(retail banking)을 등한시해 왔으나 제2차 세계대전 후부터 점차 가계 고객을 대상으로 한 영업이 늘어나기 시작해 최근에는 소매금융혁명이라고 부를 정도로 그 비중이 크게 신장되었다.

이와 같이 소매금융이 성장한 배경에는 기업이 은행거래를 줄일 수밖에 없는 사정이 있었다. 즉, 비은행금융기관들의 설립과 금융에 대한 각종 규제 완화로 금융기관 간 경쟁이 치열해져 기업이 은행과만 거래할 필요가 없어졌으며, 주식, 채권시장 등 직접금융시장의 발달로 기업이 자금을 조달하기가 쉬워졌을 뿐 아니라 각종 첨단 기술을 이용한 기업의 자금관리기법 발달로 은행 이용도를 줄일 수 있게 된 것이다.

또한 전자 및 통신기술의 혁신적 발달은 고객의 다양한 금융수요를 충족시킬 수 있는 각종 소매금융상품의 개발을 촉진시켰고, 소매금융은 도매금융에 비해 거래규모 대비 취급건수가 상대적으로 많음에 따라 관리비용의 부담은 다소 크나 예대마진(예금금리와 대출금리의 차이)이 커서 수익성 면에서 유리하다는 점 등도 소매금융 발달의 배경으로 작용하였다.

한편 금리의 완전 자유화, 외환 규제 완화, 인건비 상승, 금융산업 전산화가 본격화됨에 따라 앞으로 우편, 보험, 증권, 투신 등 유사상품과의 경쟁이 격화될 것이므로 은행에게 소매금융의 중요성은 더욱 커질 것으로 예상된다.

소비자물가지수

소비자물가지수(consumer price index)는 일반 도시가계가 소비생활을 영위하기 위해 구입하는 각종 상품(소비재) 및 개인서비스의 가격, 즉 최종 소비단계의 물가 변동을 측정하는 물가지수이다.

소비자물가지수의 변동은 소비자의 구매력과 생계비 변동 등을 나타내기 때문에 한 나라의 물가 상승을 측정하는 대표적인 인플레이션 지표이기도 하다. 매년 정부의 연금지급액이나 복지후생비의 산정, 기업 근로자에 대한 임금 인상의 기초 자료로도 널리 이용되고 있다.

소비자물가지수는 통계청에서 1965년 이후 매월 작성해 오고 있다. 전국 37개 도시가계의 총 소비지출액 중에서 구입 비중이 1/10,000 이상이고 시장에서 지속적으로 가격조사가 가능한 481개 상품 및 서비스 품목을 대상으로 소비자 구입가격을 조사해 2010년의 소비자물가 수준을 100으로 한 지수 형태로 편제하고 있다. 소비자물가지수를 구성하는 품목의 부문별 가중치를 보면 서비스가 54.68%로 가장 크고 다음으로 공업제품 32.66%, 농축수산물 7.76%, 전기 · 수도 · 가스 4.90% 순으로 되어 있다.

소비자물가지수는 서민들의 생활과 밀접하게 관련되어 있어 정부에서 경제성장률과 함께 가장 큰 관심을 갖고 있는 거시경제지표 중 하나이다. 그러나 정부에서 발표하는 소비자물가지수는 소비자들이 피부로 느끼는 체감물가와 달라 흔히 물가통계에 대한 불신을 야기하기도 한다.

지수물가가 체감물가와 다른 것은 기본적으로 지수물가는 전반적인 상품과 서비스 가격에 대한 평균적인 변동을 측정하는 데 비해 체감물가는 가격이 크게 오른 몇 개 품목에 대해 소비자 개인이 느끼는 주관적인 물가이기 때문이다. 또한 지수물가는 국민경제 전체 입장에서 본 중요도에 따라 가중치를 부여해서 계산하나 소비자는 구입 횟수가 빈번한 몇 개 상품만을 단순 평균해 계산하는 경향이 있기 때문이다. 따라서 지수물가 숲 전체를 보고 이야기하는 것이라면, 피부물가는 숲속의 가까이 있는 나무 몇 그루를 보고 숲에 대해 제각기 다르게 말하는 것과 같다고 할 수 있다.

한편 정부는 1995년부터 소비자가 피부로 느끼는 장바구니 물가에 보다 근접한 생활물가지수를 소비자물가의 보조지수로 작성하고 있는데, 이는 소비자물가 조사대상 품목 중에서 일반 소비자들이 자주 구입하는 기본 생필품 142개를 선정해 평균적인 가격 변동을 측정한 것이다.

소비자물가는 지수로 편제하지만 흔히 물가상승률로 표시하고 있다. 정부의 발표나 언론의 보도도 물가상승률의 형태로 발표된다. 물가상승률은 흔히 전년 동기와 비교해 계산한다. 금년 3월의 물가가 전년 3월과 비교해 얼마나 올랐는지 또는 내렸는지 보는 것이다.

또 물가는 전월과도 비교한다. 물가를 판단할 때는 전월과 비교하는 것이 정확하겠지만 전년의 같은 달과도 비교하는 것은 물가가 계절적인 요인에 큰 영향을 받기 때문이다. 김장철에 배추 값이 크게 오른다든지, 추석 무렵에 과일 값이 크게 오른다든지 하는 것은 직전월과 비교해서는 전체적인 상황을 정확하게 판단하기 어렵기

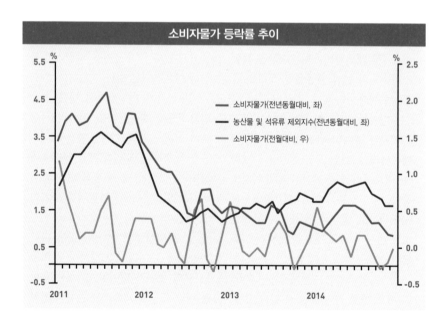

때문에 전년의 같은 달과 비교해 보는 것이다.

수요공급의 법칙

수요공급(demand & supply)의 법칙은 수요량·공급량과 가격의 함수관계를 설명한 법칙이다. 일반적으로 시장에서는 가격이 올라가면 수요가 감소하고 공급이 증가하며, 가격이 내려가면 수요가 증가하고 공급이 감소한다. 가격은 수요와 공급이 같게 되는 수준에 낙착되려고 하는 경향을 가진다. 균형이론에 의하면 가격은 수요와 공급의 일치점에서 정해지는데 이것을 균형가격이라고 하며, 이러한 현상을 수요공급 법칙이라 한다.

수요 및 공급함수의 경우 가격이 독립변수(2차방정식의 y축)이고 수요량 또는 공급량이 종속변수(2차방정식의 x축)이다. 따라서 가격을 p, 수요량을 D로 하면 수요함수는 D=f(p)로 된다. 이것을 D를 x축, p를 y축으로 하는 그래프로 나타내면 우하향하는 수요곡선을 얻게 된다. 또한 공급량을 S로 하면 공급함수는 S=f(p)로 되며 이것을 S를 x축, P를 y축의 표면에 나타낸 우상향하는 곡선을 공급곡선이라고 한다. 완전경쟁이 행해지는 시장에서는 수요곡선과 공급곡선의 교차점,

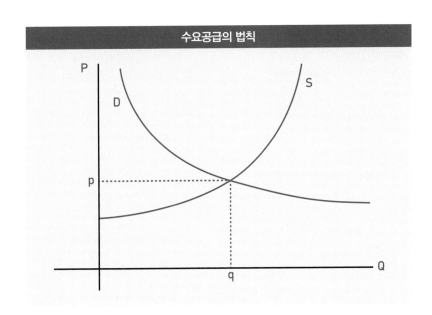

수요공급의 법칙

즉 수요와 공급의 일치점에서 가격은 정해진다. 가격 변동에 따른 수요량, 공급량의 변동과 수요, 공급곡선의 이동은 구분되어야 한다. 가령 한 상품의 공급 측 사정이 일정하고 수요량이 증가하면 가격은 올라가며, 수요량이 감소하면 가격이 내려간다. 반대로 수요 측의 사정이 일정한데 공급량이 증가하면 가격은 내려가고, 공급량이 감소하면 가격이 올라간다. 이때의 수요량, 공급량 변동은 가격 이외의 변수, 예컨대 소득, 기호 등의 변동에 따른 현상이다.

수익증권

수익증권(受益證券)은 재산운용을 타인에게 신탁해 그 수익을 취득할 권리가 표시되어 있는 유가증권으로, 간접투자자산운용업법에 의해 수탁자가 발행하는 수익증권(투자신탁 수익증권)과 신탁업법에 의해 발행하는 수익증권(대부신탁 수익증권)으로 구분된다.

투자신탁 수익증권은 투신운용사나 보험사, 종합금융회사에서 발매하는데 이들 발매회사가 신탁 받은 재산을 주식, 채권, 콜론 등으로 운용하며 이로부터 발생하는 배당, 이자, 매매차익이 이익분배금 또는 상환금 형태로 수익자에게 분배된다. 투자신탁 수익증권은 기금의 투자 대상에 따라 주식형 및 공사채형으로 구분된다.

그러나 주식형이라고 해서 기금을 전액 주식으로만 운영하는 것은 수익률 변동의 리스크가 커서 이익분배금이 오히려 원금에 미달할 수도 있기 때문에 어느 정도는 채권이나 파생금융상품에 투자하고 있는 것이 일반적이다.

순국제투자

대외채권 채무 통계가 대외상환 의무를 지는 부채를 위주로 한 통계라면, 비해 여기에 지분성 투자까지 포함하는 통계가 국제투자대조표(international investment position)이다.

국제투자대조표는 우리나라의 대외투자자산과 외국인의 대내투자자산을 모두 파악해 기록하는데, 특히 외국인의 대내투자자산에는 우리나라의 대외채무뿐만 아니라 우리나라에 대한 외국인의 직접투자와 증권투자가 모두 포함된다. 우리나라의 대외투자자산에서 외국인의 대내투자자산을 차감한 차액을 우리나라의 순국제투자라 한다.

국제투자대조표의 대외투자 및 외국인투자의 변동은 거래 요인과 비거래 요인으로 구분할 수 있다. 거래 요인은 국제수지의 금융계정을 반영하

국제투자대조표					(억 달러)
	2011년 말	2012년 말	2013년 말	2014년 말ᵖ	연중 증감
A. 대외투자	7,595	8,610	9,675	10,802	1,127
1. 직접투자	1,724	2,029	2,388	2,586	197
(지분투자)	1,577	1,860	2,051	2,213	162
2. 증권투자	1,034	1,377	1,688	2,063	375
(지분증권)	717	991	1,238	1,430	192
(부채성증권)	318	386	450	633	183
3. 파생금융상품	267	317	236	307	71
4. 기타투자	1,505	1,618	1,899	2,211	312
(대 출)	641	714	941	1,030	90
5. 준비자산	3,064	3,270	3,465	3,636	171
〈대외채권〉	4,987	5,386	6,089	6,789	700
단 기	4,097	4,348	4,752	5,188	435
장 기	889	1,038	1,337	1,602	265
B. 외국인투자	8,406	9,554	10,048	9,983	−64
1. 직접투자	1,352	1,579	1,809	1,820	12
(지분투자)	1,261	1,510	1,656	1,661	4
2. 증권투자	4,770	5,781	6,156	5,899	−257
(지분증권)	2,842	3,633	3,879	3,693	−186
(부채성증권)	1,928	2,148	2,277	2,206	−71
3. 파생금융상품	291	309	264	362	98
4. 기타투자	1,993	1,885	1,819	1,901	82
(차 입)	1,443	1,341	1,298	1,388	90
〈대외채무〉	4,000	4,089	4,235	4,254	19
단 기	1,398	1,280	1,118	1,153	35
장 기	2,603	2,810	3,117	3,102	−16
C. 순국제투자(A-B)	−810	−944	−372	819	1,191
〈순대외채권〉	986	1,297	1,854	2,535	681

고 비거래 요인은 가격변동과 환율변동 등의 조정을 반영하고 있다.

우리나라는 대외채권과 채무만을 기록할 경우에는 순채권 상태이지만, 국제 간 지분성 투자까지 포함하는 국제투자대조표로 파악한 순국제투자는 2013년 말 현재 -368억 달러를 기록하였다. 이는 우리나라의 대외투자자산 9,542억 달러보다 외국인의 대내투자자산이 9,910억 달러로 368억 더 많다는 의미인데, 외국인의 대내투자자산 속에는 외국인의 직접투자 잔액 1,673억 달러와 주식투자 잔액 3,879억 달러가 포함되어 있다.

스와프거래

거래 당사자들 간에 미리 정한 계약조건에 따라 장래의 일정 시점에 두 개의 서로 다른 방향의 자금 흐름(cash flow)을 교환하기로 약정한 거래를 스와프거래라 한다. 스와프거래의 예로는 변동금리와 고정금리를 교환하는 금리스와프와, 거래 당사자가 서로 상이한 통화로 차입하였을 때 원리금 상환의 자금 흐름을 서로 교환하는 거래인 통화스와프 등이 있다.

금리스와프는 금융시장에서 차입자의 기존 부채 또는 신규 부채의 금리가 변동함으로써 발생하는 금리 리스크의 헤징이나 차입비용의 절감을 위해 두 차입자가 각자의 차입조건(차입금리)을 상호 간에 교환하는 계약으로, 일반적으로 변동금리부채와 고정금리부채를 교환하는 형식을 취하게 된다. 즉, 두 차입자가 각각 상대방보다 유리한 변동금리 또는 고정금리 조건으로 자금을 조달할 수 있는 비교 우위에 있을 경우 두 차입자가 각자 유리한 시장에서 차입해 각자의 차입금리 지급 의무를 상호 간에 교환하는 것이다.

통화스와프는 거래 당사자 간에 거래시작 시 서로 다른 통화로 표시된 원금을 교환하고 일정 기간 동안 그 원금에 대해 계약 시점에 미리 정한 이자지급 조건으로 이자를 교환한 다음 만기 시 계약 시점에 미리 약정한 환율로 원금을 재교환하는 거래이다.

통화스와프는 보유외화자산의 수익률을 높이거나 외화자금을 조달할 때 차입자가 각기 유리한 국제금융시장에서 채권발행을 통해 자금을 조달한 후 필요한 통화로 교환함으로써 차입비용을 절감하거나 장기차입에 따른 환율 및 금리변동 위험을 회피하는 등의 목적으로 이용된다.

스와프거래에는 이밖에 외환스와프거래가 있다. 이 거래는 일반적으로 특정 외환을 현물환시장에서 매입(또는 매도)하는 동시에 선물환시장에서 매도(또는 매입)하는 형태로 이루어진다. 현물환과 선물환을 교환하는 것이다. 외환스와프거래는 환 리스크의 헤지, 결제일의 조정, 기타 통화자금의 조달 수단, 금리재정거래, 선물환의 창출 등을 위해 이용된다.

스톡옵션

스톡옵션(stock option)은 회사 임직원들에게 일정한 기간 내에 자사 주식을 사전에 약정된 가격으로 일정한 수량만큼 살 수 있는 권리를 주는 제도로 '주식매입선택권'이라고도 한다.

예를 들어 스톡옵션을 시행하기로 한 기업이 주가를 5만 원으로 산정했다면 3년 후에 주가가 10만 원이 되어도 해당 임직원은 5만 원에 그 주식을 살 수 있다. 회사가 발전해 주가가 오를수록 직원의 이익이 커지므로 회사 일을 자기 일처럼 열심히 할 수 있는 동기를 부여하게 되는 것이다.

우리나라의 경우 스톡옵션을 받은 뒤 적어도 3년이 지난 후 권리를 행사할 수 있으며 소득 3천만 원까지는 비과세 대상이다. 벤처기업의 경우 당장에는 자금 부족으로 많은 월급을 주지 못해 유능한 인력 확보가 어렵지만, 스톡옵션을 인센티브로 제공할 경우 유능한 인력을 장기간 확보할 수 있다. 주가가 떨어지면 권리행사를 포기하면 되므로 손해는 없다고 볼 수 있다.

스톡옵션제는 자사의 주식을 제공해 종업원의 복리후생을 도모한다는 점에서 종업원지주제와 성격이 유사하나 수혜 대상의 범위나 폭, 조건 등에서 차이가 있다. 종업원지주제는 대부분 시가에 근접한 신주 발행가로 취득되지만, 스톡옵션의 경우 대부분 취득가격과 시가의 차이가 커서 그 수혜 폭이 크다고 할 수 있다. 또한 종업원지주제는 전체 종업원에게 골고루 혜택을 제공하는 제도인 반면, 스톡옵션은 경영층이나 특정 유공자에게 혜택을 준다는 점에서 다양하고 신축적으로 활용될 수 있는 제도이다.

신용보증기금

신용보증기금(信用保證基金)은 담보 능력이 취약한 기업의 채무상환을 보증해 줌으로써 기업의 자금 융통을 원활히 하고, 신용정보의 효율적인 관리운용을 통해 건전한 신용질서를 확립할 목적으로 1975년에 설치된 기금이다.

신용보증대상은 농림수산업과 유흥음식점을 제외한 거의 모든 업종의 법인기업과 개인기업을 포함하며, 특히 담보력이 미약한 중소기업 및 수출지원금융에 대해서 우선적으로 보증하도록 의무화되어 있다. 신용보승기금이 취급하는 보증의 종류에는 대출보증, 지급보증의 보증, 사채보증, 납세보증, 어음보증, 제2금융보증, 시설대여보증, 이행보증 및 무역어음인수 담보보증 등이 있다.

또한 신용보증 업무 외에 부수 업무로서 개별 기업 등에 대한 신용조사 업무와 기업 신용정보를 체계적으로 축적·관리하는 신용자료의 종합관리 업무를 수행하고 있으며, 이밖에 기업 경영 지도업무, 중소기업에 대한 투자 등의 업무를 수행하고 있다. 기금의 기본재산은 정부, 금융기관 및 기업의 출연금으로 충당하도록 되어 있다.

신용불량자

'신용정보의 이용 및 보호에 관한 법률'에서 정하고 있는 신용불량자란 금융기관과의 거래과정에서 대출금이나 신용카드 할부대금을 3개월 이상 갚지 못해 신용정보 집중기관인 은행연합회에 등록된 사람을 일컫는다.

신용불량자가 연체금을 상환할 경우 신용불량이 해제되어 원 기록 자체가 삭제된다. 그러나 일정 기준 범위 안에 들게 되면 해제가 되더라도 정보는 삭제되지 않고 보존된다. 이것을 기록 보존기간이라고 하는데, 이때는 비록 신용불량 해제가 되었다 하더라도 원 기록은 남아 있기 때문에 준 신용불량자로 판단되어 신용 거래에 불이익을 받을 수 있다.

신용불량 등록 해제와 동시에 신용불량 기록이 삭제되는 경우는 등록 사유 발생일로부터 90일 이내에 해제 사유가 발생하는 경우로 대출연체금액이 1천만 원 이하인 경우, 신용카드 연체금이 200만 원 이하인 경우, 국세나 지방세를 체납한 경우 등이다.

이 밖의 경우는 신용불량 기록이 1년 내지 5년간 보존된다.

신탁

영업행위로서의 신탁(信託, trust)이라 함은 신탁업법에 의해 투자자, 즉 위탁자가 수탁자(신탁회사)를 선임해 재산권을 수탁자에게 이전하고 수탁자는 수탁한 재산권(신탁재산)을 신탁 목적에 맞게 위탁자 또는 위탁자가 지정한 수익자를 위해 관리·처분할 것을 인수함으로써 성립하는 법률행위를 말한다.

수탁자는 신탁재산을 자기 재산과 별도의 계정으로 구분해 운용하고 신탁재산의 운용으로부터 발생하는 수익을 모두 위탁자 또는 수익자에게 귀속시키며, 이와 같은 서비스를 제공한 대가로 신탁보수를 받게 된다. 신탁업무를 업으로 하고자 하는 자는 상호에 '신탁'이라는 호칭을 사용해야 하며, 현재 신탁업무는 외국은행 국내지점을 포함한 '은행신탁계정'에서 주로 이루어지고 있다.

신탁은 신탁목적물을 기준으로 할 경우 금전신탁과 금전신탁 이외 신탁으로 나누어지고, 신탁회사가 수탁할 수 있는 재산은 금전, 유가증권, 금전채권, 동산, 토지와 그 정착물, 지상권, 전세권, 토지의 임차권으로 제한되어 있다.

 투자신탁(p. 296) 참조.

실업률

우리나라의 대표적인 고용통계로는 통계청에서 편제하는 경제활동 인구 조사를 들 수 있다. 이 조사에서는 우리나라 전 지역의 약 3만 2천 개 표본가구를 대상으로 15세 이상 인구, 경제활동 인구, 취업자 및 실업자 현황 등을 조사해 경제활동 참가율, 고용률, 실업률 등을 파악한다.

고용상황을 파악하고자 할 경우에는 전체 인구보다는 경제적으로 생산활동이 가능한 인구가 더욱 중요한 의미를 갖는다. 이에 따라 현재 각국에서 작성하는 고용통계는 조사대상이 일정 연령 이상의 생산활동 가능인구로 정해져 있으며, 이 인구는 다시 노동을 통해 경제 활동에 참가하고 있는 경제활동인구(economically active population)와 경제 활동을 하지 않고 있는 비경제활동인구(not economically active population)로 나누어진다.

경제활동인구는 다시 취업자(persons employed)와 실업자(persons unemployed)로 구분, 조사되는데 실업자가 경제활동인구에 포함되는 이유는 조사시점에서는 일시적인 이유로 직장이 없어 구직 활동을 하고 있으나 보통의 상태에서는 취업을 해야 할 것으로 생각되는 인구이기 때문이다.

고용현황 조사를 통해 생산활동 가능인구, 경제활동인구, 취업자 및 실업자 등의 노동력과 유휴노동력의 규모가 파악되면 경제활동 참가율과 고용률, 실업률 등의 지표를 성별, 지역별, 연령별 등으로 산출해 취업구조 변화를 판단하게 된다.

경제활동 참가율은 경제활동 인구 수를 생산활동 가능 인구수인 15세 이상 인구로 나누어 산출하며, 고용률은 취업자 수를 15세 이상 인구로 나누어서 산출하고, 실업률은 실업자 수를 경제활동 인구수로 나누어 산출한다. 경제활동 참가율이나 실업률 외에 노동이동, 구인배율, 인력부족률 등도 고용동향을 나타내는 경제지표로 사용되고 있다.

노동이동은 입직률과 이직률로 구분되는데 각 업체에 종사하는 노동력의 신규 유입 및 타 업체로의 전출 규모를 판단하는 기준이 되며, 구인배율은 구인 인원수를 구직 인원수로 나누어 작성한 것으로 매월(또는 분기)의 인력수급 동향을 파악하는 데 주로 이용된다.

인력부족률은 산업별, 기업규모별, 직종별, 기술·기능 정도별 부족 인원수를 현재 인원수로 나눈 것으로 일정시점에서의 구체적인 인력부족 정도를 나타내는 지표로 이용되고 있으나 조사시기가 연 1회(통상 3월)에 그치고 있어 여타 고용관련 지표에 비해 활용도가 낮다는 단점이 있다.

경제활동 인구조사에서는 만 15세 이상의 인구를 경제적으로 생산 활동이 가능한 인구로 보며 이 중 취업의사가 있는 사람을 경제활동인구로, 취업의사가 없는 사람을 비경제활동인구로 분류한다.

경제활동인구는 다시 현재 취업하고 있는지를 기준으로 취업자와 실업자로 구분한다. 취업자는 기본적으로 매월 15일이 포함된 날로부터 최근 4주 동안에 수입을 목적으로 1시간 이상 일한 사람으로 정의되나, 그 밖에도 자기 가구에서 경영하는 농장이나 사업체에서 주당 18시간 이상 일한 무급 가족 종사자를 비롯해 일정한 직장이나 사업장은 가지고 있으나 일시적인 질병, 일기불순, 휴가, 노동쟁의 등의 사유로 조사기간 중에 일을 하지

경제활동인구 및 고용률 · 실업률

	2005	2010	2011	2012	2013	2014
15세 이상 인구(천 명)	38,300	40,590	41,052	41,582	42,096	42,513
경제활동인구(천 명)	23,743	24,748	25,099	25,501	25,873	26,536
취업자(천 명)	22,856	23,829	24,244	24,681	25,066	25,599
실업자(천 명)	887	920	855	820	807	937
비경제활동인구(천 명)	14,557	15,841	15,953	16,081	16,223	15,977
경제활동 참가율(%)	62.0	61.0	61.1	61.3	61.5	62.4
실업률(%)	3.7	3.7	3.4	3.2	3.1	3.5
고용률(%)	59.7	58.7	59.1	59.4	59.5	60.2

자료 : 통계청

않은 사람도 취업자에 포함된다.

이에 비해 실업자는 최근 4주 동안에 적극적으로 일자리를 구해 보았으나 1시간 이상 일을 하지 못한 사람으로서 즉시 취업이 가능한 사람으로 정의된다. 과거에 구직 활동을 계속하였으나 일시적인 질병, 일기불순, 구직 결과 대기, 자영업 준비 등 특별한 사유로 조사기간 중에 구직 활동을 하지 못한 사람도 실업자에 포함된다.

그리고 15세 이상 인구 중 비경제 활동인구는 취업 의사가 없는 사람을 말한다. 가정주부, 학생, 일을 할 수 없는 연소·연로자, 심신장애자 등이 비경제활동인구의 대부분을 차지하고 있다.

2014년 현재 우리나라의 15세 이상 인구는 4,251만 3천 명이며 그중 경제활동인구는 2,653만 6천 명으로 경제활동 참가율은 62.4%이다. 또한 경제활동인구를 구분해 보면 취업자 수가 2,559만 9천 명, 실업자 수가 93만 7천 명으로 고용률은 60.2%, 실업률은 3.5%로 우리나라의 실업률은 미국(6.2%), 일본(3.6%), 프랑스(10.3%, 2013년), 독일(5.0%) 등 구미 선진국에 비해 크게 낮은 수준이다.

실질금리

실질금리(實質金利, real interest rate)란 자금을 빌리는 기업이나 개인이 부담하는 실질적인 금리부담을 말하는 것으로, 명목금리에서 인플레이션율을 뺀 금리 수준을 의미한다. 교과서에서 말하는 금리는 실질금리를 말하는 것으로 자금을 차입해 실물자산에 투자해 얻을 수 있는 수익률과 자금 회수에 따르는 위험프리미엄이 반영된 수준에서 결정된다.

따라서 명목금리가 높은 수준이라도 인플레이션율이 높으면 실질금리는 낮은 수준일 수도 있고, 반대로 명목금리가 낮더라도 물가가 안정돼 있으면 실질금리는 높은 수준일 수도 있다. 이 때문에 국제 간 금리 수준을 비교할 때에는 명목금리를 단순 비교하는 것보다 물가상승률의 차이를 감안, 실질금리로 비교하는 것이 타당하다.

실효환율

환율이라 함은 양 통화 간의 교환비율이다. 그러나 일반적으로는 주로 미달러화에 대한 환율을 각 통화의 환율로 간주하고 있다. 각국의 환율이 고정되었던 시절에는 대달러 환율만으로 각 통화의 환율을 파악하는 것이 가능하였으나 1970년대 이후 각국의 환율이 변동환율제로 이행하면서 달러화에 대한 환율만으로는 그 통화의 가치를 나타낼 수 없게 되었다.

이에 주요 교역상대국 통화 전체에 대한 자국통화가치의 변동을 파악하기 위해 각 교역상대국 통화에 대한 자국통화가치의 변동을 적절한 가중치로 종합해 볼 필요에 의해 고안된 것이 실효환율(實效換率)이다. 실효환율은 통상 각국의 통화를 자국 무역에서 차지하는 상대국의 점유율로 가중한 평균환율로 산출되며, 특정 시점을 기준으로 한 지수 또는 그 지수의 변동률로 표시한다.

그런데 일국 통화의 대외가치는 환율 변동뿐 아니라 국가 간의 물가상승률 차이에 의해서도 영향을 받게 되는데 국가 간의 물가 변동을 고려하지 않고 주요 교역대상국의 환율 변동만을 종합적으로 고려한 환율을 명목실효환율(nominal effective exchange rate)이라고 하고, 물가 변동까지를 고려한 실효환율을 실질실효환율(real effective exchange rate)이라고 한다.

일반적으로 명목실효환율이나 실질실효환율은 환율이라는 절대치로 표시되기보다는 기준 년에 대비한 지수 형태로 표시되는 경우가 많은데, 이를 각각 명목실효환율지수 또는 실질실효환율지수라고 한다.

IMF는 상대국의 무역점유율뿐 아니라 국별, 상품종류별 가격탄력성도 가중치에 포함시켜 보다 정밀한 다자간 환율산출모델(MERM : multilateral exchange rates model)을 개발해 사용하고 있다.

한편 한 나라 통화의 대외가치, 즉 환율의 변동을 측정할 때 평가 기준이나 이용 목적에 따라 실질환율, 실효환율 및 구매력평가환율 등 몇 가지 상이한 환율 개념이 이용되고 있다.

실질환율(real exchange rate)은 명목환율에 두 나라 간의 물가 변동을 반영해 구매력 변동을 나타내도록 조정한 환율이며, 실효환율(effective exchange rate)은 앞에서 설명한 바와 같다. 구매력평가환율은 한 나라 통화의 구매력과 다른 나라 통화의 구매력이 같은 수준을 유지하도록 국내 물가와 외국 물가의 변동을 환율에 반영시킨 것으로 상품시장의 균형을 반영하는 균형환율의 성격을 띠고 있다.

양도성예금증서

양도성예금증서(讓渡性五金證書, certificate of deposit)는 무기명 정기예금 형식으로 할인 발행되어 이를 소지한 사람이 자유롭게 양도할 수 있는 단기금융상품이다. 예금자는 이것을 금융시장에서 자유롭게 매매할 수 있다. 간단히 CD라고도 한다.

거래 대상자에 제한을 두지 않고 예치기간은 보통 60일 이상 270일 이내이며, 금리는 같은 기간의 정기예금을 기준으로 정해지지만 융통성이 있기 때문에 정기예금 금리보다 약간 높은 것이 보통이다. 은행들이 기업들에게 대출해줄 때 대출금의 일부를 정기예금으로 강제시키는 양건예금(꺾기)의 수단으로 CD를 많이 사용하고 있다.

양적완화

미국 등 주요 선진국들이 실행하고 있는 통화정책으로 넓게는 공개시장 조작의 일부로 보기도 하지만 공개시장 조작과는 다른 점이 있어 따로 양적완화(quantitative easing)로 불린다. 보통 공개시장 조작은 단기 국채를 대상으로 실행하여 단기 정책금리를 통해 장기 금리에 영향을 주며, 장기 이자율에는 직접 손을 대지 않는 것이 원칙이다. 장기 이자율은 시장에서 결정되는 것으로 단기 이자율을 조정하여 장기 이자율에 간접적으로 영향을 줄 뿐이다. 뿐만 아니라 공개시장 조작에서 쓰이는 증권은 국채 등 안전자산이다. 이렇게 정책금리를 낮추어서 장기 금리를 낮추고자 하는 것이 전통적인 통화정책이다. 그러나 국제금융위기 이후 정책금리를 0%까지 인하했음에도 불구하고 장기 실질 금리가 충분히 인하되지 않았다. 이는 기존 회사채와 재무부 채권의 리스크 프리미엄이 지나치게 커져서 리스크 프리미엄으로 인한 실질 금리 인상 압력이 연방준비제도의 정책금리에 의한 통제력보다 더 강했기 때문으로 보인다. 양적완화는 그래서 시작된 셈이다. 미국에서 실행한 양적완화 때 연방준비제도는 국채뿐만 아니라 MBS, 주택저당증권 등 각종 부실 자산도 함께 매입했다. 매입한 국채도 단기 국채가 아니라 장기 국채였는데, 이는 장기 금리에 직접적인 영향을 주는 채권이었다. 연방준비제도의 목표는 주택담보대출과 10년 만기 재무부 증권의 이자율을 낮추는 것으로, 주택담보대출의 이자율이 낮아져야 신규주택의 판매가 회복될 수 있으며 10년 만기 재무부 채권 이자율이 낮아져야 회사채 이자율도 낮아질 수 있기 때문이었다. 연방준비제도는 MBS 등을 매입하면서 해당 채권의 리스크를 낮추고 장기 국채를 매입하면서 장기 금리를 직접적으로 낮추어 경기 활성화를 노렸다. 미국의 양적완화 조치는 한 번으로 끝나지 않고 2008년 11월 처음 시행한 이후 2014년 10월까지 3차에 걸쳐, 그것도 1차에 수개월 내지 수년간 지속되었는데, 2013~2014년에는 양적완화의 목적이 어느 정도 달성됨에 따라 이를 점차 줄이는 테이퍼링(tapering)을 실시하였다.

양적완화 정책은 일본에서도 2001년부터 2006년까지, 그리고 2010년에 이어 2013년 이후에도 실시 중에 있고, 영국도 2009년 이래 양적완화를 실시하였다. 최근에는 유럽중앙은행도 2015년 3월부터 2016년까지 양적완화를 실시하기로 하였다.

어음교환

어음교환이란 다수의 은행들이 일정한 시간, 일정한 장소에 모여 자기은행이 수납한 어음(수표 및 제증서 포함) 중 다른 은행을 지급지로 하는 어음과 다른 은행이 수납한 어음 중 자기은행을 지급지로 하는 어음을 서로 교환하고 이에 따른 대금을 지급하는 것을 말하며, 어음교환이 이루어지는 장소를 '어음교환소'라 한다.

어음교환에 회부되는 증서로는 약속어음, 당좌수표, 지급보증서, 주식배당영수증, 우편환 증서, 콜자금 상환영수증 등이 있으며 어음교환 참가지역 이외의 장소에서 지급할 어음은 교환에 회부될 수 없다. 어음교환 결과에 따라 참가은행 간 서로 지급해야 할 금액과 받아야 할 금액을 산출하는데 그 차액은 한국은행에 설치되어 있는 각 은행의 당좌예금계정을 통해 결제 처리된다.

1990년대 중반 이후 신용카드, 타행환 등 대체 결제수단의 보급이 크게 늘어난 데다 최근 들어서는 인터넷뱅킹 등 전자방식 결제가 활성화되면서 어음교환소를 통한 어음, 수표 교환 규모는 경제 규모 확대에도 불구하고 점차 줄어들고 있는 추세를 보이고 있다. 특히 2004년 들어서는 금융기관 간 콜거래에 따른 자금결제가 어음교환방식에서 한은금융망을 통한 결제방식으로 전환됨에 따라 이후 교환금액이 크게 축소되었다.

예금보험제도

예금보험제도(五金保險制度)란 금융기관의 파산 등으로 해당 금융기관이 기존 예금자의 예금인출 요구에 응할 수 없는 경우 예금보험기관이 당해 금융기관을 대신해 예금을 지급하는 제도로서, 부보금융기관은 이러한 서비스의 대가로 일정한 보험료를 정기적으로 예금보험기관에 납부해야 한다.

일반적으로 예금자를 보호하는 수단으로 금융기관감독제도, 지불준비금제도 및 상호보장제도 등이 있으나 예금보험제도는 여타 감독 수단보다도 가장 직접적으로 예금자를 보호하는 수단으로 금융제도의 안정성 유지를 위해 다수의 국가에서 시행하고 있다.

우리나라의 경우 1995년 12월 29일 예금자보호법이 제정됨에 따라 예금

보험제도가 도입되었으며, 예금보험을 전담하는 기구로 예금보험공사가 설립·운영되고 있다.

예금보험의 적용대상기관은 은행 업무를 영위하는 전체 은행금융기관과 증권회사, 보험회사, 종합금융회사, 상호저축은행과 신용협동조합이다. 그리고 적용대상 예금은 예금, 적금, 부금 및 원금보전형 신탁 등이고, 보험금 지급한도는 1인당 원금과 이자를 포함하여 5천만 원이다. 여기서 1인당이라 함은 동일한 금융기관 내에서 예금자 1인이 보호받을 수 있는 한도이다.

옵션

옵션(option)은 거래 당사자들이 미리 정한 가격(행사가격, strike price)으로 장래의 특정 시점 또는 그 이전에 일정 자산을 팔거나 살 수 있는 권리를 매매하는 계약으로, 매입권리가 부여되는 '콜옵션(call option)'과 매도권리가 부여되는 '풋옵션(put option)'으로 나누어진다.

매입 또는 매도할 수 있는 권리를 보유하게 되는 옵션 보유자는 시장가격의 변동 상황에 따라 자기에게 유리한 경우 옵션을 행사하며 불리한 경우에는 포기할 수 있다.

옵션 매입자는 이와 같은 선택권에 대한 대가로 거래 상대방인 옵션 매도자에게 프리미엄을 지급하며, 옵션 매도자는 프리미엄을 받는 대신 옵션 매입자의 옵션행사에 따라 발생한 자신의 의무를 이행할 의무를 부담한다. 옵션거래의 손익은 행사가격, 현재가격 및 프리미엄에 의해 결정된다.

콜옵션(call option)

거래 당사자들이 미리 정한 가격, 즉 행사가격으로 장래의 특정 시점 또는 그 이전에 일정 자산을 살 수 있는 권리를 매매하는 계약이다. 콜옵션 매입자는 동 자산을 매입할 수 있는 권리를 콜옵션 매도자로부터 프리미엄을 대가로 구입한다.

콜옵션 매입자(보유자)는 시장에서 형성된 현재가격이 약정된 행사가격보다 높은 경우 매입권리를 행사해 대상자산을 시장가격보다 싸게 매입하게 되며, 시장의 현재가격이 약정된 행사가격보다 낮을 경우 매입권리를 포기하고 시장가격으로 대상자산을 매입한다. 이때 콜옵션거래의 손익은 행사가격, 현재가격 및 프리미엄에 의해 결정된다.

> 콜옵션 행사시의 손익 = 현재가격 − 행사가격 − 프리미엄

풋옵션(put option)

거래 당사자들이 미리 정한 가격으로 장래의 특정 시점 또는 그 이전에 일정 자산을 팔 수 있는 권리를 매매하는 계약이다. 풋옵션 매입자는 동 자산을 매각할 수 있는 권리를 풋옵션 매도자로부터 프리미엄을 대가로 구입한다.

풋옵션 매입자(보유자)는 현재가격, 즉 시장가격이 행사가격보다 낮은 경우 매도 권리를 행사해 대상자산을 시장가격보다 높은 행사가격에 매도하게 되며, 현재가격이 행사가격보다 높을 경우 매도 권리를 포기하고 시장 가격에 의해 대상자산을 매도한다. 이 때 풋옵션거래의 손익은 행사가격, 현재가격 및 프리미엄에 의해 결정된다.

> 풋옵션 행사시의 손익 = 행사가격 − 현재가격 − 프리미엄

외채

2장 주 15) 참조.

외환보유액

외환보유액은 일국의 외환당국, 즉

	옵션거래와 선물거래	
	옵션거래	선물거래
거래의 대상	기본자산의 매도 또는 매수 권리를 거래	일정 시점에 기본 자산의 인도를 전제한 거래
권리 및 의무	매수자에게는 권리가, 매도자에게는 의무가 부여	매수자와 매도자에게 권리와 의무가 동시에 주어짐
프리미엄	매도자가 매수자에게 권리를 부여하는 대가로 프리미엄을 받음	프리미엄을 주고받지 않으나 일일정산을 통해 손익을 수수
위탁 증거금	매도자에게만 부과, 매수자는 프리미엄으로 대체	매도자와 매수자로부터 위탁증거금 징수
위험관리	매수자의 위험은 프리미엄에 한정되고, 매도자의 위험은 프리미엄만큼 감소	매수자와 매도자 모두 무한정 위험에 노출
결제방법	반대매매 및 권리행사 시 결제	반대매매와 인수도에 의해 결제

정부와 중앙은행이 대외지급 준비자산으로 보유하고 있는 외화자산을 말한다. 상품 수입이나 외채의 상환을 위해 필요한 외화는 거래자가 시장에서 원화를 대가로 외화를 사서 조달해야 하는데, 이때 시장에 외화가 충분하게 공급되지 못하면 외화의 가치인 환율이 오르게 된다.

이때에는 다른 거래자에 의해서 외환 공급이 늘어나든지, 아니면 외환당국이 외환보유액을 시장에 공급함으로써 시장수급이 조절된다. 이와 같이 외환당국이 외환시장에서 외화를 사거나 파는 것을 '외환시장 개입'이라 한다.

외환보유액은 외환당국이 외환시장에서 외화를 살 때 늘어나고 팔 때 줄어든다. 외화를 살 때는 외환시장에 외화(주로 달러)의 공급이 많아 환율이 떨어질 때이다.

외환당국은 외환거래자들의 거래 편의와 국민경제 안정을 위해 환율의 안정을 중요한 정책 목표로 삼고 있으므로 환율이 지나치게 떨어지거나 오를 때에는 외화를 사든지 팔아서 외환의 시장수급을 조절해 환율을 안정시킨다. 외환보유액은 주로 이러한 외환당국의 시장수급 조절과정에서 변동한다. 때에 따라서는 외환당국이 외화를 민간이나 다른 정부기관, 또는 국제금융기구에 출자하거나 빌려줄 경우와 빌릴 경우에도 외환보유액은 변동한다. 또한 외환보유액의 크기는 달러로 표시되므로 보유하고 있는 유로화나 엔화 등의 달러표시 가치, 즉 이들 통화의 환율이 변동함에 따라 그 크기가 바뀌기도 한다.

외환당국은 외환보유액을 외국 정부가 발행한 채권이나 외국 은행에 예금의 형태로 보유하는데 금 보유액과 SDR, IMF 포지션 등도 포함된다.

외환당국은 외환보유액을 금고에 가만히 보관해 두지 않는다. 적절한 기준에 따라 이를 운용한다. 외환보유액은 대외지급에 충당하기 위해 보유하므로 수익성보다는 유동성과 안전성을 중시해 운용한다. 수익성을 중시하다가는 안전성과 유동성을 해칠 우려가 있다.

일국의 외환보유액을 어느 정도 크

우리나라의 외환보유액 추이(연말 기준)							(억 달러)
2007	2008	2009	2010	2011	2012	2013	2014
2,622.2	2,012.2	2,699.9	2,915.7	3,064.0	3,209.7	3,164.6	3,635.9

자료 : 한국은행

기로 유지하는 것이 적절할지는 그 나라의 대외거래 규모와 자국 통화의 국제화 정도 등에 따라 달라지겠으나, 3개월분의 경상지급액을 적정 외환보유액 수준으로 보는 견해가 전통적이며 일반적이었다. 그러나 최근에는 자본거래의 개방화가 진전됨에 따라 외환위기시에 유출될지도 모를 외화를 평상시에 확보하고 있어야 한다는 견지에서 경상수지 적자와 단기외채 규모를 적정 외환보유액으로 보유해야 한다는 이론도 있다.

외환시장

외환시장(foreign exchange market)은 기본적으로 서로 다른 통화로 표시된 지급수단의 매매시장으로서 자금의 대차가 이루어지는 신용시장과는 그 성격을 달리한다. 외환거래는 고객을 상대로 하는 대고객거래와 은행 사이에 이루어지는 은행 간 거래가 있는데, 이러한 외환거래가 이루어지고 있는 장소를 외환시장이라고 부른다.

여기서 시장이라 함은 장소적인 개념의 거래소나 특정 장소를 지칭하는 것이 아니라 외국환에 대한 수요와 공급이 일치해 환시세가 결정되는 추상적인 환매매가 이루어지는 것을 총칭하는 것이며, 주로 은행 간 거래가 이루어지는 시장을 의미한다.

외환시장은 외국환은행, 고객, 중앙은행 또는 정부당국 및 기타 외환브로커로 구성되어 있는 것이 일반적이지만 유럽국가들, 특히 영국에서는 할인상사, 인수상사, 머천트은행 등 외국환은행 이외의 금융업자도 외국환업무에 종사하고 있다.

외환시장 개입

우리나라는 1990년 3월부터 환율제도를 복수통화바스켓제도에서 시장평균환율제도로 전환하였으며, 1997년 말 외환위기시에 자유변동환율제로 환율제도를 개편하였다. 새로운 환율제도하에서 달러에 대한 원화의 환율은 제한 없이 시장에 의해 결정되었다. 이에 따라 외환당국은 과거와 달리 외환시장에 거래자로서의 참여로만 환율 수준에 영향력을 행사할 수 있게 되었다. 이때 외환당국의 참여행위를 '외환시장 개입'이라고 정의할 수 있다.

외환당국 또는 중앙은행의 대차대조표는 외화보유액 등을 포함한 해외자산과 주로 국공채나 일반 은행대출로 이루어진 국내자산으로 구성된 자산항목, 민간보유현금과 일반은행의 중앙은행예치 지불준비금의 합계인 본원통화, 기타 국내부채와 해외부채 등으로 구성된 부채항목으로 요약될 수 있다. 여기서 외환시장 개입은 바로 외환당국이 보유한 순외화자산(해외자산 - 해외부채)의 규모가 변화하는 것을 의미한다.

외환시장 개입의 형태는 크게 태화시장 개입과 불태화시장 개입으로 나눌 수 있다. 태화시장 개입은 외환당국이 외화표시 자산을 매입 또는 매도할 때 그것에 상응하는 본원통화 규모의 변동을 허용하는 개입 형태를 의미한다.

불태화시장 개입은 외환당국이 시장 개입과 동시에 공개시장 조작 등을 통해 외환당국의 통화성 부채인 본원통화의 규모를 개입 전과 동일한 수준을 유지하도록 하는 개입 형태를 의미한다. 즉, 불태화시장 개입은 외환당국에 의해서 순국내자산(국내자산 - 국내부채)의 증감이 시장 개입에 의한 순외화자산의 증감과 동시에 반대 방향으로 이루어지기 때문에 본원통화의 규모에는 변동이 없는 경우를 의미한다.

외환당국은 환율의 안정적 운용 및 균형수준으로의 조정, 공적외환보유액 수준 또는 구성의 변화 등을 목적으로 시장에 개입한다. 특히 자본자유화 및 외환자유화의 확대로 인해 자본의 유출입이 증대되는 경우 환율의 안정적 운용과 균형환율 수준 유지의 어려움이 가중되기 때문에 정책수단으로서의 외환시장 개입 중요성은 크게 증대된다고 할 수 있다.

외환위기

외환위기란 자국통화에 대한 투기적 공격(speculative attack) 등으로 단기간에 환율이 급격히 절하되고 외화자금이 대량 유출됨으로써 대외지불능력이 약화되는 한편 금리 상승과 함께 주가가 폭락하는 상황을 말한다.

좀 더 구체적으로는 Eichengreen, Rose와 Wyplosz(1995)의 정의를 들수 있는데, 이들은 외환위기 때 환율의 평가절하나 변동환율제로의 이행, 외환시장 개입, 이자율 인상이 일어난다는 점에 착안해 환율, 금리 및 외환보유액의 변동성을 가중 평균해 그 변동 폭이 일정 수준(표준편차의 1.5배)을 상회하는 경우를 외환위기라 정의하였다.

외환위기는 주로 경상수지 적자의 확대 등 기초 경제 여건의 불균형과 환율의 인위적 고평가 등으로 인해 발생하며, 1980년대 이후에는 금융·자본자유화 및 금융의 범세계화(globalization) 진전 등으로 국제투자가들의 투기적 공격이 용이하게 되면서 그 발생 빈도가 증가하게 되었다.

최근의 외환위기는 대체로 다음과 같은 과정을 거쳐 발생하고 있다. 즉,

자본자유화의 진전으로 해외자본 유입이 증가하고 이를 재원으로 금융기관의 국내신용이 급속히 팽창함에 따라 국내총수요가 크게 증가해 경기과열이 초래되는 동시에 수입 수요 유발로 경상수지가 악화된다.

정책당국은 경상수지 적자가 지속되는 상황에서 투자수익 보장을 통한 외국인 투자자금 유치를 위해 외환시장에 개입해 환율을 인위적으로 안정시킴으로써 환율이 기초 경제 여건과 괴리되고 외환보유액이 감소하는 결과를 초래한다. 이후 과열된 경기가 급속히 냉각되는 과정에서 자산가치의 폭락으로 금융기관 대출의 부실화가 심화되고, 대외신인도 하락으로 금융기관의 외화자금 조달까지 어려워지면서 금융위기가 발생해 중앙은행의 환투기에 대한 대응능력이 약화된다. 결국 국제투자가를 중심으로 외환시장 참가자들이 환율 하락을 예상하고 환 차익을 획득하고자 선물환거래를 통한 투기적 공격을 개시함으로써 외환위기가 촉발되게 된다.

외환자유화

외환자유화(外換自由化)는 최근 전 세계적인 정보 · 기술혁명의 결과 금융업계에도 밀어닥치고 있는 리얼타임(실시간) 자금거래 시스템 등 금융 시스템의 발전으로 금융산업 전체가 개혁에 나서지 않으면 금융공동화가 초래되는 등 무한경쟁시대에 생존할 수 없다는 인식으로부터 국제적으로 시도된 외환 및 국제금융부문 개혁의 일환이다.

이러한 현상은 우리나라의 환율 변동폭 제한 철폐 등을 비롯한 일련의 자유화 조치와 일본의 외환업무 전면 자유화 등으로 나타나고 있다. 일본의 경우 외환 관련 업무를 특정 은행에서만 취급할 수 있도록 하는 외국환율 공인은행이 폐지되어 이제는 개인과 기업도 외화를 자유롭게 거래할 수 있게 되었으며, 외국과의 외환거래 시 사전허가제도를 폐지해 환전업무를 전면 자유화하도록 했다.

미국에서는 이미 지난 1970년대부터 1980년대에 걸쳐 외환의 해외거래를 근본적으로 자유화했으며, 영국을 비롯한 서유럽 국가들의 외환자유화도 1980년대 후반에 실시되었다. 이와 같은 일련의 외환자유화 조치로 인해 각종 금융서비스 수수료의 인하 등 서비스의 개선과 금융산업 내부의 치열한 경쟁이 초래되고 있다.

요구불예금

요구불예금(要求拂五金, demand deposit)은 예금자가 예금인출 의사를 미리 해당 금융기관에 알리지 않고 즉시 인출할 수 있는 예금이다. 우리나라의 경우 요구불예금으로는 보통예금, 당좌예금, 가계당좌예금, 별단예금 등이 있다.

한편 시중에 유통되는 통화의 크기와 변동을 파악할 수 있는 통화지표 산정 시 무엇을 돈으로 볼 것인가, 즉 통화를 어떻게 정의할 것인가에 따라 다양한 통화지표 산정이 가능한데, 요구불예금은 비록 현금은 아니지만 수표 발행을 통해 지불수단으로 사용되거나 즉시 현금으로 교환될 수 있어 기능면에서 현금과 거의 동일하다고 할 수 있다. 따라서 화폐의 지불수단으로서의 기능을 중심으로 파악하는 협의통화(M1) 지표 산정 시 현금통화와 함께 요구불예금을 포함하고 있다.

용적률

대지면적에 대한 건축물 연면적의 비율을 '용적률(容積率)'이라 한다. 이때 연면적은 지하부분을 제외한 지상부분 건축물 내의 모든 바닥면적을 합산한 것이다.

용적률의 최대한도는 지역, 용도별로 건축법 제48조 및 동 법 시행령 제79조에서 정한 기준 범위 내에서 각 지방자치단체가 조례로 정한다. 용도, 지역에 따라 용적률의 최대한도를 다르게 적용하는 목적은 지역의 기능에 맞게 토지를 효율적으로 이용하는 동시에 쾌적하고 균형 있는 지역 발전을 도모하기 위한 것이다.

원유가

원유(crude oil)는 지하에서 생산되는 액체 탄화수소의 혼합물로서 생산되는 지역에 따라 품질과 가격이 상이한데, 일반적으로 국제시장에서 기준가격으로 이용되는 대표적인 유종으로는 미국 서부 텍사스에서 생산되는 WTI유, 영국 북해산 Brent유, 중동의 Dubai유 등이 있다.

WTI유, Brent유는 비중이 낮은 경질유(輕質油)로서 휘발유가 많이 생산되는 반면, 중동의 Dubai유는 중질유(重質油)로서 휘발유 생산이 적기 때문에 가격도 이들보다 낮게 형성된다.

한편 원유는 뉴욕상품거래소(NYMEX : New York Mercantile Ex-change), 싱가포르 현물시장 등에서 거래되고 있으며 자원의 안정적인 확보 또는 투기 등의 목적으로 선물거래도 함께 이루어지면서 때로는 현물가격에 큰 영향을 미치기도 한다.

국제유가는 주로 국제 경기 전망과 산유국의 지정학적 정세동향에 따른 석유수급 상황 및 예상에 의해 변봉

되지만, 미 달러화 가치 등락의 영향
도 받는다.

　부존자원이 부족한 우리나라는 국
내 소요 원유의 전량을 수입에 의존
하고 있으며, 2014년 중 도입량은 9억
2,800만 배럴로 금액으로는 939억 달
러에 이른다.

🔗 2장 주 33) 참조.

유럽연합(EU)
🔗 2장 주 22) 참조.

유럽재정위기
🔗 2장 주 27) 참조.

유로존
🔗 2장 주 25) 참조.

유로화
　유로(Euro)는 유럽연합(EU) 국가
들이 역내 경제교류 활성화를 위해 화
폐단일화 필요성을 인식해 만든 공통
통화의 명칭 및 통화단위로서, 1995년
스페인 마드리드 유럽연합 정상회담
에서 1999년 1월부터 유럽통화동맹
(EMU)을 출범시키고 단일통화 명칭

을 '유로'로 하는 데 합의하여 1999년
1월 1일부터 사용하고 있다. 초기에는
실물화폐 없이 금융거래만 이루어졌
으나 2002년 1월 1일부터 지폐 7종류
와 주화 8종류로 된 실물화폐가 공급
되었으며, 유로 참가국의 자국 화폐는
2002년 2월 28일 법적 효력이 종료되
어 역사 속으로 사라졌다.

　유럽연합 12개국 재무장관들은 19
98년 12월 31일자로 유로 대 유로 참
가국 화폐의 교환비율을 결정하였다.
그 결과 달러, 파운드, 엔 등 유로랜드
밖의 국가 화폐와 유로화 간의 환율은
변할 수 있으나 유로 참가국 자국 화
폐와 유로의 교환비율은 이 날로 영원
히 고정되었다.

　1999년 1월 유럽통화동맹이 출범
할 때 1유로는 1.18달러였으나 출범
직후부터 약 3년간 미 달러화에 대해
약세를 지속해 0.83달러까지 떨어졌
다가 2002년 이후 강세로 전환되어
미국경제와 유로경제에 따라 등락을
보이고 있다.

　유로화는 국제금융시장이나 무역
거래에서의 비중이 점차 높아지면서
미 달러화와 함께 주요한 국제통화 및
대외결제수단으로서의 지위를 확보하
였다.

　참고로 유로 참가국은 2015년 1월
말 현재 유럽연합 28개 회원국 가운
데 영국, 스웨덴, 덴마크, 폴란드, 루

마니아, 체코, 헝가리, 불가리아, 크로아티아 등 9개국을 제외한 독일, 프랑스, 이탈리아, 스페인, 벨기에, 네덜란드, 룩셈부르크, 포르투갈, 오스트리아, 핀란드, 아일랜드, 그리스, 슬로바키아, 리투아니아, 라트비아, 슬로베니아, 에스토니아, 키프로스, 몰타 등 19개국이다.

유로달러

유로달러(Eurodollar)는 미국 이외의 지역에서 거래되는 미 달러화를 지칭한다. 예컨대 미국의 투자가가 뉴욕의 아메리카은행(BOA)에 예치되어 있는 100만 달러의 예금을 시티은행(Citi Bank) 런던지점이나 로이드은행(Lloyds Bank) 동경지점에 이체한 경우 이들 달러는 유로달러가 된다.

이와 마찬가지로 유로커런시(Euro-currency)도 유럽지역에서 거래되는 통화를 의미하는 것이 아니라 특정 통화가 그 통화의 발행국 이외의 지역에서 거래되는 경우 이들 통화를 지칭해 붙여진 이름이다. 유로커런시 가운데 주종 통화는 유로달러로, 이는 유로달러가 유로시장 거래에서 가장 큰 비중을 차지하고 있을 뿐만 아니라 1950년대 후반 유로시장 생성기에 유로달러가 선구적인 역할을 수행하였기 때문이다.

인플레이션

인플레이션(inflation)은 일반적인 물가 수준의 지속적인 상승, 즉 계속적인 화폐 구매력 감소를 의미한다. 인플레이션이 발생하는 원인으로는 일반적으로 ① 총수요의 증가, ② 임금 등 생산비용 증가 등을 들 수 있다.

인플레이션이 발생하는 경우 재화 및 생산요소의 가격이 서로 다른 비율로 상승하기 때문에 경제주체들 간에는 자산과 소득의 재분배가 이루어진다. 즉, 가격 상승폭이 적은 재화 또는 생산요소 소유자의 소득이 가격 상승폭이 큰 재화 또는 생산요소 소유자에게로 재분배된다.

한편 정부가 현금과 국공채를 발행해 필요자금을 조달할 경우 인플레이션은 민간으로부터 정부로 자산을 이전하기 때문에 조세와 동일한 효과를 가진다. 따라서 정부는 조세저항 등을 초래할 수 있는 조세의 확대보다는 대량의 화폐를 발행해 소요자금을 조달하는 경우가 있는데, 이러한 방법을 강제저축(forced savings)이라 한다. 이러한 강제저축은 인플레이션의 원인이 된다.

인플레이션으로 인해 급속한 물가 상승이 있게 되면 일반 국민들의 저축 의욕이 저하되고 기업들도 생산 활동보다는 투기 활동에 관심을 가지게 되며, 재화의 가격이 통상적인 수요와 공급요인에 의해 결정되지 않고 투기적인 요인에 의해 결정되어 경제성장 및 자원의 효율적 배분이 저해된다. 또한 인플레이션은 외국 물가에 대한 국내 물가의 상대적 상승을 초래해 수출이 감소하고 수입이 증가하는 등 국제수지 악화 요인으로도 작용한다.

일자리 창출

고용을 늘리는 것을 말한다. 통계적으로는 취업자 증가인원으로 대용한다. 우리나라에서는 사업체조사에 의한 취업자 수와 가계조사(경제활동인구조사)에 의한 취업자 수가 있는데, 통계청의 경제활동인구조사에 의한 전년대비 취업자 수 증가 인원을 일자리 창출 인원으로 보고 있다.

자기자본비율

자기자본비율(自己資本比率)은 기업 재무구조의 건전성을 나타내는 가장 대표적 지표로서, 자기자본을 총자본(자기자본 + 타인자본)으로 나누어 총자산 중에서 자기자본이 차지하는 비중을 나타내는 지표이다.

자기자본은 직접적인 금융비용을 부담하지 않고 기업이 장기적으로 운용할 수 있는 안정된 자본이므로 이 비율이 높을수록 기업의 재무구조는 건전하다고 할 수 있다. 일반적인 표준비율은 50% 이상으로 보고 있다.

$$\text{자기자본비율(\%)} = \frac{\text{자기자본}}{\text{총자산}} \times 100$$

세계적인 금융규제의 완화 및 국제화 진전에 따른 은행 간 경쟁 격화로 은행들은 수익성 악화를 보전하기 위해 고위험·고수익 위주의 자산운용 전략을 추구하는 한편, 자금 공여 없이 수익을 창출할 수 있는 부외거래를 대폭 확대하였다.

BIS(국제결제은행)의 은행감독위원회(바젤위원회)는 이에 효과적으로 대처함으로써 국제적인 은행시스템의 건전성과 안정성을 확보함과 아울러 은행 간 경쟁조건의 형평을 기하기 위해 국제업무를 영위하는 상업은행은 과거의 단순 자기자본비율 대신 BIS 기준에 의한 자기자본비율을 1990년 말부터 7.25% 이상, 1992년 말부터는 8% 이상을 유지하도록 하였다.

우리나라에서는 금융감독 당국이 계속 은행의 자기자본비율 제고를 위해 지도한 결과 2013년에는 14.1%라는 양호한 수준에 도달하였다.

$$\text{BIS자기자본비율(\%)} = \frac{\text{자기자본}}{\text{위험가중자산}} \times 100$$

자본자유화

자본자유화(capital liberalization)란 경제 여건의 변화에 따라 외국인과 내국인 간의 자본이동이 자유롭게 이루어지는 것을 의미한다. 국제 간 자본이동은 경상거래를 보전하기 위한 자본이동과 수익률의 차이 등 금융적 거래동기에 따른 자본이동으로 구분할 수 있는데, 보통 자본자유화란 금융적 거래동기에 의한 자본이동을 자유화한다는 것을 의미한다.

금융적 거래동기에 의한 국제 간 자본이동의 자유화는 직접투자 또는 간접투자를 불문하고 자본의 사용목적, 방법 등에 대해 어떠한 제한 없이 국제 간 자본이동이 자유로운 것을 의미한다.

자본자유화는 시장메커니즘의 역할을 강화시켜 자원배분의 효율성을 높일 뿐만 아니라 경쟁을 촉진함으로써 금융기관 및 금융제도의 효율성을 제고할 수 있다는 장점이 있는 반면, 핫머니 등 투기성 자본 등의 급격한 유출입에 따라 국내 경제가 전반적으로 불안정해질 위험성이 있다는 단점이 있다.

자산유동화

자산유동화란 금융기관이나 기업들이 보유한 유가증권, 대출채권, 부동산 등과 같이 유동성이 낮은 자산을 기초로 자산유동화회사가 유동화증권을 발행하고 이를 매각해 원자산 보유자에게 대금을 지급하는 방법으로, 기초 자산의 유동성을 높이는 일련의 과정을 의미한다.

여기서 채권유동화는 기초 자산이 유가증권인 경우를 말한다. 자산유동화증권(ABS : Asset-backed Securities)은 기초 자산이 주택저당채권인 경우 MBS(Mortgage-backed Securities), 채권인 경우 CBO(Collateralized Bond Obligation), 은행의 대출채권인 경우 CLO(Collateralized Loan Obligation) 등으로 불리고 있다.

자산유동화의 장점으로는 기초 자산 보유자의 경우 ① 재무상태 개선(금융기관은 위험자산을 매각, 현금화함으로써 BIS 자기자본비율 제고, 기업은 부채비율을 높이지 않고 자금조달 가능), ② 차입효과를 통한 영업 확대 도모 등을 들 수 있으며, 투자자 입장에서는 ABS가 신용평가기관의 엄격한 평가와 신용보강을 거쳐 발행되므로 상대적으로 안전하면서도 일반 회사채보다 높은 수익률을 얻을 수 있다는 점을 들 수 있다.

자산유동화증권

🔗 2장 주 39) 참조.

ㅈ

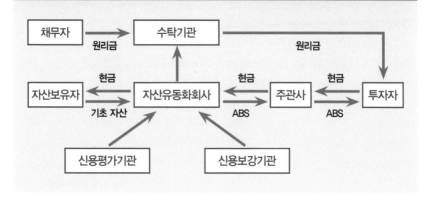

자산유동화의 기본 구조

자유변동환율제

환율의 변동이 전혀 인정되지 않거나 소폭의 범위 내에서 변동하는 고정환율제도와는 달리 외환의 수급상황에 따라 자유로이 환율이 변동하는 제도를 변동환율제라고 한다.

변동환율제는 변동 폭을 규제하지 않는 자유변동환율제도와 일정한 범위 내에서만 환율 변동이 허용되는 제한적 변동환율제도로 구분하며, 중앙은행의 외환시장 개입 여부에 따라 개입이 가능한 더티 플로트(dirty float)와 환율 변동을 방임하는 클린 플로트(clean float)로도 구분할 수 있다.

변동환율제는 환율이 실세를 반영해 신축성 있게 변동할 수 있다는 장점이 있으나 환투기 가능성이 있을 때에는 환율이 불안정하게 되는 단점이 있다.

재산소득

재산소득(財産所得)은 한 경제주체가 자신의 소유로 되어 있는 금융자산과 토지 및 무형자산을 타 경제주체로 하여금 사용하게 하고 획득할 수 있는 소득으로서 이자, 배당, 임료 및 독점적 권리의 사용료 등이 있다.

이 중 이자는 예금이나 대출금, 채권 등의 금융자산에 대해 발생하는 소득이고, 배당은 민간기업 등에 대해 주식 등의 형태로 자본에 참여함으로써 발생하는 소득이며, 임료는 임대된 토지에서 발생하는 순임료, 즉 총 임료에서 토지에 대한 유지비를 차감한 부분이다.

재정환율

재정환율(裁定換率, arbitraged rate)은 원화와 미 달러화 이외 통화 간의 환율과 같이 시장에서 형성되지 않는 통화 간의 환율을 재정해 계산한 환율을 말한다.

예컨대 우리나라의 원/엔 환율은 외국환중개회사가 국제금융시장에서 형성된 미 달러화와 엔화 간의 매매중간율을 원화와 미 달러화 간의 기준환율을 이용해 재정해 고시한다. 이때 원화와 미 달러화 간 기준환율은 국내 외환시장에서 거래된 전일의 원화와 미 달러화 간 거래가격의 가중평균으로 정해진다.

외국환중개회사는 통화별 재정환율을 매 영업일 영업개시 30분 전까지 재정경제부 장관, 한국은행 총재 및 각 외국환은행의 장에게 통보하며, 외국환은행은 동 환율 및 외국환은행 간 매매율을 감안해 대고객 매매율을 정한다.

〈예〉 일본 엔화 재정환율 산출

미 달러화 기준환율(A) = 1,008.10원/달러

국제금융시장에서 엔화의 대미 달러 환율(B) = 105.95엔/달러

엔화의 재정환율 = A/B × 100 = 951.49원/100엔

재할인율

재할인율(再割引率, rediscount rate)은 중앙은행이 금융기관에 빌려주는 자금의 금리를 의미하는데 보통 금융기관이 기업 등으로부터 할인해 매입한 어음을 중앙은행이 다시 할인해 매입하는 형태로 중앙은행의 자금 지원이 이루어진다는 의미에서 재할인율이라고 한다.

재할인율은 통상 금리체계의 중심적 위치를 차지하는데 중앙은행은 시중 자금사정에 따라 재할인율을 변경함으로써 금융시장에서의 자금조달 비용과 자금의 이용 가능성에 영향을 주어 전체적인 자금수급 또는 경기 변동을 조절한다.

가령 중앙은행이 시중에 자금이 필요 이상으로 많다고 판단할 경우 재할인율을 인상하면 금융기관은 중앙은행으로부터의 차입금리가 높아져 차입이 억제되어 금융기관의 대출 또는 투자가 감소하게 된다. 또한 재할인율의 인상은 금융기관의 자금조달 비용 상승에 따른 대출금리 인상으로 이어져 민간의 자금수요 및 투자를 감소하게 한다. 반대의 경우 중앙은행은 재할인율을 낮추어 유동성을 확대한다.

한편 재할인율의 변경은 중앙은행의 정책 방향과 경기 동향에 대한 평가 및 대책을 금융기관과 민간에 알려줌으로써 기업의 장래전망 및 투

자에 영향을 미치게 되는 고시 효과(announcement effect)도 갖는다.

저축성예금
🔗 1장 주 3) 참조.

적립식 펀드
🔗 4장 주 54) 참조.

정리해고
정리해고(整理解雇)는 기업이 근로자에 대해 취할 수 있는 가장 강력한 제재수단으로, 사용주가 경제·산업 구조적 또는 기술적 이유로 인해 기업 내에서 필요하지 않은 근로자들을 줄이거나 근로자의 인원 구성을 바꾸기 위해 행하는 해고를 의미한다. 일반적으로 기업의 긴급한 경영상 필요에 의해 일정요건 하에 실시되는 해고를 말하며, 대개 집단적 해고를 수반한다.

이 제도는 근로기준법 제31조에 경영상 이유에 의한 해고를 하고자 하는 경우에 근거하고 있다. 동 법 규정에 의하면 정당한 해고의 사유로 긴박한 경영상의 필요, 해고를 회피하고자 하는 노력, 노동조합이나 근로자 과반수를 대표하는 자에 대한 사전 해고통지, 해고대상자 선발의 합당한 기준, 해고대상 선정 시의 성실한 협의 등이 있어야 하며 그렇지 않으면 부당해고로 간주된다.

종합금융회사
종합금융회사(綜合金融會社, merchant banking company)는 1975년 12월 종합금융회사에 관한 법률이 제정되면서 그 제도적인 기반이 갖추어졌다.

종합금융회사의 설립은 제1차 석유파동 이후 국제수지 사정이 크게 악화된 가운데 해외금융기관과 제휴해 국제금융시장의 정보를 신속히 수집하고 보다 유리한 조건으로 외자도입을 추진할 수 있는 전문금융기관의 신설 필요성이 제기된 데다, 경제 규모의 양적 확대 및 질적 심화 과정에서 예상되는 기업금융 수요의 급속한 증대와 다양화에 대응하기 위해 은행과 증권기관으로 분화되어 있는 금융기능을 보완해 종합적인 금융서비스를 제공하고 취약한 장기금융체제를 보강할 수 있는 금융기관의 도입이 요청되었던 사정을 배경으로 한다.

이러한 사정을 배경으로 1976년 4월 한국종합금융주식회사가 최초로 설립된 이후 1976~1979년 중 국내외 합작회사 형태로 5개의 종합금융회사가 설립되었다. 이후 1994년에 지방소재 9개 투자금융회사가, 1996년에 15개(서울 8개사, 지방 7개사) 투자금융회사가 종합금융회사로 전환하였으나 1997년 말 이후 외환위기 수습과정에서 대부분 정리되고 2014년 말 현재 1개의 전업종금사와 2개의 겸영회사(은행 2개)가 영업 중에 있다.

종합금융회사는 법률상 그 취급업무가 매우 포괄적으로 규정되어 단기금융, 증권, 시설대여, 증권투자신탁, 외국환업무 등 예금 및 보험업무를 제외한 거의 모든 금융업무를 영위하고 있다.

· 전업종금사 : 금호종금
· 겸영종금사 : 신한은행, 외환은행

종합부동산세

2003년 10월 29일 정부가 발표한 부동산 종합대책의 일환으로 마련된 것으로, 부동산 과다 보유자에 대해 과세하는 국세로 2005년부터 시행되고 있다. 부동산 보유에 대한 과세는 2004년까지 재산세와 종합토지세로 나누어져 지방세로 과세되었으나, 종합부동산세가 도입되면서 이들 두 지방세는 재산세로 통합되고 부동산투기억제, 지역 간 재정자립도 보완 등의 목적으로 국세로서 종합부동산세

가 도입되었다.

2005년 8월 31일 발표된 부동산 종합대책으로 종합부동산세는 다시 대폭 강화되었다. 즉 주택 과세 대상이 기준시가 9억 원(과세표준은 4억 5천만 원)에서 6억 원으로 낮추어졌으며, 과세표준도 기준시가의 50%인 것을 단계적으로 100%까지 상향 조정하고, 과세 대상도 종전 인별 합산에서 세대별 합산으로 강화되었다.

그러나 2008년 11월 세대별 합산 과세가 위헌이라는 헌재의 판결이 있은 후 개인별 합산 과세로, 과세 기준가도 6억에서 9억으로 환원되었다.

종합소득세

종합소득세(綜合所得稅)는 소득세 가운데 가장 대표적인 것으로 개인에게 귀속되는 모든 소득을 종합해 과세하는 소득세이다. 종합소득세는 전산망 구축 등으로 개인소득의 정확한 파악이 가능한 경우 개인의 담세력에 따라 공평과세를 할 수 있으며, 국가의 조세 수요를 충족하기 위한 과세의 신축성을 기할 수 있다는 장점이 있는 반면 세원조사로 인해 영업 비밀이나 사생활이 침해될 우려가 있다는 단점도 있다.

우리나라의 경우 거주자의 종합소득에 대한 과세표준은 이자소득금액,

배당소득금액, 부동산 임대소득금액, 사업소득금액, 근로소득금액, 일시재산소득금액과 기타소득금액의 합계액에서 종합소득공제를 한 금액으로 산정되는데, 2천만 원 이하인 이자소득과 배당소득은 종합소득 과세표준 계산 시 제외된다.

이자, 배당, 연금 등 금융소득에 대해서는 1996년부터 2년간 종합소득세 과세대상에 포함되었으나 1998년 이후에는 금융소득금액이 4천만 원을 초과하더라도 종합소득 과세표준 계산 시 제외되도록 하였다가 2001년부터 다시 종합소득세 과세대상에 포함하고 있으며, 2013년부터는 종합소득세 적용 금융소득을 2천만 원 초과로 인하하였다.

주가지수

주가지수는 주식시장 전체의 주가 움직임을 파악하기 위해 개별 주식의 주가 변동을 종합해 작성한 지수로서, 기준시점의 시장 전체 주가 수준을 100으로 놓고 여기에 비교시점의 주가 수준을 비교해 산출한다.

주식시장 투자자는 개별 종목의 가격 동향과 그 전망에 기초해 투자하지만 시장 전체의 움직임도 염두에 두지 않을 수 없으며, 정책 당국도 시장 전체의 움직임을 보아 시장 관리와 증권에 관한 정책을 결정한다.

주식시장의 동향을 나타내는 지표로는 주가지수, 거래량, 주식배당수익률, 주가수익비율, 주가순자산비율 등 여러 가지가 있으나 주가지수가 대표적인 지표이다. 주가지수는 그 산출 방법에 따라 크게 시가총액식 주가지수와 다우존스식 주가지수의 두 가지로 나누어진다.

시가총액식 주가지수는 1923년부터 미국의 스탠다드 앤드 푸어 (Standard and Poor's)가 작성하기 시작한 주가지표로서, 상장주식 전 종목을 대상으로 한 주가에 상장 주식 수를 곱해 산출한 시가총액을 기준시점의 시가총액과 비교해 산출하는데 산출방식은 다음과 같다.

$$\text{주가지수} = \frac{\text{비교시점의 시가총액}}{\text{기준시점의 시가총액}} \times 100$$

$$\text{시가총액} = \sum_{i=}^{n} (i \text{주식의 주가} \times i \text{주식의 상장 주식 수})$$

시가총액식 주가지수의 장점으로는 상장 주식 수가 주가에 가중되고 전 상장종목을 대상으로 작성되므로 전체적인 주가 수준을 비교적 정확히 반영할 수 있을 뿐만 아니라 전체적인 시황 파악이 용이하다는 점을 들 수 있다. 그러나 자본금 규모가 큰 대형주의 등락이 전체 주가지수 변동을 좌우함에 따라 중소형주를 포함한 전체 시장의 흐름을 제대로 나타내주지 못하는 단점을 가지고 있다. 즉, 소수의 종목이라도 가중치가 큰 대형 전자주나 은행주 등이 상승하면 시가총액이 크게 증가하므로 주가지수는 큰 폭으로 상승하게 된다. 반대로 대형주의 주가는 큰 변동이 없어도 가중치가 작은 소형들이 여러 종목 상승하면 증권 시황이 일반적으로 상승하는 느낌을 주게 되나 시가총액은 큰 폭으로 증가하지 않기 때문에 주가지수는 실제 느낌보다 적게 오르는 경우가 발생한다. 따라서 정확한 주식시장 시황을 분석하기 위해서는 종합주가지수 이외에 부문별 주가동향을 나타내는 시장별지수, 자본금규모별지수(소형·중형·대형), 산업별지수 등을 참고해야 할 것이다.

다우존스식 주가지수는 1884년 7월 3일 미국의 다우존스사(Dow Jones)에 의해 처음 발표된 것으로 가장 오랜 역사를 가진 주가지수이다. 본래는 대표적인 우량주만 골라 그 종목의 단순주가평균(채택종목의 주가 합계÷채택종목수)을 산출해 사용하는 다우존스주가평균방식으로 출발하였으나 최근에는 이를 다음과 같이 수정해 지수화한 방식이 많이 사용되고 있다.

$$주가지수 = \frac{비교시\ 수정주가평균}{기준시\ 수정주가평균} \times 100$$

여기서 수정주가평균은 채용 종목의 유무상증자에 의한 권리락, 주식분할 등으로 인한 주가평균의 단층을 제거하기 위해 채용 종목 수를 수정해 산출한 주가평균을 의미한다. 다우존스식 주가지수의 특징은 상장종목 중 거래가 활발한 대표적인 소수의 우량주를 채택해 시황을 민감하게 파악하는 데 있으며, 원칙적으로 채택 종목을 변경하지 않는다. 또한 이 방법은 전술한 시가총액식 주가지수보다 산출방식이 간단하다는 장점도 지니고 있다. 그러나 단점으로는 자본금의 크기와 관계없이 채택 종목을 동등하게 취급하므로 가격의 움직임이 큰 소수 종목의 영향을 크게 받게 되어 정확한 시황 파악이 어려울 경우가 있고, 채택 종목 수가 한정되어 있으므로 산업구조의 변화 등을 반영하기가 어렵다는 점을 들 수 있다.

우리나라에서 작성, 발표되고 있는 주가지수로는 한국증권선물거래소의 한국종합주가지수(KOSPI : Korea Composite Stock Price Index)와 한국경제신문사의 한경다우지수가 있다.

한국종합주가지수는 한국증권거래소가 1972년부터 35개 회사를 선정해

다우존스방식으로 산출, 발표해 왔으나 1983년부터 보다 합리적인 주가지수의 산출을 위해 시가총액식으로 개편하였다. 한국종합주가지수의 기준시점은 1980년 1월 4일로 동 기준일의 주가지수를 100으로 하고 있으며, 상장된 보통주 전 종목을 대상으로 산출하고 있다.

한편 한국증권거래소는 2005년 1월 선물거래소, 코스닥증권시장, 증권업협회 등과 함께 한국증권선물거래소에 통합되었다.

한경다우지수는 한국증권거래소가 한국종합주가지수를 시가총액식으로 하기 전에 사용해 오던 다우존스방식을 한국경제신문사가 이어받아 1983년부터 작성, 발표하고 있는 주가지수이다. 한경다우지수는 10년간 변동 없이 시계열을 유지해 오다가 1994년 1월 3일 그동안의 증시 여건 변동을 반영하기 위해 지수 체계를 개편, 기준연도를 1990년 1월 3일로 바꾸고 대상 종목도 종전의 80개에서 70개로 줄였다.

시가총액식에 의한 가중산술평균방식을 이용해 산출되는 주가지수의 외국 예로는 뉴욕증권거래소에서 발표되는 뉴욕증권시장종합지수(NYSE Composite Index)와 일본의 동경증권거래소에서 발표되는 동증지수를 들 수 있다. 다우존스방식에 의해 작성되는 주가평균으로는 미국 월스트리트저널지의 다우공업주 30종 평균, 일본경제신문사의 일경다우평균(NIKKEI) 등이 있다. 이러한 외국의 다우존스방식은 금액으로 표시되는 평균개념이다. 예를 들어 미국의 다우공업주 30종 평균을 3,880.60달러로 표시하거나 일경다우평균을 19,934.9엔으로 표시하고 있는데 우리나라의 한경다우지수는 기준시점에 대한 비교시점의 다우평균금액을 지수화해 사용하고 있다.

주가지수선물거래

선물거래는 매매계약의 체결과 동시에 상품의 인도와 대금의 결제가 이루어지는 현물거래에 대응되는 개념으로, 매매 대상물과 그 대금이 계약체결일로부터 일정기간 후에 교환되는 매매계약 거래이다.

주가지수선물거래(株價指數先物去來)는 개별 기업의 주가를 대상으로 하지 않고 산업군별 또는 특정 그룹으로 묶은 주가지수를 투자 대상으로 하는 선물거래이다. 주가지수선물거래는 개별 기업의 주식투자에서 나타날 수 있는 위험을 분산하고 선물거래를 통해 위험을 회피할 수 있다는 점에서 포트폴리오 보험의 성격을 가진다. 이로 인해 지금까지 시장에 나타난 주식, 채권 등의 금융상품 중 가장 혁신적인 상품으로 평가되고 있으며 1982년 미국에서 처음 도입된 이래 각국에서 급속히 성장하고 있는 선물거래 상품이다.

주가지수선물거래는 투자자가 예상하는 장래 특정 시점의 주가지수와 현재 시장에 형성되어 있는 장래의 특정 시점 선물주가지수를 비교해 자기의 예상보다 시장가격이 높으면 선물매도 거래로, 낮으면 매입 거래로 수익을 기대할 수 있다. 뿐만 아니라 투자자는 보유 주식이 포함된 주가지수선물을 정해진 선물가격에 미리 매도함으로써 보유주식의 가격 변동에 따른 불확실성을 완화할 수 있다.

한편 우리나라의 경우 1996년 5월에 코스피(KOSPI)200 선물시장이 개설되었으며, 2001년 1월에는 코스닥 50 선물시장이 개설되었다. 선물거래를 하고자 하는 투자자는 증권선물거래소의 회원사인 증권회사를 통해 주가지수선물을 사거나 팔 수 있으며, 증권선물거래소의 회원사인 증권회사는 고객의 매매를 중개하고 결제업무를 대행한다. 고객은 선물가격(지수)의 변동에 따라 거래의 실행을 보증하기 위해 매일 일정률의 위탁증거금이 유지되도록 일일정산을 해야 한다.

주택연금

🔗 4장 주 55) 참조.

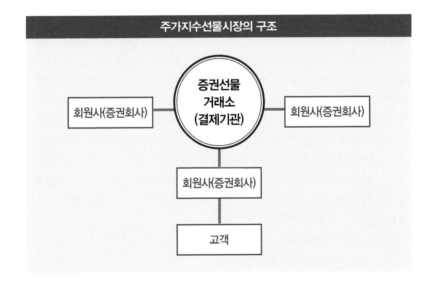

주가지수선물시장의 구조

- 증권선물거래소 (결제기관)
  - 회원사(증권회사)
  - 회원사(증권회사)
  - 회원사(증권회사)
    - 고객

중앙은행 독립

중앙은행은 통화량과 이자율의 조정을 통해 통화가치의 대내외적인 안정을 추구하는 한편 개별 금융기관에 대한 규제 및 감독업무를 수행함으로써 금융기관의 건전성과 금융제도의 안정성을 보장하는 역할을 담당하는 기관이다.

20세기 초까지만 해도 중앙은행은 대부분 정부의 소유나 통제 하에 있어 각국 정부는 재정 적자를 중앙은행 차입으로 보전하였다. 이후 제1차 세계대전 등에서의 전비 조달을 위한 화폐의 증발은 극심한 인플레이션을 유발하였고, 이에 따라 이들 나라를 중심으로 화폐가치의 안정적 유지를 위한 제도로서 정치적 이해관계로부터 독립된 중앙은행제도의 정립(독일 1923년, 미국 1935년)이 이루어지게 되었다.

우리나라의 경우에도 1960년대 이후 정부주도 하의 경제개발과정에서 모든 금융기관이 경제성장을 위한 개발금융기관화 하는 가운데 중앙은행인 한국은행 또한 금융기관에 대한 정부의 정책의지를 관철시키는 기관으로서의 역할을 수행해 왔기 때문에 실질적인 중앙은행의 독립성 보장은 제대로 이루어지지 않았다.

그러나 1980~1990년대를 거치면서 금융산업 혁신과 금융자율화 및 국제화가 진행되는 가운데 전 세계적으로 시장 기능이 강조되고 확대되자 우리나라에서도 중앙은행인 한국은행의 독립이 금융구조의 개혁, 나아가 경제 전반에 대한 개혁과 함께 시장원리의 확립과 금융제도의 안정성 확보라는 관점에서 그 필요성이 각계에서 논의되어 오던 중 1997년 금융감독제도의 개편과 함께 중앙은행제도도 큰 폭으로 개편되었다.

1997년 12월 개정된 한국은행법에서는 한국은행의 설립목적을 효율적인 통화신용정책의 수립과 집행을 통해 물가 안정을 도모함으로써 국민경제의 건전한 발전에 이바지하는 것으로 규정하였다. 이를 달성하기 위한 한국은행의 통화신용정책은 중립적으로 수립되고 자율적으로 집행되도록 해야 하며, 한국은행의 자주성이 존중되어야 한다고 명시하고 있다(한국은행법 제1조 및 제3조).

내용면에서는 한국은행이 집행하는 통화신용정책의 결정권을 가진 금융통화위원회의 의장직은 재정부 장관에서 한국은행 총재로 바뀌고, 종전 한국은행이 갖고 있던 은행 감독 기능은 통합 금융감독기구인 금융감독원에 넘기는 것으로 변경되었다.

지급준비율

금융기관은 예금의 일정 비율에 해당하는 금액을 의무적으로 한국은행에 예치하거나 시재금으로 보유토록 하고 있는데 이 비율을 지급준비율(支給準備率), 줄여서 '지준율'이라고 한다.

지급준비제도는 당초 금융기관이 과도한 대출을 자제해 예금자의 예금 인출 요구에 언제든지 응할 수 있도록 하기 위해 예금의 일정 부분을 보유하도록 하는 예금자보호제도로서 출발하였으나, 오늘날에는 재할인제도 및 공개시장조작과 함께 중앙은행의 정통적 통화신용정책 수단의 하나로 활용되고 있다.

즉, 시중에 자금이 너무 많이 풀려 있다고 판단되면 중앙은행은 금융기관의 지급준비율을 높여 대출을 통한 신용창조 능력을 줄임으로써 통화량을 줄이고 그 반대의 경우에는 지급준비율을 낮추어 통화량을 늘리는 것이다. 그러나 금융기관 입장에서 보면 중앙은행에 예치된 예금지급 준비금은 무수익자산이므로 일종의 세금과 같이 비용으로 생각될 수 있으며, 지준율 조작은 은행수지에 큰 영향을 주게 된다. 따라서 지준대상 금융기관(예금은행)과 여타 금융기관(비은행 금융기관) 간의 공정경쟁을 저해한다는 비판도 제기되고 있다. 현재 우리나라의 예금지급 준비율은 예금 종류에 따라 0~7%로 차등화 되어 있다.

각 금융기관은 월별(매월 1일부터 말일까지)로 매일의 지급준비금 적립대상 채무잔액을 기초로 평균하여 계산한 지급준비금 적립대상 채무에 대한 최저지급준비금을 다음 달 둘째 주 목요일부터 그 다음 달 둘째 주 수요일까지 보유하여야 한다.

집단소송제

집단소송제란 주식투자자가 주가조작, 허위공시, 분식회계 등으로 피해를 입었을 경우 한 사람이 소송을 제

예금 종류별 지급준비율(2014년 말 현재)	
예금 종류	지급준비율
장기주택마련저축, 재형저축	0.0%
정기예금, 정기적금, 상호부금, 주택부금, CD*	2.0%
기타예금	7.0%

* 지급준비 예치 대상 금융기관을 상대로 발행된 경우 제외

기해 승소하면 동일한 피해를 입은 나머지 투자자들은 별도의 소송 없이 동일한 보상을 받을 수 있도록 하는 제도다.

집단소송제가 적용되는 불법행위로는 유가증권신고서 또는 공개매수신고서의 허위 또는 부실 기재, 공시 사항의 허위 또는 부실 공시, 분기별 보고서나 사업보고서의 허위·부실 기재 등이다. 집단소송제는 피해를 본 투자자들이 승소했을 경우 직접 피해를 보상받는다는 점에서 경영진을 대상으로 소송을 제기해 승소했을 경우 보상금이 회사에 돌아가는 대표소송제와 다르다.

집단소송제는 피해자의 숫자는 많으나 개별 피해자의 피해액이 상대적으로 적어 개별적으로는 소송을 제기할 유인이 없을 때 그 필요성이 제기된다. 집단소송제는 유사한 피해를 겪은 사람들의 소송을 단일화해 소송비용을 절감케 함으로써 동일한 피해가 지속적으로 발생하는 것을 막기 위한 제도이다.

이미 이 제도를 시행하고 있는 미국의 경우를 보면 이 제도를 통해 소액 피해에 대한 소송이 활성화되어 피해 구제에 성과가 있다고는 할 수 있으나 그 이면에는 또 다른 문제가 발생하고 있음이 드러났다. 가장 큰 문제는 피고 측의 과실 정도와 배상금 또는 합의금의 액수가 비례하지 않는다는 사실이다. 특히 주가 하락의 원인을 놓고 쟁송을 벌이는 증권집단소송의 경우 그런 경향이 더욱 강한 것으로 나타났다.

우리나라에서는 수년간의 토론을 거쳐 내부자거래 및 주가조작에 대해서는 2005년부터 바로 적용하되 유가증권신고서와 설명서의 허위·부실 기재와 사업보고서 등 기간 보고서의 허위·부실 기재, 그리고 회계법인의 부실 감사 등에 대해서 2005년부터 자산 2조 원 이상의 대기업에 적용하고, 2007년부터 모든 등록기업에 적용하기로 하여 시행되고 있다.

창업투자회사

창업투자회사(創業投資會社)란 고도의 기술력을 갖고 있어 장래성은 있으나 아직 담보력이 취약하고 경영기반이 약해 리스크가 커서 일반 금융기관으로부터는 융자받기 어려운 벤처기업에 대해 주식 취득 등의 형식으로 자금을 지원하는 기업을 가리킨다.

다시 말해서 창업 및 성장단계에 있는 벤처기업에 대해 주로 지분참여 방식으로 자금을 공급함으로써 고위험·고수익을 추구하는 투자회사이다. 창업투자회사는 대개 벤처기업이 성장한 후에 자신이 취득한 주식을 공개함으로써 얻을 수 있는 자본이익으로 수익을 올리는 것이 일반적이다.

벤처기업에 투자하는 창업투자회사 중에서 중소기업창업투자회사는 자본금 50억 원 이상의 주식회사로서 중소기업창업지원법에 의해 중소기업청에 등록함으로써 설립되며, 등록 후 3년 이내에 자본금의 50% 이상을 벤처기업에 투자해야 한다.

창업투자회사가 투자자들을 모집해 결성·운용하는 창업투자조합(LPF : Limited Partnership Funds) 등도 벤처기업에 투자하고 있다.

채권수익률

채권수익률(債券收益率)은 구입한 채권을 상환 시까지 보유한 경우의 수익률로서 수익, 즉 정기적으로 받게 되는 정해진 이자에 만기 시 받게 되는 액면가격을 더한 금액을 투자원본으로 나눈 것이다.

이론적으로는 채권 보유로부터 받게 되는 이자와 액면금액을 현재가치화한 가격이 현재의 시장가격과 일치해야 되는데, 이때 채권의 현재가치와 시장가격이 일치하도록 장래의 모든 수익을 현재가치로 환산하는 할인율을 채권수익률이라 한다. 이 수익률은 증권시장에서 채권이 거래될 때 적용되므로 이를 채권의 유통수익률이라

고 하며, 시장의 자금사정을 반영하므로 대표적인 시장금리로 인용된다.

그러나 증권시장에서 거래되는 채권은 유통수익률로 거래되는 것이 아니라 채권의 가격으로 거래되며, 유통수익률은 채권의 가격과 표면금리, 액면금액, 만기 등을 이용해 사후적으로 계산된 이자율이다. 이 중에서 표면금리, 액면금액, 만기 등은 정해져 있는데 채권의 가격은 시시각각으로 변한다. 채권의 가격이 떨어지면 투자자 입장에서 장래에 받을 수익은 정해져 있는데 투자원본이 떨어진 것을 의미하므로 수익률이 오른다고 볼 수 있다. 따라서 채권의 가격은 유통수익률에 반비례한다.

채권시장

채권시장(債券市場, bond market)은 채권이 기업 또는 정부, 공공단체로부터 기관 및 일반투자자에게 발행되거나 이미 발행된 채권이 투자자들 사이에서 거래되는 시장을 말한다.

채권시장은 그 기능에 따라 발행시장과 유통시장으로 나누어지는데, 채권발행시장은 채권의 발행에 의해 자금 수요자가 자금을 조달하는 시장을 말한다. 자금 수요자는 채권의 발행자이고 자금 공급자는 채권의 응모자이다. 채권 발행자는 각종 주식회사, 정

부, 지방공공단체의 채권 발행은행 등이며, 채권 수요자는 개인 투자자, 은행, 증권회사, 신탁회사, 보험회사 등의 기관투자가인데 우리나라의 경우 기관투자가가 주를 이루고 있다.

채권유통시장은 이미 발행된 채권이 투자자들 사이에서 매매되는 시장으로 증권거래소에 상장된 채권만이 거래되는 거래소시장(장내시장)과 상장 여부에 관계없이 주로 증권회사 창구를 통해 거래되는 장외시장으로 나뉘는데, 주식유통시장과 달리 장외시장의 거래비중이 높은 점이 특징이다.

총액한도대출

총액한도대출은 은행들이 중소기업에 제공한 대출자금을 한국은행이 미리 정한 일정한도 내에서 낮은 금리로 지원하는 정책금융을 말하며, 2013년 12월부터 '금융중개지원대출'로 명칭이 바뀌면서 제도 개선이 이루어졌다. 중앙은행의 통화정책 수단인 지급준비율제도, 공개시장 조작, 여수신제도 중 여신제도에 해당한다. 지원 한도는 금융통화위원회가 통화 동향을 감안해 수시로 정해 은행별로 배분된다.

1994년 3월까지는 금융기관의 대출 실적에 따라 무제한으로 자동 재할인해주는 방식을 써왔지만, 이후부터는 정책금융을 줄이려는 취지에서 한국은행이 대출하는 총액한도를 정해놓고 은행별로 이를 배정하는 방식으로 전환했다.

대출 한도를 은행별로 배분할 때는 그동안의 취급 실적이라든지 여타 정책 목적을 살릴 수 있는 기준에 따라 배정한다. 이 자금은 대부분 중소기업에 지원되는데 제도 변경 후 기술형창업지원 프로그램, 무역금융지원 프로

총액한도대출 명칭 등 변경(2013. 12)		
	현 행	**변경 후**
명칭	총액한도대출	금융중개지원대출
구성 체계	• 2개 한도로 구분 　– 금융기관별 한도(기술형창업지원 한도, 무역금융지원 한도, 신용대출지원 한도, 영세자영업자대출지원 한도) 및 지역본부별 한도	• 5개 프로그램으로 구분 　– 기술형창업지원 프로그램, 무역금융지원 프로그램, 신용대출지원 프로그램, 영세자영업자지원 프로그램, 지방중소기업지원 프로그램
한도결정 방식	분기별로 조정	필요시 수시로 조정

그램, 신용대출지원 프로그램, 영세자영업자지원 프로그램 등 5개 프로그램으로 구분 지원된다.

금융통화위원회는 은행의 이들 프로그램에 대한 중소기업 자금 지원 확대를 유도하기 위해 대출 한도를 늘리기도 하며, 시중의 과잉 유동성을 흡수하기 위해 그 한도를 줄이기도 한다.

광의유동성(L)

🔗 통화량(p. 291) 참조.

추가경정예산

추가경정예산(追加更正豫算)은 예산이 국회에서 의결되어 성립한 이후 발생한 새로운 사정, 즉 천재지변이나 경기대책 등으로 인해 소요경비의 과부족이 있게 된 경우 이미 성립된 본예산을 추가 또는 변경해 편성하는 예산으로서 보정예산(補正豫算)이라고도 한다.

추가경정예산은 이미 성립된 예산의 변경을 가져온다는 점에서 행정부가 예산안을 국회에 제출한 뒤 예산이 성립되기 전 부득이한 사유로 예산안 일부를 수정하는 수정예산(修正豫算)과 구분된다.

우리나라의 경우 거의 매년 추가경정예산을 편성하고 있으며 이러한 사정은 다른 나라도 비슷하다.

출자총액제한제

자산총액 10조 원 이상인 대규모 기업집단에 속하는 회사가 순자산액의 40%를 초과해 국내회사에 출자할 수 없도록 한 제도이다.

업종 다각화에 따른 대기업들의 무분별한 사업 확장을 막기 위한 조치로 지난 1986년 도입됐지만, 기업 퇴출과 적대적 인수합병을 어렵게 한다는 이유로 1997년 폐지됐다. 그러나 폐지 이후 적대적 인수합병은 일어나지 않고 오히려 대기업들의 계열사에 대한 내부 지분율이 증가하는 등 부작용이 일어나자 1999년 공정거래법(현행 독점규제 및 공정거래에 관한 법률)을 개정하면서 부활, 2002년 4월부터 다시 시행됐다. 그러나 이후 국회는 2009년 3월 3일 본회의를 열고 출자총액제한제를 폐지하는 관련법 개정안을 통과시켰다.

취업자

🔗 실업률(p. 257) 참조.

카드채

카드채란 신용카드회사의 자금소

달 수단 중 하나로서 자기 신용을 바탕으로 발행한 회사채를 말한다. 신용카드회사는 은행 등 금융기관과 달리 예수금 형태의 자금조달이 법률상 허용되어 있지 않아 카드채 발행, 금융기관으로부터의 차입 및 신용카드 매출채권 매각 등으로 자금을 조달하고 있다. 여신전문금융업법상 신용카드회사는 자기 자본의 10배에 상당하는 금액을 한도로 해 카드채를 발행할 수 있다.

신용카드사가 발행한 카드채 잔액은 카드사의 무분별한 시장 확대 전략 등으로 2002년 말에는 30조 원이라는 최고 수준을 기록하였으며, 자금의 장기조달과 단기운용으로 인해 신용카드사의 유동성 위기가 발생하였던 2003년 이후에는 부실자산 정리, 영업 위축 등으로 그 규모가 점차 줄어들어 2005년 6월 말에는 12조 원을 기록하였다.

한편 정부는 신용카드사의 경영정상화를 위해 카드사의 자기 자본 확충 유도, 부대업무비율 제한 준수시한 연장, 자산관리공사 등을 통한 카드사의 부실채권 매입, 카드채 만기 연장 등을 포함하는 '신용카드사 종합대책'을 시행한 바 있다.

코스닥

코스닥증권시장은 미국의 나스닥(NASDAQ)을 벤치마킹해 1996년 7월 1일 개설되었다. 고부가가치산업인 지식기반 중소·벤처기업에게 장기, 안정적인 자금을 공급하고 투자자에게는 고위험·고수익의 투자기회를 제공하는 증권시장으로서의 역할을 수행하고 있다.

상장기업들의 주식이나 채권을 불특정 다수의 사람들이 사고팔 수 있는 증권거래소와는 달리, 코스닥시장에서는 매매를 위한 장소가 따로 설치되어 있지 않고 컴퓨터와 통신망을 이용해 장외에서 주식을 매매하는 전자거래시스템을 갖추고 있다. 코스닥증권시장은 출범 시부터 컴퓨터에 의한 자동 경쟁매매 방식에 의해 운영되었으며, 기존의 증권거래소에 비해 등록 기준이 완화되어 있어 진입, 퇴출이 비교적 자유롭다.

특히 정부는 코스닥시장의 활성화

카드채 발행 잔액 추이					(단위 : 조 원)
2000년 말	2001년 말	2002년 말	2003년 말	2004년 말	2005년 6월 말
16.8	19.4	30.0	22.5	14.3	12.0

를 위해 1999년 5월 코스닥시장의 등록요건을 완화해 대형 통신사 등 매력적인 기업들이 쉽게 등록될 수 있게 하고, 코스닥에 등록한 중소·벤처법인에 대해 세제상의 혜택을 주어 우량기업들이 많이 등록하도록 여건을 개선하였다. 이러한 정부의 정책적 지원과 더불어 전 세계적인 벤처투자 열기, 국내의 경제 회복과 저금리 시대에 고수익을 추구하려는 투자자의 욕구와 맞물려 급속한 성장을 이루게 되었다.

코스닥시장 전체의 주가동향을 신속하게 파악할 수 있는 합리적 투자분석지표인 코스닥종합지수는 통합 증권선물거래소 코스닥증권시장 본부에 의해 발표되고 있다. 기준지수는 1996년 7월 1일을 1000으로 해 작성된다.

콜금리

콜금리는 콜시장에서 거래되는 콜자금의 금리이다. 콜시장은 주로 금융기관 간에 자금을 초단기로 차입하거나 대여하는 시장을 의미한다. 금융기관은 고객을 상대로 예금을 받고 대출 또는 투자를 하는 과정에서 수시로 자금이 남기도 하고 모자라기도 하는데, 이러한 자금과부족을 콜시장에서 자금거래를 통해 조절한다.

이처럼 콜시장에서의 자금거래는 금융기관의 일시적 자금과부족을 조절하는 거래이기 때문에 1일물 거래가 대부분이다. 또한 콜자금 거래에 적용되는 금리도 다른 시장금리와 마찬가지로 주로 콜시장의 자금수급 상황에 따라 결정되는데, 금융기관의 단기유동성 사정이 좋아지면 콜자금 공급이 늘어나 콜금리는 하락하며 나빠지면 콜금리가 상승한다.

콜금리는 중앙은행의 통화정책 수행에서 매우 중요한 위치를 차지하고 있다. 일반적으로 콜금리의 변동은 일차적으로 기업어음(CP), 양도성예금증서(CD) 등 단기금리 변동으로 이어지고 나아가 회사채수익률, 은행대출금리 등 장기금리에도 영향을 미쳐 소비, 투자 등 실물경제 활동에 영향을 주게 된다.

이러한 금리의 파급 경로를 바탕으로 중앙은행은 공개시장 조작 등을 통해 금융기관의 단기유동성을 조절해 콜금리가 목표 수준에서 유지되도록 함으로써 궁극적으로 실물경제 활동을 바람직한 방향으로 유도해왔다. 한국은행은 이러한 콜금리 목표 제도를 2008년 3월부터 기준금리제로 변경하였다.

토지공개념

토지공개념(土地公槪念)이란 토지

E

대출정책
지급준비율정책
공개시장정책
→
단기금리
(기준금리)
→
장기금리
→
물가안정
경제성장

는 공공재(公共財)라는 생각에 바탕을 두고 기존의 토지소유권 절대사상에 제약을 가함으로써 상대적으로 유한한 토지를 보다 효율적으로 운용하기 위해 도입된 개념이다. 즉, 토지는 모든 국민의 생활기반이기 때문에 다른 소유권과는 달리 공공적 의의가 크므로 소유권에 제한을 가하고 공공적 의의를 부여하는 것이다.

일반적으로 자본주의 경제에서는 소유권의 불가침을 인정하고 있다. 그러나 토지의 가용면적은 제한된 반면 경제발전 등으로 토지를 소유하거나 사용하려는 욕구는 점차 증가해 수요가 공급을 초과하여 토지 투기현상이 우려됨에 따라 토지에 대해 공공적 의의를 부여하는 동 개념이 자본주의 국가에서도 형성되기 시작하였다.

특히 우리나라의 경우 토지가 상대적으로 좁은 데다 1980년대 후반 부동산 투기 열풍이 불면서 지가가 급격히 상승했고, 이로 인해 일반 국민들의 경제 활동에 심각한 부정적인 효과

가 나타남에 따라 동 개념의 도입 필요성이 부각되었다. 이에 따라 정부는 헌법 및 민법에서 규정한 바에 따라 1989년 정기국회에서 '택지소유에 대한 법률', '토지초과이득세법', '개발이익환수에 관한 법률' 등 토지공개념 관련 법률을 제정하였다.

우리나라 헌법 제123조는 "국가는 토지소유권에 대해 법률이 정하는 바에 따라 제한과 의무를 과할 수 있다"고 규정하고 있고, 민법 제2조는 "개인의 소유권리라도 권리는 남용하지 못한다"고 규정하고 있다. 그리고 동법 제212조에서는 "개인의 소유권이라도 정당한 이익이 있는 범위 내에서만 행사해야 한다"고 규정하고 있다.

통합재정수지

정부예산은 일반회계와 특별회계 및 정부관리기금으로 구성되는데 이들을 통틀어 수지를 따져보는 것이 통합재정수지(統合財政收支)이다. 구체적으

로는 일반회계, 18개 특별회계, 4개 기업특별회계(양곡관리특별회계, 철도사업특별회계, 통신사업특별회계, 조달특별회계), 외국환평형기금을 제외한 34개 공공기금 등을 대상으로 하고 있다.

정부의 세입·세출예산에는 수지 개념이 결여되어 있는 반면 통합재정에는 수지 항목이 제시되어 있다는 장점이 있으나 현재 통합재정수지는 공공기금을 제외한 여타기금은 제외되어 있으며, 지방재정도 제외되었다는 한계를 안고 있다. 한편 재정 규모는 통합재정의 총지출 규모나 총수입 규모를 말하는 것이지만 정부는 통상적으로 일반회계를 중심으로 재정 규모를 공표하고 있다.

우리나라의 경우 지금까지는 예산, 즉 재정이 만성적인 적자현상을 빚어왔지만 1984년도 예산부터는 일반회계부문에서 흑자가 발생, 좁은 의미의 재정수지는 흑자로 돌아섰다. 그러나 각 특별회계와 정부관리기금 등을 모두 합한 통합수지는 아직도 적자를 면치 못하고 있다. 특히 외환위기 이후 국제기구로부터의 차관 도입과 국채 발행 등으로 적자폭이 크게 증가하였다. 통합재정수지가 적자를 나타내게 되면 이를 보전하기 위해 한은차입 등을 하게 되는데 이는 통화증발요인으로 작용, 물가를 자극하게 된다.

세계 각국은 국제통화기금(IMF)의 통계방식(순계합산)에 따라 통합재정수지를 집계해 보고하는데 적자 규모가 국민총생산(GNP)의 2%를 넘으면 재정지출이 과도하다고 지적, 재정긴축을 권고하기도 한다.

통화당국

🔗 1장 주 5) 참조.

통화량

통화량이란 시중에 유통되는 통화의 총량이라고 정의할 수 있다. 이러한 통화의 유통량은 결국 통화가 시중에 공급되는 길목인 금융기관에서 파악할 수밖에 없으므로 '통화공급량(money supply)'이라고도 말한다.

통화량은 포괄 범위에 따라 다양한 개념으로 사용된다. 가장 좁은 의미의 통화는 민간이 보유한 현금이라 할 수 있다. 그러나 화폐경제가 발달함에 따라 예금취급기관의 결제성예금도 기능면에서 현금과 구분하기가 어려워지자 학술적으로는 현금통화와 예금취급기관의 결제성예금 합계를 '협의통화(M1)'라 한다. 협의통화(M1)는 화폐의 지급결제수단으로서의 기능을 중시한 지표이다.

결제성예금으로는 예금취급기관의 당좌예금, 보통예금 등 요구불예

E

금과 저축예금, 시장금리부 수시입출식예금(MMDA : money market deposit account), 단기금융펀드(MMF : money market fund) 등 수시입출식예금으로 구성된다. 이러한 결제성예금은 비록 현금은 아니지만 수표 발행 등을 통해 지급결제수단으로 사용되거나 즉각적으로 현금과 교환될 수 있으며, 기능면에서 현금과 거의 같기 때문에 협의통화(M1)에 포함되고 있다.

이와 같이 협의통화(M1)는 유동성이 매우 높은 결제성 단기금융상품으로 구성되어 있어 단기금융시장의 유동성 수준을 파악하는 데 적합한 지표이다.

협의통화(M1)
= 현금통화 + 예금취급기관의 결제성예금
= 현금통화 + 요구불예금 + 수시입출식예금

협의통화(M1)에 준결제성통화를 합친 보다 넓은 의미의 통화지표가 '광의통화(M2)'이다. 여기에는 협의통화(M1)에 포함되는 현금과 결제성예금뿐만 아니라 예금취급기관의 정기예금, 정기적금 등 기간물 정기예적금 및 부금, 거주자 외화예금과 양도성예금증서, 환매조건부채권, 표지어음 등 시장형 금융상품, 그리고 금전신탁, 수익증권 등 실적배당형 금융상품과 금융채, 발행어음, 신탁형 증권저축 등이 포함된다. 다만 유동성이 낮은 만기 2년 이상의 장기금융상품은 제외한다.

이와 같이 광의통화(M2)에 단기 저축성예금뿐만 아니라 시장형 금융상품, 실적배당형 금융상품 등을 포함하는 것은 이들 금융상품이 비록 거래수단보다는 자산을 증식하거나 미래의 지출에 대비한 저축 수단으로 보유되지만, 약간의 이자만 포기한다면 언제든지 인출이 가능하기 때문에 결제성예금과 유동성 면에서 약간의 차이밖에 없다고 보기 때문이다. 또한 거주자외화예금도 언제든지 원화로 바뀌어 유통될 수 있기 때문에 광의통화(M2)에 포함하고 있다.

광의통화(M2)는 금융상품의 유동성을 기준으로 편제되기 때문에 종전에 일정 범위 금융기관의 금융상품을 중심으로 편제되었던 총통화(구M2)에 비해 금융권 간 자금이동에 따른 지표 왜곡 문제를 해소할 수 있는 등 시중의 유동성을 보다 정확하게 반영하는 지표이다.

광의통화(M2)
= 협의통화 + 준결제성예금
= 협의통화 + 정기예적금, 부금 + 실적배당형금융상품 + 시장형금융상품 + 기타예금, 금융채

E

Lf(금융기관 유동성)는 광의통화(M2)에 ① 예금취급기관의 만기 2년 이상 정기예적금 및 금융채, 금전신탁 등과 ② 생명보험회사의 보험계약준비금, 증권금융회사의 예수금 등 유동성이 상대적으로 낮은 금융상품까지 포함한 것이다.

L(광의유동성)은 모든 금융상품을 합쳐 한 나라의 경제가 보유하고 있는 전체 유동성의 크기를 측정하기 위한 지표이다.

광의유동성(L)
= Lf + 기업 및 정부 등이 발행하는 기업어음, 회사채, 국공채

금융기관 유동성(Lf)
= 광의통화 + 예금취급기관의 만기 2년 이상 정기예적금 및 금융채, 금전신탁 + 생명보험회사의 보험계약준비금, 증권금융회사의 예수금

통화선물거래

통화선물거래(通貨先物去來)란 장

통화 및 유동성 지표의 구성내역(2014년 12월 말 현재)
(단위 : 조 원)

M1(협의통화) (585.8)	M2(광의통화) (2,077.2)	Lf(금융기관 유동성) (2,841.8)	L(광의유동성) (3,635.5)
			회사채, CP (238.1) 국채, 지방채 (209.4) 기타금융기관상품 (346.2)
		생명보험계약준비금 및 증권금융예수금 (551.2) 2년 이상 장기금융상품 등 (213.3)	(좌동)
	기타 예금 및 금융채 (151.5) 실적배당형금융상품 (430.9) 시장형금융상품 (23.8) 정기예적금 (885.2)	(좌동)	(좌동)
수시입출식예금 (378.8) 요구불예금 (142.6) 현금통화 (64.4)	(좌동)	(좌동)	(좌동)

래의 일정 시점에 특정 통화의 일정 수량을 매매계약 시에 정하는 환율로 인도·인수할 것을 약속하는 거래이다. 통화선물거래는 조직적 시장, 즉 거래소에서 불특정 다수인 간에 이루어지며, 거래소는 대상통화, 거래단위, 결제월 등을 표준화하고 있다.

거래소는 매매계약 이행의 확보를 위해 매매 당사자로부터 매매거래의 주문 시, 또는 매매계약 체결 후에 일정률의 증거금을 징수하며, 매매 당사자 사이에 개입해 매도자에 대해서는 매수자로서, 매수자에 대해서는 매도자로서의 역할을 담당하여 통화선물거래 이용자는 매매 상대방의 계약이행에 대한 신용을 확인할 필요 없이 매매거래를 할 수 있게 된다.

통화선물의 매도자는 최종결제일(계약만기일)이 도래하면 그 대상통화를 매매계약 수량만큼 거래소 결제기관에 인도하며, 매수자는 계약할 때 정한 환율로 거래소 결제기관으로부터 당해 통화를 인수한다. 그런데 통화선물의 매도자 또는 매수자가 당해 통화의 인도 또는 인수를 원하지 않을 경우에는 최종거래일 이전에 언제든지 당해 선물계약을 반대매매함으로써 통화의 인도 또는 인수 의무에서 벗어날 수 있다. 이 경우 매도자는 당해 선물매도계약의 환매가격(환매환율)이 당초의 매도가격(매도환율)보

다 낮으면 그 차액만큼의 이익을 얻고, 높으면 그 차액만큼 손실을 본다. 반대로 매수자는 당해 선물매수계약의 전매가격이 당초의 매수가격보다 높으면 그 차액만큼의 이익을 얻고 낮으면 손실을 입게 된다.

통화선물거래가 활발한 외국의 거래소에서는 선물거래량의 대부분이 최종거래일 이전에 반대매매되고 있는데, 이는 통화선물거래 이용자가 당해 통화를 최종결제일에 매수하거나 매도하려는 목적보다는 환율 변동에 따른 보유외화자산 또는 부채의 가치 변동 위험을 회피할 목적으로 선물시장에서 현물포지션과 반대되는 선물포지션을 취하거나(헤지거래) 시세차익을 얻기 위해 거래하기 때문이다.

시카고상업거래소에는 미 달러화(USD)에 대한 각국의 주요 통화, 즉 일본 엔화(JPY), 유로화(EUR), 스위스 프랑화(CHF) 등의 상품이 상장되어 있으며, 우리나라는 1999년 한국선물거래소(2005년 1월 한국증권선물거래소로 통합)에 원/달러 선물상품이 상장되어 현재까지 거래되고 있다.

원/달러 통화선물 시장에 가장 많이 참여하는 기관은 외국환은행이며 그 다음이 선물회사, 그리고 개인의 순서이다. 외국환은행은 현물환시장의 주요 거래자이기 때문에 이러한 지위를 이용해서 통화선물시장에서 매

E

입·매도 가격 간의 스프레드를 획득할 목적이나 혹은 현·선물 간 재정(arbitrage) 목적, 순수 거래 목적 등으로 활발히 시장에 참여하고 있다.

선물환거래와 통화선물거래는 본질적으로 동일한 거래이지만 선물환거래는 계약금액, 만기 등 상품의 구조가 복잡, 다양하다는 특징을 가지고 있으며 장외에서 주로 은행을 통해 거래되고 있기 때문에 은행과의 기존 거래 관계, 거래 당사자의 신용도 문제 등으로 실제 거래 체결에는 다소 어려움이 있다. 한편 선물거래는 증거금에 대한 부담, 획일적인 계약금액과 만기 구조 등의 약점을 지니고 있으나 증거금만 납부하면 누구나 선물거래를 이용할 수 있어 신용도가 낮은 중소기업이나 개인이 참여하기 알맞은 시장이다. 따라서 미 달러화 부채가 자산을 초과하거나 향후 달러 표시 결제 수요가 있는 중소기업이나 개인은 선물매입 거래자로, 미 달러화 자산이 부채를 초과하거나 향후 달러 표시 현금 유입이 있는 중소기업이나 개인은 선물매도 거래자로 시장에 참여할 수 있다.

통화안정증권

통화안정증권(通貨安定證券, monetary stabilization bond)이라 함은 한국은행이 통화량을 조절하기 위해 금융기관이나 일반인을 대상으로 발행하는 특별유통증권으로, 줄여서 '통안증권'이라고도 한다.

통안증권의 발행은 한국은행법과 통화안정증권법에 의거해 발행되며 공개시장 조작은 통화안정증권의 발행, 상환이나 국채매매 조작을 통해 이루어진다. 통안증권의 발행은 모집, 경쟁입찰, 매출(인수, 위탁 및 직접매출) 등의 공모발행방식과 상대매출방식이 있으며 통안증권의 만기도 14일부터 2년까지 10종목이 있다.

이러한 통안증권은 경상수지 흑자 시기에 해외부문의 통화증발 압력을 해소하기 위해 매출의 형태로 많이 발행되었으나, 현재는 시장원리에 입각한 공개시장 조작을 활성화하기 위해 실세금리에 의한 경쟁입찰방식이 주종을 이루고 있다.

통화정책

통화정책(通貨政策, monetary policy)이란 중앙은행의 통화량 공급에 대한 의사결정으로 이자율이나 통화량의 관리를 통해 경제 활동에 영향을 주려는 정책이다. 할인율 조정, 공개시장 조작, 지급준비율 조정 등이 통화정책으로 사용된다. 즉 통화정책은 물가안정, 완전고용, 경제성장, 국제수지 균형 등 경제의 최종목표를 달성하기 위해 통화당국이 직접적으로 영향을 미칠 수 있는 경제변수인 통화량 또는 금리 등의 중간목표를 적절히 운용하는 것을 의미한다.

우리나라의 통화정책은 중앙은행인 한국은행에서 집행하며 정책의 수립은 한국은행의 최고의사결정기구인 금융통화위원회에서 담당한다. 한국은행의 금융통화위원회는 매월 둘째 목요일 당해 월의 기준금리를 결정해서 발표한다.

🔗 1장 주 1) 참조.

투자신탁

'간접투자자산운용업법'상의 투자신탁(investment trust)이라 함은 투자자로부터 자산에 운용할 목적으로 자금 등을 모은 위탁자(자산운용회사)가 그 재산(투자신탁재산)을 수탁자(은행)로 하여금 당해 위탁자의 지시에 따라 투자·운용하게 하고, 그에 따른 수익권을 분할해 당해 투자자에게 취득시키는 것을 목적으로 하는 간접투자기구를 말한다.

신탁법에 의한 신탁에서는 신탁계약이 위탁자인 투자자와 수탁자인 신탁회사 간에 체결되는데, 투자신탁에서는 신탁계약이 위탁자(자산운용회사)와 수탁자 간에 체결되고 투자자는 신탁계약에 의한 수익권의 향유자로서의 지위를 갖는다.

자산운용회사는 투자신탁의 설정·해지, 투자신탁재산의 운용·운용지시 등을 담당하는 기구로서 상호 중에 '자산운용'이라는 문자를 사용해야 한다. 그러나 은행법에 의한 금융기관, 보험업법에 의한 보험회사, 종합금융회사에관한법률에 의한 종합금융회사가 자산운용회사의 업무를 겸업하는 경우에는 예외적으로 이를 사용하지 않아도 된다.

수탁회사는 투자신탁재산의 보관 및 관리, 자산운용회사의 운용지시에 따른 자산의 취득 및 처분 등을 행하는 기구로 법령상 신탁회사 또는 신탁업을 겸영하는 은행이 동 업무를 수행하도록 되어 있다.

🔗 신탁(p. 256) 참조.

투자은행
🔗 2장 주 41) 참조.

파생금융상품
🔗 2장 주 42) 참조.

핫머니

핫머니(hot money)란 국가 간의 금리 차이나 환율 변동 등에 의한 차익의 기회를 노리고 국가 간에 단기적으로 움직이는 단기성 투기자금을 말한다. 핫머니의 발생 원인은 이 밖에도 해외자금 도피 등이 있으나 일반적으로는 국가 간의 투기자금을 의미한다. 이는 자금의 융통에 신축성을 보이나 금융질서를 문란하게 할 소지가 있다.

우리나라도 자본시장 개방을 맞아 핫머니가 금융시장에서 차지하는 비율이 날로 증가하고 있어 이에 대한 대비가 시급해지고 있다. 멕시코 경제위기 때도 멕시코 국내 정치 불안 등 위기요인이 축적되던 중 미국이 금리를 인상하자 핫머니가 급격히 빠져나가 페소화 가치를 폭락시켜 멕시코 경제를 파탄에 이르게 한 적이 있다.

햇살론

신용보증재단중앙회와 6개 금융회사가 공동으로 만든 저신용, 저소득 서민 전용 대출 상품이며, 10%대의 저금리로 대출하는 정부 지원 서민대출 공동 브랜드이다.

햇살론은 농협과 수협의 경우 단위조합에서만 취급하며, 새마을금고와 신협, 신림조합과 저축은행에서 취급을 하고 있다.

대출 자격과 대출 한도는 신용등급과 소득수준, 그리고 사업운영자금, 창업자금, 생계자금, 대환자금 등 자금 용도에 따라 정해진다.

헤지펀드

🔗 2장 주 14) 참조.

현금통화

🔗 통화량(p. 291) 참조.

화폐수량설

화폐수량설은 어빙 피셔에 의해 정립된 화폐교환 방정식을 말한다. 피셔는 재화의 교환이 화폐를 매개로 이루어진다는 점에서 MV=PT라는 교환방정식을 만들었다. 여기서 M은 통화량, V는 통화의 유통속도, P는 일반물가 수준, T는 거래량을 각각 나타낸다.

재화의 유통은 화폐로 결제되므로 이 식은 항상 성립하는 항등식이 된다. 이 식은 통화의 유통속도가 일정하다고 가정하고 T를 y, 즉 국민소득 수준으로 대체해 증가율 형태를 취하면 물가수준을 결정하는 이론인 화폐수량설이 도출된다.

$$\dot{P} = \dot{M} - \dot{y}$$

이 식을 해석하면 물가상승률은 통화증가율에서 실물경제성장률을 차감한 것과 같다는 말이 된다. 즉, 경제성장률을 상회하는 통화공급 증가는 물가 상승을 유발한다는 것이다.

이 이론은 전제를 지나치게 단순화했다는 등의 비판을 받고 있지만 과도한 통화공급은 인플레이션을 유발한다는 사실, 경제학에서 가장 쉽게 받아들여지는 경험 법칙에 이론적 기초를 제공한다는 점에서 광범위하게 지지되고 있다.

환매채

환매채란 환매조건부 채권매매 거래를 말한다. 국제금융시장에서는 흔히 Repo 또는 RP 거래라고 한다. 환매채 거래는 자금 수요자가 보유하고 있는 특정 채권을 일정 기간 후에 재매입(repurchase)하는 것을 조건으로 매각함으로써 자금을 조달하는 방법이다. 이 방법은 보유 채권을 단순 매각해 자금을 조달하는 방법에 비해 채권매매 쌍방이 채권가격 변동에 따른 리스크를 회피할 수 있다는 장점이 있다.

우리나라에서는 주로 증권회사와 은행이 보유 국공채를 담보로 자금을 조달하기 위한 수단으로 활용되고 있으며, 한국은행이 시중의 유동성을 조절하기 위해 이 거래를 활용하고 있다. 국제금융시장에서도 단기자금 조달 수단으로 성행되고 있다.

후순위채무

후순위채무(subordinated debt)란 채무자가 파산할 경우 다른 모든 일반 채무를 우선 변제하고 남은 재산이 있는 경우에 한해 동 채무를 변제상환한다는 특별 약정을 맺은 채무로서, 채권자의 재산청구 순위가 주주보다는 앞서지만 일반 채권보다는 뒤지는 채무이다.

따라서 후순위채권을 발행하는 경우 채무자, 즉 발행기관의 재산에 대한 청구권 우선순위가 뒤처지는 대가로 높은 금리를 제시하는 것이 일반적이며, 유통시장에서 결정되는 후순위채권의 가격은 발행기관의 경영위험도를 포함한다고 볼 수 있다.

이와 같이 후순위채무는 파산 시 선순위채권자(unsubordinated creditors)에 대한 원리금을 전액 지급한 후에야 원리금 지급이 가능하다는 점에서 자기자본에 가까운 성격을 갖고 있기 때문에 BIS의 은행감독위원회에서는 은행의 후순위채무를 납입자본금, 이익잉여금 등 전통적인 자기자본(기본자본)에 추가해 담보제공 금지, 파산 시 후순위채권자의 상계권 허용 금지 등 일정요건을 충족하는 경우 기본자본의 50% 범위 내에서 보완적인 자기자본으로 인정하고 있다.

우리나라에서도 1996년 7월 '금융기관 감독업무 시행세칙'을 개정해 기한부 후순위채무를 위험가중자산에 대한 자기자본비율 산출기준상 보완자본으로 인정하고 있다.

ABS, MBS
🔗 2장 주 39) 참조.

CDO
🔗 2장 주 44) 참조.

CDS
🔗 2장 주 45) 참조.

DTI
DTI는 Debt to Value의 약자로 부채에 대한 연간 원리금 상환액을 연산 총소득으로 니눈 것으로 계산한다 예를 들어 연간 소득이 5천만 원이고

DTI를 40%로 설정할 경우, 은행에서는 총부채의 원금과 이자를 합한 상환액이 1년에 2천만 원을 초과하지 않도록 대출규모를 제한하게 된다.

우리나라에서는 부동산 시장의 과열을 막기 위해 2005년에 도입되었다. 도입 당시는 투기지역에서만 40%를 적용하였지만, 2009년 9월 7일부터는 확대 적용되어 은행권 담보대출금액이 5천만 원을 넘는 경우 DTI를 강남 3구(강남, 서초, 송파구) 50%, 인천·경기 60%로 설정하였다. 2007년에는 부동산 투기가 과열됨에 따라 투기지역과 투기과열지구 주택담보대출에 DTI 규제를 확대하였다. 그러다가 2014년 8월 60%로 완화하여 단일화되었다.

ELD, ELS, ELF
🔗 지수연동상품(p. 195) 참조.

LTV
LTV는 Loan to Value의 약자로 자산 가격에 대한 담보인정비율을 의미한다. 주택담보대출은 주택을 담보로 금융기관에서 여신을 제공하는 것이므로 해당 주택의 담보가치 내에서 대출 취급이 가능하다. 그러므로 LTV를 낮추게 되면 담보인정비율이 낮아져

영
문

담보가치가 떨어지고, 그로 인해 담보대출한도가 줄어 대출금액이 줄어들게 된다. 2002년 도입돼 수도권은 50%, 지방은 60%가 적용되어 왔으나 2014년 8월 70%로 완화되었다. LTV 규제는 DTI와 함께 금융기관의 건전성 감독 차원에서 규제할 수는 있지만 우리나라에서는 부동산 경기 대책으로 활용되고 있어 본말이 바뀌었다는 비판도 있다.

L(광의유동성)

🔗 통화량(p. 291) 참조.

M1(협의통화)

🔗 통화량(p. 291) 참조.

M2(광의통화)

🔗 통화량(p. 291) 참조.

경제경영 & 유통 & 마케팅 & 프랜차이즈

왕초보
온라인판매 사관학교
유노연 지음 | 26,500원

초보자가 반드시 알아야 하는 실전 온라인판매 A~Z 완벽 정리!

eBook 구매 가능

온라인 매출 쉽게 올리는
유통 마케팅 비법
유노연 지음 | 18,000원

온라인 · 오프라인 유통 집중 분석 및 실전 유통 판매 노하우!

eBook 구매 가능

초보자도 쉽게 배우는
채권실무
최흥식 지음 | 18,000원

영업사원, 채권관리 및 회수 담당자, 법무 실무자, 자영업자 필독서!

초보 셀러를 위한
라이브커머스 성공 비밀노트
장기진 지음 | 15,000원

스마트폰 하나만으로도 쉽게 방송하고 완판하는 비법!

eBook 구매 가능

4차 산업혁명시대 **문화경제의 힘**
최연구 지음 | 14,000원

그림으로 쉽게 배우는 **유통실무 기본상식**
오세조 · 김상덕 편저 | 15,000원

그림으로 쉽게 배우는 **유통 마케팅 기본상식**
오세조 · 박진용 편저 | 15,000원

eBook 구매 가능

가나가와 치히로의 **경영 성공철학 100가지 비법**
가나가와 치히로 지음 | 최인한 · 김종필 옮김 | 18,000원

알고 보면 재미있는 **경제지식**
조성종 지음 | 13,500원

존 트레이시 **재무제표 읽는 법** [최신 개정판]
존 트레이시 지음 | 최송아 옮김 | 14,500원

eBook 구매 가능

창업 첫걸음
최재희 지음 | 14,000원

프랜차이즈 창업이나 해볼까? [최신 개정판]
서민교 지음 | 19,500원

가맹점 창업을 위한 **프랜차이즈 시스템 실무**
서민교 · 이용기 지음 | 25,000원

eBook 구매 가능

경제경영 & 자기계발 & 재테크

나폴레온 힐과의 대화
거부(巨富)의 성공 비결
김정수 지음 | 14,000원

나폴레온 힐 전문가가 부와 성공에 이르는 비밀을 밝히다!

eBook 구매 가능

초보자가 꼭 알아야 할
펀드투자 기초 가이드
김동범 지음 | 19,500원

적립식펀드와 변액보험으로 고수익 올리는 비법!

eBook 구매 가능

현장에서 바로 써먹는
비즈니스 영어 생존 대화법
이세훈(마이클 리) 지음 | 15,000원

비즈니스 해외 영어 실전 노하우!

eBook 구매 가능

442 시간 법칙
하태호 지음 | 15,000원

일론 머스크와 빌 게이츠에게 배우는 시간의 힘!

eBook 구매 가능

젊은 부자의 수수께끼
부자는 너처럼 안해
김정수 지음 | 16,000원

누구나 부의 주인공이 되는 부자 특급 프로젝트!

eBook 구매 가능

완벽한 기획실무의 정석
천진하 지음 | 16,000원

상품기획자, MD, 개발자, 마케터, 디자이너, CEO, 자영업자 필독서!

eBook 구매 가능

대한민국 진로백서
정철상 지음 | 16,500원

월급쟁이 부자되는 재테크 첫걸음 [최신 개정판]
최현진 지음 | 16,000원

단번에 고객을 사로잡는 **보험 실전 화법**
김동범 지음 | 16,000원

eBook 구매 가능   **eBook 구매 가능**   **eBook 구매 가능**

4차 산업혁명시대 누가 돈을 버는가
김정수 지음 | 16,000원

제대로 알면 성공하는 **보험 재테크 상식사전**
김동범 지음 | 15,000원

알기 쉬운 **보험 세테크 100% 활용법**
김동범 지음 | 19,500원

eBook 구매 가능   **eBook 구매 가능**   **eBook 구매 가능**

중앙경제평론사 Joongang Economy Publishing Co.
중앙생활사 | 중앙에듀북스 Joongang Life Publishing Co./Joongang Edubooks Publishing Co.

중앙경제평론사는 오늘보다 나은 내일을 창조한다는 신념 아래 설립된 경제 · 경영서 전문 출판사로서
성공을 꿈꾸는 직장인, 경영인에게 전문지식과 자기계발의 지혜를 주는 책을 발간하고 있습니다.

알고 보면 재미있는 **경제지식**

초판 1쇄 발행 | 2015년 9월 17일
초판 6쇄 발행 | 2022년 3월 15일

지은이 | 조성종(SungJong Cho)
펴낸이 | 최점옥(JeomOg Choi)
펴낸곳 | 중앙경제평론사(Joongang Economy Publishing Co.)

대　　표 | 김용주
편　　집 | 한옥수 · 백재운
디 자 인 | 박근영
인 터 넷 | 김회승

출력 | 삼신문화　종이 | 에이엔페이퍼　인쇄 | 삼신문화　제본 | 은정제책사

잘못된 책은 구입한 서점에서 교환해드립니다.
가격은 표지 뒷면에 있습니다.

ISBN 978-89-6054-150-4(03320)

등록 | 1991년 4월 10일 제2-1153호
주소 | ㉾ 04590 서울시 중구 다산로20길 5(신당4동 340-128) 중앙빌딩
전화 | (02)2253-4463(代)　팩스 | (02)2253-7988
홈페이지 | www.japub.co.kr　블로그 | http://blog.naver.com/japub
페이스북 | https://www.facebook.com/japub.co.kr　이메일 | japub@naver.com
♣ 중앙경제평론사는 중앙생활사 · 중앙에듀북스와 자매회사입니다.

도서
주문
www.**japub**.co.kr
전화주문 : 02) 2253 - 4463

※ 이 도서의 국립중앙도서관 출판시 도서목록(CIP)은 서지정보유통지원시스템 홈페이지(http://seoji.nl.go.kr)와
국가자료공동목록시스템(http://www.nl.go.kr/kolisnet)에서 이용하실 수 있습니다(CIP제어번호: CIP2015018480).

중앙경제평론사/중앙생활사/중앙에듀북스에서는 여러분의 소중한 원고를 기다리고 있습니다. 원고 투고는 이메일을
이용해주세요. 최선을 다해 독자들에게 사랑받는 양서로 만들어드리겠습니다. **이메일** | japub@naver.com